# 佇む思索

米澤有恒●著

萌書房

# まえがき

ハイデッガーの主著『存在と時間 *Sein und Zeit*』に出遭って四〇年近い歳月が経った。最初は全く手も足も出ず、何が書かれているのか、皆目見当もつかなかった。それでもやっと昨今、私の前に聳え立つこの思想の巨壁に一つ、二つ、ハーケンを打ち込めたように思う。打ち込んだハーケンを頼りに高峰を仰ぐと、やはり思想はオーヴァー・ハングして私を圧倒する。往時、私は麻雀に忙しく、哲学的思想には関心も薄いし、何よりあまりにも無知だった。それにしても今、なお、思えばえらいものに出遭った、とんでもないものと御縁ができた、と微苦笑を禁じえないのである。

何度『存在と時間』を放り出そうと思ったことか。私の内なるファウストは、折節、「分不相応にもほどがある」と窘《たしな》めに出てきた。「身の丈《たけ》に合った研究をする、それが学者の分別というものだ」、と諭してもくれた。それにしたがって、『存在と時間』を本箱の奥に押し込み、「これでせいせいした」と寝に就く。すると夜半、ふと目が覚める。私のメフィストが枕許《まくらもと》にいて、「ホントにそれでええんか?」、と何故か関西弁で質してくる。ファウストとメフィストの囁きが交互に聞こえる。この我が内なる葛藤に目が覚めてしまう。眠れないままに、結局、私はまたぞろ本箱から『存在と時間』を引っ張り出して机の上に戻す。こんなことが、何度もあった。

結果論だが、『存在と時間』、この書物の魅力、牽引力が強すぎたのである。書店で『存在と時間』に出遭い——当時、私にはまだ原語で本書を読む力など、ある訳もなかった——、タイトルを見ただけでイチコロ……。こうして私は『存在と時間』に一目惚れし、片想いに身を窶《やつ》すことになった。思想に恋する……。妙な表現だと思うが、まさにその通りであった。
だが実をいうと、この片想い、苦しいだけではなかった。何ともいえない誇らしい充実感と清涼感が随伴されていたのである。ハイデッガー、この巨人と何十年もの間、ただ彼のテキストを読むという一方的な関係だけで、直のお付き合いを願えた。文字通り「願ってもない仕合せ」である。極東の一隅、辞書と首っ引きで自著に向かう人間がいる。ハイデッガーは、そんなことを知る由もない。そこが何とも楽しいではないか。こういうことを喜ぶ私の精神性、甘いといえば甘いし、若いといえば若い。ファウストはこの甘さを危惧し、メフィストは若さの奥にある私の心底を見透かしていたのだろう。彼らは実によいタイミングで出てくるのである。

さて、ハイデッガーの思想の向こうに、西欧思想二千数百年の歴史が控えている。『存在と時間』を読みながら、私はハイデッガーの導きで悠遠の旅をすることになったのである。本書はこの思索の旅の紀行文、随行文といってよい。この旅において、私が万般ハイデッガーにしたがったことは論を俟たない。いまだに『存在と時間』を読むことに難渋する自分を棚に上げて、口幅ったいいい方を許していただくと、本書を御高覧くださる読者は、ハイデッガーと私と一緒に西欧哲学への旅をしていただけるだろう。この旅からどんな成果を得られるか。もとより読者次第である。

今、旅を譬えにした。実際、人生はしばしば旅に準《なぞら》えられる。旅、未知なるものとの遭遇である。遭遇、それが人間をワクワクさせ緊張と弛緩のうちに——桂枝雀という、今はない落語家のお定まりのフレーズだった——生きる喜びを実感させてくれる。
未知との遭遇、しかしそれは冒険である。人生が旅であるなら、旅である人生はまた、魅力的で危険な冒険でもある。

ファウストとメフィスト、この一人二役は絶妙の連繋プレーで現れて、私に人生の何たるかの教訓を垂れる。一方で、こう注意を促す。人生、旅なのだから慎重であれ、調子に乗って自堕落になるな。人生、冒険なのだから無謀なことをして自滅するな、と。他方で、人生旅なのだから、あれこれいう前にまず楽しめ。冒険なのだから、羽目を外すほどの気概でもって人生の転機にしろ、と。

ハイデッガーと私の思索の旅、これは何だったのか。はっきり分からないけれども――何しろまだ旅の途中なのだから――哲学者で精神病理学者であったヤスパースのいう「実存的交わり」をしたもの同士の、贅沢で豊饒な心の旅だったのではないか。そして冒険は……？　思索するものの可能性――自分の能力ほど未知なものはない――への挑戦であり、自分で自分に課す試しではなかったのか。

自らを試し続けて四〇年。気障を承知でいえば、私はオデッセイであったのかもしれない、ハイデッガーという強力な杖を持った……。何でも、西欧で中世、「技術」を認められて諸々を自由に移動できるようになった職人のことを、“Journey man”といったそうである。“Journey”、旅のことである。惟《おも》えば、ハイデッガーはこういっていた。思索することは「手仕事」である。思索者はさながら手仕事の職人である、と。ならば思索者は“Journey man”旅人である。見事に平仄が合う。私は『存在と時間』に一目惚れした。以来、ずっと思索の“Journey man”として、ハイデッガーに付き随っているのである。

新緑に包まれた東山の山麓にて

米澤　有恒

# 佇む思索＊目次

まえがき

# 佇む思索

# 序章　佇む思索

## はじめに

私はハイデッガーの思想を全体として、本人自ら語るように「佇む思索」と理解している。『存在と時間』以来、この姿勢は畢生変わることはない、とハイデッガーは確信していたようである。だが率直に感想をいえば、やはり彼のいわゆる後期思想、〈ケーレ Kehre〉以降に顕著になったと思われる。「佇む思索」、それはいかなる意味のものであったか、若干考察したい。特に思索と詩作に関して注目してみる。ケーレ以降のハイデッガーを指して、彼は「詩的に思索しているのか、思索的に詩を書いているのか」、との疑問を呈する向きもあった。本章は、この疑問への一つの回答であり、また本書全体への導入的な概説になる、と思うのである。

# 1

まず「佇む」の意味を確かめておく。「佇む思索」の「佇む」、ドイツ語でいえば“Verweilen”、“Weilen”である。ハイデッガーは“Verweilen”の語をよく使うが、人間にとっての「根源的なもの」、もしくは「根本的なもの」、要するに“das Ursprüngliche”の「許に留まり続けること sich dabei Aufhalten」をいう。ちなみに日本語で「佇む」とは、「同じ場所を行きつ戻りつして、ついにそこに立ち止まり、立ち尽くす」のである。“Verweilen”にせよ「佇む」にせよ、何ものかに魅入られたように、そのものの傍から動けなくなるのである。「傍に」、「許に」、“bei”の前置詞で表しうるこの物理的な距離を、しばしば、ハイデッガーは精神的な距離に重ねて「近さ」とか「近傍」、“Nähe”の語で理解している。

ハイデッガーは、人間が「思索すること Denken」の最も基本的様態をこんな風に考えていた、「在るものの許に bei 留まって、そのものを見続ける Sehen ことである」、と。思索するが故にそのものの「許に佇み sich dabei Aufhalten」、佇むが故に「そのものを思索する dabei Denken」。この場合、思索と佇み、どちらが先かという議論は意味がない。互いに相即的だからこそ、“verweilendes Denken”であり“denkendes Verweilen”なのである。かくて「佇む思索」とは、思索そのものの在り方を言表しているのである。

ギリシャ語に関するハイデッガーの造詣は周知のことだが、彼はギリシャ語とドイツ語が語感的に近縁性を持っていて、それが思想にも表れている、と考えていた。ドイツ語で考える、このことは彼にとって、ほぼストレートに、ギリシャ語で考えることに通じていた。ただに「ギリシャ好き Griechenfreund」というより、彼の思想に本質的意味でそうだった。ハイデッガーは、ソクラテス以前のギリシャの賢人たちの「断簡」を、ドイツの古語や古義を縦横に鏤《ちりば》めながら、ユニークに解釈し独訳したのである。自分の思索に際しても、「考える」と「見る」を「ノエオー νοέω」の一語で理解するギリシャ人の言語感覚を尊重していた。

　ギリシャ的な言語感覚を一瞥しておこう。ハイデッガーは、ギリシャ人ほど「言葉」と「経験」を密着させて思索した民族はなかったと理解し、ギリシャ人にとって「言葉は存在の家である die Sprach ist das Haus des Seins」と明言した。この言葉の意味は、後に見る。“νοέω”ばかりでなく、ギリシャ人は「見る」を意味する語を幾つも持っていた。ギリシャ人の自然経験、世界経験が取り分け「視覚」と深く繋がっていたのかもしれない。“εἴδω”、“θεωρέω”、“σκέπτομαι”……等々。その上これらの語のどれも、視覚の感覚的様態の微妙な差異をいうだけでなく、それぞれに人間の重要な精神的姿勢と関係していた。今見たように“νοέω”、「見ること Sehen」は、ものが漠然と「見えている in Sicht sein」のと違って、意識してものに「注目する Betrachten」のである。「見る」とは、見えているものをより詳しく「見詰め、考えること」なのである。

　「エイドー εἴδω」の語は「見る」と同時に、「知る」を意味していた。よく見られたものが「知られたもの」の謂いになる。アリストテレスは『形而上学』の冒頭で、ギリシャ人は或る事象を何度も試して意味を確認し、事象の経験としそれを所有するという。繰り返して見るという経験から、事象に関する「イデア」や「エイドス」の観念が派生した。後に哲学的概念として定着する前、これらの語は、日常的意味において、ものの「目に見える形」を意味していた。何でも、ドイツ語の「知る Wissen」の原義は“gesehen Haben”、すっかり「見てしまった」の謂いだそうである。ドイツ語でものを「知る」とは、そのものを「隈なく見てしまった Durchsehen」ということ、ギリシャ語の“διασκοπέω”や“διανοέομαι”にあたる。これらのギリシャ語にも、「見る」の意味が含まれている——“διασκοπέω”には“σκοπός”が。“σκοπός”は英語の“scope”に繋がる——。“εἴδω”もまた、「見て、而《しか》して知ること」なのである。

総じてギリシャ人にとって、「見ること」は次のような意味であった。即ち、とことん「見ることに徹する」。ギリシャ語の“δόξα”、ドイツ語の“Meinen”や“Vermeinen”のように思い入れや思いなしのたぐいを交えることなく、見るときには、ただ事象を見詰めるのである。セザンヌではないが、あたかも「純粋視覚」と化すがごとくに。こうして得られた「視覚的成果＝知的成果」、視覚的なイデアやエイドスは、「見る」という具体的な経験の度ごとの個別性、特殊性を超えて、一種の普遍性を帯びるようになる。蓋《けだ》し、純粋な視覚が齎《もたら》すものは、純粋な「形」である。ギリシャ的な視覚の徹底性、これがどこかで《現象学》の学的傾向へ連なるように思えるのだが。それはともかく、「形＝イデア、エイドス」の観念は「フォルマ forma」とラテン語訳された。しかしもう一つぴったり来なかったのか、イデア、エイドスはギリシャ語のままで哲学的概念として定着した。

“νοέω”、“εἴδω”と似たような事情は“σκέπτομαι”「注視する」の語にも該当する。名詞形の「スケプシス σκέψις」は、吟味や熟慮の意味になる。この語がラテン語になって、“scepsis”は、「物＝事象 res」の正体が分かるまで、事象を「熟視する」の意味になる。スケプシスがデカルトの哲学の方法である〈懐疑 dubitatio〉へ敷衍されたのはご存知の通り。デカルトにとって「思索 cogitatio」とは、事象を見詰めつつ疑い、疑いつつ見詰めるという、スケプシスの貫徹であった。「懐疑の人」デカルトは「スケプシスの人」、見続ける人だった。見ることが「明晰・判明な知 cognitio clara et distincta」――〈理性の光 lumen rationale〉に照らし出された真の知――への到達を可能にするのである。

佇む思索者ハイデッガーもまた「見る人」だった。彼、哲学者ではなく「一思索者 einer Denkender」である彼はまさしく「見つつある人 einer Sehender」だったのである。見る人ハイデッガーが、思索の経歴を通して、方法的には《現象学》の徒であったこととも符節するだろう。

さてしかし、一体誰が、何故に佇むのか。足が止まるのか。多分、「根源的なもの das Ursprüngliche」の「目配せWink」に気づいた人が、気づいたが故に、である。大方の人間は「根源的なもの」と気づくこともなく、その「傍を通り過ぎていくVorbeigehen」。そのような「根源的なもの」に、その人は引き止められたのである。足が止まったそのときから、意識すると否とを問わず、彼は「思索する人＝見る人」になる。どうやら思索者は、「根源的なもの」から選ばれ、呼びかけられた人であるらしい。たとえば、パウロやアウグスティヌスのように。彼らに〈改宗conversio〉を促すあの「声vox」は、もとより誰にでも聞こえるというものではなかった。

旅路を急ぐ人間には、大抵、路傍に咲く花に目が止まることはない。しかしごく稀に、「山路来て、何やら床しすみれ草」、と感じてそこに佇む人がいる。彼には急ぐ旅より、この「すみれ草」の方がよほど重要な関心事になったのである。思索者もこの旅人のように、色々と交り合って聞こえる音声の中から、自分を「呼ぶ声」が聴き分けられたのだろう。根源的なものは、しばしば、「呼ぶvoco」という仕方で合図するらしい。視覚的と聴覚的、西欧では、これらの感覚は〈上級感覚sensa superior〉とされている。いかにも根源的なものを媒介するに相応しい。

ところで、根源的なものとは何か？　人間は概して「根源的なもの」を、「超絶的なもの」と表象する。宗教的な水準で具体的に考えれば分かりよい。特定の宗教神がそれにあたるだろう。パウロやアウグスティヌスに呼びかけたのは、この《神der Gott》である。だが山路を行く旅人に「目配せ」したのは、決してそのような宗教神ではない。強いて宗教的な意味合いに託《かこつ》ければ、〈神的なものdas Göttliche〉、もしくは“einer Gott”となるのだろうか。確かに“Gott”なのだと思われるが、それは決して定冠詞つきでは表記できない種類の“Gott”である。〈普遍的神性deitas universalis〉というべきか。二十世紀ドイツの高名な宗教学者、オットーの言葉を借りれば、それは人間に宗教心を起こさせる所以《ゆえん》のもの、〈聖なるものDas Heilige〉、〈ヌミノーゼ的な存在das Numinose〉である。宗教神はこの普遍的神性の特殊化個別化したもので、このような限定を受けた以上、宗教神は定冠詞つきで表記されざるをえないだろう。

ちなみに、後期のハイデッガーはこんな風に考えていた。「神的なるもの die Göttliche」、神々は〈存在者全体 Seienden im Ganzen〉である《世界》——アリストテレスの〈四因説〉を顰《ひそみ》に“Geviert”と呼ばれる（これに関しては、本書第I部五章「芸術と世界」）——を構成する存在論的な契機の一つである、と。存在そのものと神々とでは、存在の方が先議権、プライオリティを持つ。これはギリシャ的な世界観、神観である。後期のハイデッガーの神観はギリシャ的だったが、勿論、神に絶対的な根源性、始原性を認めるキリスト教的な創造神の神観もある。存在か神か、どちらが「始原 ἀρχή」なのかという議論は、無限の循環に陥るだけである。ついでに、ケーレ以降のハイデッガーは、「神」という観念で特定の宗教神、定冠詞つきで表記すべき神を考察することはなかった。彼の場合神とは“einer Gott”であって、決して“der Gott”ではない。

もっとも、根源的なものを特に宗教と関係づけて考える必要はない。根源的なもの、これを平たく「存在の不思議 Wunder des Seins」、といってもよいのではないか。不思議というから謎めいて聞こえ、故に宗教的なものと関係づけたくもなるのである。不思議といわれることは、決してそんなに大層なことでなくてもよい。いつも「我々の近傍で nahe bei uns」出来している当たり前のこと、日常の生活感覚のレヴェルで見ても、きわめて普通のことなのである。不思議、それは「何か Etwas」が「在るのであって、無いのではない」、このことである。「在るものがある」という存在の〈事実性 Faktizität〉は、ほとんど、誰にも不思議と感じられることがない。そもそも気づかれることさえない。実際、今はともかくつい先頃まで、菫《すみれ》は路傍の何所にでも咲いていた。存在の不思議、それはあまりにも近いが故に、かえってあまりにも遠い。近すぎるから遠すぎる、知りすぎているから少しも知らないのである。

見方を変えると、不思議というのは「述語づけ」以前、「分節」以前の存在意識——到底、まだ「経験」とはいえない——でのこと。素朴実在論の水準での話である。路傍に花が「存在する ist」から、人の目を止める。声の主が「存在するist」から、人に「呼びかけ」る。人が「存在するist」から、「呼びかけ」が聞こえる……素朴実在論的には、これで十分である。この単純素朴な事実に〈懐疑的〉になる、「在るSein」とはどういうことか、などと気になりだすと「恐ろしくて」——ハイデッガーの術語でいえば、〈不安Angst〉になって——、大抵、人は一日も生活することができない。「存在の不思議」は、「在るから在るest, quia esse」、「無いから無いnon, quia nihil」としかいえないし、それだけのことなのである。

述語づけ、分節は、「存在の不思議」に対する人間の最も根源的、否、むしろ“natürlich”な対応である。分節によって、存在の不思議が、「それは……である」、という了解の水準に齎《もたら》される。こうして、存在の不思議を自らの〈経験〉として所有することができる。そして訳が分からぬ、という「不安Angst」、「恐ろしさFurcht」から解放される。ハイデッガーのいい方を借りて、「それは何でもなかった」のだから。

存在の不思議、これは存在そのものの《弁証法》として、ギリシャ人にはお馴染のことだった。彼らは、およそ事象は「相対立する要素の拮抗Gleichgewicht des Gegensätzlichen」として存立している、と考えていた。アリストテレスが《自然学者たちφυσιολογόι》と命名したギリシャの賢人たちは、それを逸早く見抜いていたのである。ヘラクレイトスはこういった。「自然は隠れることを好むφύσις κρύπτεσθαι φιλεί」と。「自然」、或いはこういってよければ「根源的なもの」は、自分の「本性φύσις を隠す」、自分を「偽るἀπατάω」という仕方でしか姿を現すことはない。この弁証法、自己の否定的媒介という弁証法こそ、ギリシャ人にとって、根源的なもの——むしろ「始まりUrsprung」といった方が的確か——の「本質εἶναι」、即ち「在り方」だという訳である。

## 2

「存在の不思議」は概して見すごされ、ごく少数の人たちにとってだけ、関心事になる。哲学的な大問題、《形而上学 Metaphysik》の問題になる。不思議が出来している、このこと自体が「謎 Geheimnis」である。この謎が〈気掛かり Sorge〉になり、謎解きに挑む人が出てくる。「存在」からの目配せに気づいた人たちである。この謎の単純素朴さと底知れなさ。「根源 Grund」とその「深淵 Abgrund」に関する謎であるだけに、多くの哲学者を当惑の極に引き込んできた。ライプニッツほどの人が、今さらのようにこう自問しなければならなかった、「何故、何も無いのではなくて、むしろ何かが在るのか pourquoi il y a plutôt quelque chose que rien?」、と。

存在の不思議という「根源的なもの」、考えてみると、それはまた途方もない問題でもあった。どんなに合理的に考量したつもりでも非合理であり、非合理的な決着だと思っていても、それなりに合理的である……。根源的なものには合理‐非合理の別が無意味のようでさえある。だから存在の不思議を以下のように考える人たちがいても、決して突飛でも非合理的でもなく、それなりに合理的である。ゲーテもそうだったらしいが、存在の不思議を、「自然 Natur」という「出来事全体 Geschenis」を跨ぎ越す《原‐自然 Ur-natur》、或いは存在現象の一切を生起させる所以《ゆえん》のものとして《原‐現象 Ur-phänomen》、と総括してしまうのである。いささかアニミズム的だし汎神論的だけれど、“Urnatur”や“Urphänomen”は、オットーのいう「聖なるもの」、「ヌミノーゼ的なもの」に近いだろう。こういう考えは、世界や自然の存在に人間の知的関心が高まるにつれて、何度も形を変えて生まれては消え、消えては生まれしているである。先のライプニッツの自問は、何となくガリレオの「それでも地球は回っている」という有名な独り言を想起させはしないか。

ハイデッガーに即して確認すると、「根源的なもの」、「始まり」とは端的に《存在Sein》である。後期の彼の語法を借りると、「在るものは在るAnwesenheit der Anwesenden」という存在の端的な事実性である。事実そのものが不思議に他ならぬのである。

存在は、不断に不思議という仕方で、人間に「目配せWinken」をし「呼び掛けAnrufen」ている。不思議という仕方で「語り掛けているZusprechen」のである。ほんの一握り、語りかけに「応答できるEntsprechen」人がいる。デカルト、ライプニッツもきっとそういう人だったのである。結果論を承知でいえば、彼らは根源的なものに「選ばれた人ἔκκριτος」であった。

応答する、ラテン語で“respondeo”。“respondeo”は「応答できるresponsibilis」の語を経て、「応答可能という状態responsibilitas」を意味することになる。ここから「責任responsibility」の観念が生じてくる。責任は、人と人、人と事象との間、要するに社会の中で生じる。だがそれは人や事象から負わされた「責めSchuld」ではなく、自分で自分に「引き受けUnternehmen」、自分で自分に「課したAufgeben」ことなのである。神々と人間のように、そもそも存在的—存在論的に水準の違うものの間に、「責任」の観念は無効である。

それはともかく、根源的なものに「選ばれた人」は、何故自分が選ばれねばならなかったのか、何故自分が「神々に嘉《よみ》された者θεοφιλής」なのかを知らない。人間の分際に、神々の選択基準の分かる道理がないのである。しかし意識的かどうかはっきりしないけれども、彼らは「呼び掛け」に応答してしまったのである。聞こえた以上、神々の言葉を閑却することはできない。ここに自と、自分への責任のようなものが生まれる。詩人ヘルダーリンはいう、「始まりの近傍に住むものは、簡単にその場を離れることできないSchwer verläßt was nahe dem Ursprung wohnet, den Ort」、と。「選ばれた人」にとって、「選ばれたこと」は確かに「幸運εὐτυχία」ではあろうが、それがまた一種の「不運ἀτυχία」であるのかもしれない。「テオピレースθεοφιλής」、「アマデウス

amadeus」として生きなければならないからである。「選ばれた」という幸運は、実は神から「何かを負わされた verschuldet」ことのようである。その意味で、ハイデッガーの術語を借りると、幸運はまた「負債 Schuld」でもある。負債は「清算 Bezahlen」しなければならない。ヘルダーリンの、深刻とも皮肉とも受け取れる言葉を捩《もじ》っていえば、「神々の声を聴いたもの」は疾《はや》く神々の所へ赴き、神々の言葉に応えねばならない。応答する、ドイツ語では“Verantworten”という。

## 3

さて、神々に選ばれ、なおかつ選ばれたことが負債にならない人々がいた。それが「詩人たち」であった。太古、人間が人間として無条件で随順すべきこと、而《しか》して根源的なものからの「遣わし」は、神々からの「お告げ」や「宣《の》り」、“μαντεία”の形で人間に齎《もたら》された。多分、その中身は神々の世界の決めごと、神々の世界の「ノモス νόμος」や「テミス θέμις」だったと思われる。神々は、それが人間世界の秩序維持のための「手本 παράδειγμα」になる、と考えて授けてくれたのだろう。それとも全くの気紛れからなのか。何分にも神々のこと、本当の所はよく分からないけれども、遣わしが人間にとっての最高の「賜りもの δῶρον」であることは確かであった。

その上《かみ》、ギリシャにかぎらずどの民族にも、根源的なものからの「呼びかけ καλέω」を「聴取できる人 ἀκουστής」が少数いた。それが「詩人たち」だったのである。爾来、或る時期まで「詩人」、神々から「宣《の》り」を授けられた人は、社会から、仲介的な役割——ギリシャの商業と交易の神「ヘルメース Ἑρμῆς」が司る役割——を認められていた。勿論その頃、詩人はまだ「作る人 ποιητής」ではなかった。仲介者である彼らは、自分の耳で聴き取った通りに、神々の言葉を人間に伝達する人だった。何しろ、神々からの貴重なプレゼントを、人間たちに媒介するのである。伝達に齟齬があってはならない。正確な伝達、まさにそのために、詩人は口移しに「真似る人 μιμητής」だったのである。神々と人間との交流の事実は詩人の記憶力に蓄えられた。詩人が「語り伝えること」、それが交流の唯一の証だったから、詩人は何より、まず桁外れの記憶力の持ち主でなければならなかった。以来、長い間、「詩人の才能 poet's genius」といえば「記憶力」を指したのである。神々との交流の記憶＝記録は、人間たちに「神話 μῦθος」、即ち自分たちの守護神の物語、自分たちの「先祖 πρόγονος」の物語として口承されてきたのである。詩人たちは、自分たちの先祖の勲《いさおし》を語り伝える、先祖のことを教えてくれるという点で、古《いにしえ》の人々にとって知識の寄る辺であり、尊敬すべき先生だった。

詩人の口から直接語られる「宣《の》り＝神々の言葉」が、どんな種類のものだったのか。詩的であったのか、論理的だったのか。いささか直観的・飛躍的だったのか、それとも理路整然、論理一貫したものだったのか。それは分からない。多分、神々の言葉に、今いったような区別は馴染まないだろう。神々の言葉は神々の言葉なのである。詩人は、それを一言隻句も疎かにせず、口移しする。詩人は自分がどんな風に語っているのかを知らない。神々に「術をかけられている」——〈神憑《がか》り ἐνθουσιασμός〉の状態になっている——からである。だが、聴衆の耳には次のことは歴然としていた、即ち、詩人の言葉と人間が日常使う言葉とでは明らかに違っていることが。日常の人間の言葉に比して、詩人の言葉のリズム、抑揚、めりはり、強弱……などは、まるで別物だったろう。加えて、詩人の言葉には、頭韻や脚韻のようなものまであったかもしれない。

一体、何故言葉が異なるのか、異ならねばならないのか。神々と人間とでは、存在の水準が絶対に違うからである。水準の違い、「生 βίος」と「死 θάνατος」という「境 ὅρος」の向こうにいるか、こちらにいるのか。この絶対的な境界を、言葉が分けた。詩人は神々のお陰、今いったように術をかけられたお陰で、境界を跨ぎ神々の言葉、

「あちら」の言葉を、人間の言葉、「こちら」に移すことができたのである。さながら、詩人はヘルメースだった。

神々と人間との間に言葉の違いがあること、そして違いがなければならないこと、それを知ることはむしろ人間的な、ひいては社会的な要請でもあっただろう。人間が思い上がり神々の圏域に迫ると、神々がどれほど容赦なく人間を咎め立てたことか。神々は詩人を遣わし、神の言葉を媒介にして、人間が分を超えないように戒め続けた。神になることが、人間に決して幸せを齎《もたら》しはしない。「死すべきもの」にとって、「不死」は決して幸せではないからである。人々は詩人の言葉を神々の言葉として傾聴し、無条件に詩人の言葉に随順した。詩人の方は自ら語る言葉、その実、語らされている言葉の「力 δύναμις」、神々の絶対性を開示するこの力の故に、人間世界での師匠や先達でありえた。人々が詩人の言葉を聴く、それは彼らが神々に庇護されて生きることと同義であった。詩人の言葉を傾聴する人々は、ただ言葉にしたがうに如《し》くはないし、それでよかったのである。

詩人は無意識のうちに語った。語るための技巧の余地も、策略の余地もない。神々に「呼ばれて」語らせられたのだから、詩人は自分の言葉に「責任 Verantwortung」を感じることはできないし、その必要もなかった。蓋《けだ》し詩人の語りは、「呼びかけ Zusprechen」への「応答 Verantworten」ではなかったのである。技や策略を仕かけるのは、むしろ語らせる神々の方である。神々は語らせるべき内容に即して、詩人を自在に操り、意のままに語らせたことだろう。

## 4

ところで、古代社会では概してそうだったようだが、「文字 γράμμα」が発明される——ギリシャでは紀元前七〜八世紀頃——と、記録は文字を司る人、グラマティコス、「読み書きのできる人 γραμματικός」に委ねられることになる。「書記 scriba」が古代社会に枢要の位置を占めるようになる。書記、彼らもまたは神々と人間を媒介する人だが、文字で媒介できるだけに、口移しするだけの詩人より以上に信頼できる「ヘルメネウス ἑρμενεύς」になる。文字による記録は、内容に関して、何度も確かめることができるからである。書記は神々のことを意図的に秘密として護り——もとより、詩人は意図的に「護る」ことなどできなかった——、また意図的に秘密を操作できる人だった。大胆ないい方を許して貰うと、書記は神と文字を同一視するのである。書記、「秘書官 secretary」、この言葉は今でも使われるが、元々、国家の「機密 secret」に携わる人のことである。ちなみに「秘密 secretum」とは、語源的には「特別に取り分けておくこと se cerno」に由来する。ギリシャに、エジプトやメソポタミアの「書記」のような役務があったのかどうか、寡聞にして知らない。国家形態も規模も違うから、或いは秘書のごときは必要なかったのかもしれない。

ギリシャで「読み書きできる人」とは、差し詰め「ソフィストたち」がそうだっただろう。しかし、彼らは国家の機密に絡むような人間ではない。社会に出て「人々 δῆμος」を訓育陶冶する、実践的意味での人の世の教師であった。「読み書き」ができ、諸事にわたってそれだけ豊富な知識を持つソフィストたちは、ただ記憶するだけの詩人たちに代わって、世事に関する大事を「教導する人 διδάσκαλος」になり、読み書きを教える先生になった。

文字が発明されると、詩と言葉、神々と人間を巡る事情も変わってくる。知識人、ソフィストたちが活躍し始める一方で、詩人が「真似る人 μιμητής」から「創作する人 ποιητής」に変身する。神の言葉を聴く人から、「頌《しょう》歌 ὕμνος」を作り、それを神に献じる人に変わり始める。創作詩人となる下地ができてきたのである。グラマティコスの台頭とともに、口承の「神話 μῦθος」が文字で綴られる「物語 ἱστορία」になる。神話と物語、神々の「宣《の》り」は、こんな風に二様の仕方で伝承されることになる。一方で詩人が創作し、他方でソフィストや教師たち——公私を含めて——は、神々に関する「知識 ἐπιστήμη」、神々の「物語 ἱστορία」を講義や説法の形式で伝達し「書

物 βιβλίον」の形式で残すことができるようになる。

　優れたソフィストたちが輩出して知的世界に席巻するのは、ソクラテスとほぼ同時代、前五～六世紀からである。その頃、詩人たちはもう人間社会の師匠や先達ではなかった。社会の師が詩人からソフィストに代わる、それは確かに社会的文化的な大事件だった。実際、社会の統治形態が変わるほどの大変化であった。ゴルギアスやヒッピアス、彼らソフィストは自分の任を弁《わきま》えていたのだろう。ソクラテスを前にして、実に意気軒昂なるものがあった。

　ソフィストの知、実践的な知が社会の牽引力になる。実践的な知でもって人々を「訓導する διδάσκω」。ソフィストたちの目指す所、実践的な狙いはよく分かる。「良く生きよ」と説くのである。しかし素朴な疑問も残る。そもそも、ソフィストの言葉は神々の「聖なる言葉」を源にするのか。それとも人間世界の日常的で、生粋の「世俗的な言葉」なのか。ソフィストの言葉の後ろに、神々が坐《おわ》すのかそうでないのか。

　詩人を媒介にする神々からの直接的な教示と導き、ソフィストたちの教示や指導、その間には質的水準的な差異がある。だから当然、教示や訓導への人間の側の対応も異なってくるだろう。確かにソフィストは、人間の言葉で知を説く。ソフィストは語りつつ「説得する πείθω」のであって、神のように一方的に通告し帰依させるのではない。ソフィストは意識して言葉を選び、相手の反応を見ながら論じる。人間の言葉だから、語りに種々の仕かけや策略を巡らすことも思う様《さま》である。ソフィストは人間の心の機微に通じていて、人間の心、人間の「様々な思い διάνοια」を言葉に変える知と技術を兼備した人たちだった。この知と技術が、ソフィストを先生にしたのである。ソフィストの言葉はもう神々のものでなくてもよいし、人間のものであっても別段の不都合はなかったのである。

　となるとしかし、極端な話、ソフィストの数だけ、或いは巧みな説得術の数だけ「宣《の》りのようなもの」、プラトン風にいって「ドクサ δόξα」が説かれて構わないことになる。聴衆の方も、ソフィストの言説に無条件的に追従するいわれはない訳である。社会の上に神の「宣《の》り」が支配的だったときに較べて、知の相対主義とでもいうような事態になる。ソフィストが先生だというのも、何やら奇妙なことになる。先生が絶対的な知を語らずに、あたかも三百代言を弄し相対的な知を披瀝するというだけのことなら。なるほど、ソクラテスがソフィストから抜け出さねばならなかった道理である。

　ソクラテスから見ると、ソフィストたちは「知者 σοφός」というより「技術の人 τεχνίτης」ではなかったのか。「ドクサ δόξα」を巧みな弁論術で真理に仕立てて相手を説き伏せる、そういう弁論の技術屋ではないのか。ソフィスト的な知の相対主義を忌避するソクラテスは、「真の知」、真理そのものの絶対的意味を説かねばならなかった。だが真の知は神々のものである。「理性 νοῦς が君臨すべき」、と主張するソクラテスは「愛知者」、神々に「倣うもの μιμητικός」、神々から「学ぶもの μαθηματικός」であろうとし、そのために「良く見ること νοέω」に努めたのである。

　翻って惟《おも》うに、ソフィストの台頭、そして自身がソフィストであったことへのソクラテスの反省の背後には、それなりの事情があったことだろう。神の言葉の名の下に、人間社会に、いかがわしい言葉、得体のしれない言葉が蔓延《はびこ》っていたのかもしれない。弁論術が、「瞞着 ἀπάτη」の術と大差なくなっていたのかもしれない。プラトンが正しい言葉遣い、《エテュモロギア ἐτυμολογία》に注意を喚起したことからも、それは察しられる。そういうことが起こりかねないのは、人間が夙《つと》に言葉の二通りの在り方、もしくは二様の言語世界を知っていたからである。しかも必要に応じ、二様の言語世界を巧みに使い分け、或いは殊更に曖昧にしてきたからである。このような機略や知恵、これこそソフィストの面目でもあった。二様の言語世界、自分たちの日常の言葉の世界と、神々の言葉、詩人が媒介してくれる言葉の世界である。それを「俗」の世界と「聖」の世界、といえなくもない。

　古代ギリシャにおいて、聖と俗の差はキリスト教世界におけるのと、ニュアンス的にはかなり違っていた。聖と俗の差は、端的に「不死 ἀθανάσια」と「死 θάνατος」とに分けられるように、存在論的なものだった。「俗」、それは人間世界に特有のことだが、「汚《けが》れた μιασμός」という含みがある。聖の世界を「汚れを知らぬ καθαρός」と形容するなら、人間世界は汚れている。「汚れ」は、取り分け「朱に染まった、血に塗《まみ》れた μιαιφόνος」状態を意味したのである。血塗れになる、それは「死に瀕している」のである。「汚れ」は不死なる神、この「聖なるもの ἱερός」にはまるで無縁のことだった。「汚れ」は人間、「死すべきもの」の徴《しるし》なのである。英雄アキレウスの踵《かかと》、慌てものの産婆のせいで「人間の徴《しるし》」を留めてしまった彼の踵は、文字通り「汚点」ではなかったか。

　ギリシャには、ラテン語の“mundanus”や“profanus”の意味での「世俗的」の観念は希薄だったようである。神々は人間と地続きの所、例えばオリュンポスの山にいて、自分たちの都合で一方的に人間に関係を求めてきた。神々は、人間の男どもを神々の戦に駆り出し、女どもには子供——「英雄 ἥρως」という“demi-god”——を産ませた。キリスト教的意味での「天上的 caelestis」と「地上的 mundanus」——“mundus”、これは神によって創造された世界、《被造物》の世界の意味を負っている——の超絶的な区別はなかった。ギリシャの神々の住まいである神殿は吹き抜けで壁も門もないから、神々の世界と人間の世界との隔絶もなかった。聖なる世界の内と外という区別もなく、ギリシャ人は“profanus”ということも知らない。“profanus”は、聖なる境域や教会の「外」、大抵は閉じられている「門の前」の意味である。キリスト教徒にしか、浮かばない言葉だったろう。

## 5

　詩の話に戻って、神々の言葉、聖なる言葉と人間の日常の言葉、その違いを際立たせるもの、それが端的に詩人の「語り方 Redeweise」だったのである。お告げや「宣《の》り」、神々の言葉の内容は、上述の通り神々だけが知っている。神々の知、決めごとや規則で、即ち「全知 πανσοφός」である神々の深遠な知である。詩人の言葉遣いは、神々の言葉の何らかの「決まり」——文法のようなものがあるかどうか、知るべくもないけれど——をそのまま受けているのである。人間の日常的な言葉に較べて、詩人の言葉が荘重で厳粛なのは当然である。その分だけ、いかにも窮屈で勿体がついているし、何より、語りが型通りだった。型通り、人間どもに否やを許さない。語りのための神々からの指定である。神々がプロンプターのようについているから、型通りに語ることが神聖だった。神々の語りが「型通り」である、このことが、後々の詩の展開まで含めて、「詩の言葉」と「日常の言葉」を分ける、一つの重要なメルクマールになった。詩人が神々の言葉を「型通り」に語る、このことは詩が詩人の創作物になっても、詩を「定型的な語りもの」として規定し続けたことからも分かるだろう。

語りが型通りである、このことの中に、詩における韻律的な要素も含まれていた。「韻律」、ドイツ語で“Reim”、英語で“rhyme”……。韻律——この語は「メトロン μέτρον」、元々「物差し」の訳語である——、物差しとは、差しあたり詩を朗唱する際の数的な秩序、数的な規則性のことだった。一つの「節 Strophe」に語を幾ついれるか、幾つの「音節」を配するか、音節の長短をどう組み合わせるか……等々の取り決めである。「韻律」の語は「リズム」、ギリシャ語の“ῥυθμός”——元々は数、数的な秩序のこと——とも密接に関係していた。リズムは人間の生体の維持機構と感応し合うものらしく、よいリズムは心身の両面にわたって快かった。今風にいえば聴き手や読者が「乗り易い」、詩人は「乗せ易い」ということだろう。実際、快い音節は、思わず口をついて出てくる。日本の例の「七・五調」、中国の「四・六」などが卑近な典型である。

詩人の型通りの言葉遣い、語り方を、ドイツ語では「縛りのかかった語り方 gebundene Rede」という。《文芸学》や《詩学》は、そのような語り方を“poetisch”、或いは“dichterisch”と捉えている。まさに「詩人の」、或いは「詩的な」語り方である。“poetisch”の語が、「韻文的」と日本語訳された。

「韻文」、何らかの秩序に則ったリズミカルな調子の言葉である。人間同士の日常の言葉遣い、世俗的な言葉の遣り取り――ソフィストの弁論や説法もこちらに入る――は、状況に応じて変化する。だからお互いの「自由任意な語り方 ungebundene Rede」で、「韻文的」に比すると「散文的 prosaisch」である。「散文的」とは、また何とも分かり難い言葉だが、ローマの「弁論家 orator」が公衆の前でする「演説の語り口」に由来するらしい。思うに当時、演説口調といったものがあったのかもしれない。日本語で「散文的」というと、聴く言葉としては紋切型で味わいがない、読む文章としては趣や興趣のない索莫とした文章といった意味らしい。とまれ、日常の言葉遣いに較べると、詩人の言葉はいかにも「制約されて gebunden」いて不自由のようにも見える。だから、創作詩人には特別の才能、思想や知識を制約され不自由と思しい「語り口」に託する才能が必須だった。詩にかかる制約と思しいものは、詩のルーツが神々の言葉である所以《ゆえん》のことだった。

韻文‐散文の別は、元来文芸作品、意図的に創作された言語世界の表現形式に関するものであろう。韻文は詩作品の、散文は小説作品の形式である、といったように。詩であれ小説であれ、文芸作品の言語世界はそれ自体、最初から非日常的で特殊な世界なのである。特殊な言語世界の特殊性を際立たせるカテゴリーである「韻文‐散文」の別を、非日常的言語‐日常的言語の区別に援用するのでは付会にすぎて、適切ではない。韻文‐散文の区別を引き合いに出したのは、詩の言葉の由来を示すためだった、と了解願いたい。

神々の「宣《の》り」に発する詩人独特の語り方は、詩人が「創る人 ποιητής」になっても継承された。それは当然で、往時の創作詩人が語る内容は神々の世界の出来事、神話世界だった。神話を題材にする創作詩は、出自である神話に相応しい語り口や綴り方を要求したことだろう。創作詩人は、この要求に応えてこそ詩人である。創作詩人には、神話を「記憶する」――モティーフに関する――という重要な才の上に、神話に相応しい「巧みな言葉遣いを工夫し創案する」――表現技術に関する――才が必要になった。かつて、詩人は「語ること」で、そのまま、人々を神々の世界へ誘った。それが詩人の役割であった。神々が憑依していたからである。だが神々が憑依しなくなる

――何故か？　この問題でヘルダーリンは、ついに精神の平衡を失うほどに大いに悩まればならなかった――と、詩人は全てを独りで遣り果《おお》さねばならない。自分で自分に憑依し、鼓舞して作品を創らせるのである。

新しい作品ではあっても、作品の内容は、人々にはお馴染みの神話世界の物語であった。創作ではあるが創造ではない。そもそも、ギリシャには《創造》という観念はなかった。創作、即ち脚色でもあった訳だから、脚色の創意工夫で、詩人たちは詩才を競い合ったのである。脚色可能、それは題材である一つの神話が、内容の点で変容可能なものを豊かに含み持っているからである。クレオパトラの鼻の高さで、幾つもの歴史物語が構想されうる、そんな所である。一つの物語が、幾つもの「ヴァージョン――独自の解釈を施した作品――」を可能にした。アリストテレスが、創作詩は「事実 πρᾶγμα」ではなく「起こりうること δύνατα」を語る、というのはこの意味でもあろう。事実を語るのは詩でなく、「歴史 ἱστορία」の方である。

創作詩人は巧みな言語的技巧、絶妙な作為を縦横に絡めながら、自分流に脚色した物語を聞かせて聴衆を神話世界へ誘う。口承詩人にせよ創作詩人にせよ、詩人の変わることのない最も重要な任務は、聴衆を別世界へ連れて行くことである。かつて、神々が詩人に語り聴かせたあの「神々の国」へ、今度は詩人が人々を、工夫を凝らして拵《こしらえ》えた作品でもって導くのである。詩人のする別世界への「誘い μεταφέρω」、即ち「誘う」ということから〈比喩 Metapher〉の観念が生まれる。比喩、ギリシャ人には、それはきわめて実在的な意味を持っていたのである。

こんな経緯があったからだろう、アリストテレスは創作詩人に最も望ましい才幹を、「比喩」、「別世界へ連れて行く能力」に見たのだった。詩人は、自作の創作詩という口車に乗せて、聴衆を自在に別世界へと引き攫《さら》う。引き攫うというメタファーの威力、この力に、詩人に要求される全資質が込められている。十分な記憶によって神話世界を復元しつつ、保存すること。巧みな言辞でその世界の魅力を髣髴とさせること。こうして、すっかり魅せられてしまった聴衆は、詩人の言葉につきしたがい、別世界へ入っていくのである。アリストテレスは創作詩の愛好家だったようである。ワクワク、ドキドキさせながら、自分を巧みに別世界へ誘ってくれる詩、それがお気に召したのだろう。そして自分の直ぐ傍には、抜群の詩才を誇ったプラトン、見事に詩的に叙述しながら、叙述の展開が堅牢な思想の開示になっているプラトンがいたのである。アリストテレスの『詩学』が作詩の規範になり、詩人のみならず文人にとっての古典的教養として、長い間、絶大な説得力を持ったのも宜《むべ》なるかな。『詩学』がギリシャ的な文化の枠を含んでいたからである。

比喩の魅力、文字通り「惹きつける力」を一層強めるために、韻文的な技巧はさぞ効果的だったろう。聴衆の心は、語りの快いリズム、滑らかな言葉遣いに乗り、そして詩人の息遣いに合わせるかのように躍動する。詩人の語る古《いにしえ》の戦、それを目のあたりに浮かべつつ、聴衆は思わず拳を握りしめ、英雄の死には涙が止まらなかった。聴衆は詩人とともに、今では伝説となった古の戦場に赴き、生々しい戦いの様を目撃したのである。こう見てくると、創作詩人もまた、ソフィストに劣らず、「説得する人」であったように思われる。ソフィストが「対話」で説得するのに、詩人はもっぱら語り聴かせる——かつて、自分たちは神々から、そうされたのである——。対話によるにせよ、朗唱によるにせよ、語りが見事であればあるほど、有無をいわせぬ説得力が生まれる。古代ギリシャにあって、言葉を司る人は、畢竟、卓越した説得術の持ち主だったようである。"ῥητορικὴ τέχνη"、"ποιητικὴ τέχνη"の言葉が教えるように、根本において、弁論も作詩も実際的な「説得の技術」だったといえば、いいすぎだろうか。

蛇足を少し。一般に——といっても、総じて十七世紀以後のことになる——、西欧では研究すべき事象に接尾語を付して、学問の名前を表すのが習いである。英語でいえば、"-logy"、"-ics"を付すのである。例えば"κόσμος"と"λόγος"で《宇宙論 cosmology》、"αἴσθησις"と"ική"で《感覚論》——バウムガルテンによる『美学 *aesthetica*』——という具合である。だがギリシャでは、様々な知識が純粋な学問的形式で伝授され、習得される例は少なかった。実学的というか、実践的な経験と一体になって、「知」即「技術 τέχνη」のニュアンスが強かったのである。“-ics”の元はギリシャ語の“-ική”で、この接尾語は、これを付された語が、基本的には実践的・技術的な知であることを意味した。したがって“-ική”で表記される言葉の後ろに、意味的に“τέχνη”が隠れていたのである。“-logy”の元は“λόγος”だが、ギリシャでは、“λόγος”をつける学術専門語はきわめて少なかった。アリストテレスに至って初めて学問的な、もしくは純粋に理論的な——多分“-logy”を付してよいような——研究が始まったのである。アリストテレスのこの姿勢の故に、彼の方法がキリスト教神学のための道具となりえた。それが、神学を元にする諸学問を“-logy”と理解する所以《ゆえん》なのだろう。

## 6

話を戻す。詩人にとって「比喩の才」の重要性は、詩が神々の世界を語らなくなる、或いは語れなくなっても変わらなかった。神々から授かった韻文的表現形式は、詩が詩であるかぎり、肝要な技巧である。韻文表現こそ、「この形式で書かれた文章は詩である」と身分保証してくれたのである。韻文的な語り出しはもうそれだけで、聴衆や読者の心を掴み、彼らを詩の世界に誘うに十分効果的だった。

ところで、時代はずっと下るけれども、アメリカのポーの作品に窺われ、彼に傾倒したボードレールが後を受けて、フランスでは十九世紀中葉になると、詩の内容から「聖なるもの」が消失するという事態、詩の出自からは想像もできなかったような事態に立ち至る。神々と詩との関係が変わると、韻文という形式はもう神々からの「賜りもの」ではありえず、詩人が創意工夫して作り出す人為的な技巧、「芸術のため pour l'art」の技巧になる。「瀆神 βλασφημία」のきわみのようなボードレール、ランボーの作品は、まだ見事な韻律の妙と古典詩の正統的な「格率 maxim」に忠実に作り上げられていた。彼らは、伝統的な格率と韻文的修辞を達者な詩的技巧に仕上げ、すっかり自分たちの自家薬籠中のものにしていたのである。これでもって、彼らはれっきとした正統派の詩人に連なっていた。

詩に関する古典的教養ともいうべきものに包まれていなければ、彼らの作品の幾つか——皮肉なことに、それらが詩人たちの代表作だった——は、聴衆や読者を赤面させるだけの野放図な色噺に大差なかったかもしれない。女神たちに奉献された頌《しょう》歌、それが人間の女性たちに捧げられるとき、一体、どんなことになるのか。当然予想されたことだった。その頃から詩の聖なる形式、頌歌の作法であった格率、即ち韻律が詩の内容、それも世俗的な内容を盛り込む容器のようになってきたのである。

詩が人間の、それも詩人個人の内面的心情の吐露や告白、ときには懺悔といったものになるとき、詩人はかつて詩を詩ならしめていた決めごと、古典的教養のたぐいを一切放擲して憚《はばか》らない。内容が世俗的な方向、もっぱら人事にかかる方向へ傾斜していくと、きちんとした形式さえ、外から課せられた枠と感じられ、窮屈になるのだろうか。二十世紀、自由詩、非定形詩……と形式のない詩、韻律などの決まりのない詩が、大手を振って罷り通るようになる。詩人がそのことを異としないばかりか、内容の変化に応じる自由な表現は、むしろ望んでいた所だったかのように。

とまれ詩から徐々に「聖と俗」の別が消失していった。その始まりは、ヘルダーリンが〈神性 θειότης の喪失〉の時代と気づいた頃からだろう。ヘルダーリンは、神性の喪失を直観した。彼は「見る人」だった。彼が、自分をかのオイディプス王に準《なぞら》えて、「眼が一つ多かった」と考えていたことから察するに、ヘルダーリンは見えすぎたのである。見なくて済めばそれに越したことはない、そのようなものが見えてしまった。ヘルダーリンはそれを嘆じたのだろう。見る人である彼は、見えることが怖かった。この詩人にとって、神性の喪失とは、「往《い》にし神もはやなく nicht mehr、来るべき神未だない noch nicht」、という二重の意味での〈神の不在 Abwesen des Göttlichen〉、〈神性の無 Nichts des Göttlichen〉である。神の不在、神性の光のない時代をヘルダーリンは「世界の夜 Weltnacht」と形容した。それは神性の光を求める時代、神的なものの〈降臨 παρουσία〉を待ち望む「乏しい時代 dürftige Zeit, die eines Göttlichen bedürftig ist」である。ヘルダーリンと思いを一つにするハイデッガーは、「世界の夜」を「隈なき世俗化――世界を世界として結合する紐《ちゅう》帯の喪失傾向――」の広まりの傾向、と実感した。〈神性の喪失〉、〈隈なき世俗化〉、それはいつのことなのか。一つの精神的思潮であるから、「いつ」と限定できるようなものではないだろう。ヘルダーリンの直観とハイデッガーの実感、その間、僅か一世紀余の隔たりしかなかった。しかしこの一世紀は詩にとって――無論、芸術にとって――、良くも悪くも画期的だったのである。詩にとって画期的、即ち、詩そのものがすっかり変貌し始めたのである。繰り返すと、かつて創作詩は詩人が神々に献じる〈頌《しょう》歌 ὕμνος〉であった。詩人はもう頌歌を謳わないし、謳えない。神々の不在の時代、人事に絡む詩しか生まれない。これは明らかに世界の世俗化と符合する事態であった。

　この一世紀の間に、ポーは人間の心の闇に呪縛され、ボードレールは『悪の華 *les fleurs du mal*』を咲かせた。その間に、詩の世界から神性が消え、もうその気配さえ感じられなくなってしまった。詩は誰のためにあるのでも、何のためにあるのでもなく、ただ「詩のために pour elle-même」存在するだけである。頌《しょう》歌であった詩が関わるには、今、「世界」があまりに遠いものになった、とボードレールは感じていたのだろう。〈共同体 communion〉――かつて、それは信仰共同体であった――としての世界、詩人が〈頌歌〉を献じるべき共通の神々に庇護されてきた世界の、崩落の予感だったに違いない。世界から目を背けたこの詩人は、ひたすら、私的・個的なものの中に惑溺していった。よし「不道徳 immoral」と悪罵されようとも、詩人の眼に、この世界の崩落は直視できなかったのだろう。詩人は、世界から目を背けた。無視という仕方で、詩がこれほどあからさまに、「世界」との絶縁を宣言したことはなかった。

だから当時、彼らの詩を糾弾する詩的傾向、日本の《白樺派》のような理想を掲げる――"l'art pour la vie"――思潮もあるにはあった。これら「社会派」ともいうべき主張は、しかし神々と詩との根源的な関係を喚起し復興するというより、共同体的な人倫を説いて、世界と詩との関係を繋ぎ止めようとする体のものだった。忌憚なくいえば«ars gratia artis»も«ars gratia vitae»も、〈神の不在〉の時代の詩だったのである。

眼を背けたボードレールに対して、とことん人間の目、世俗的な目で「世界」を見ること、詩と世界との関係をその視点から質してみること、それを旨としたランボーは、自ら「見る人 le Voyant」――この語は「千里眼」の意味を持っている――をもって任じた。もとより、ヘルダーリンと同じ意味で、ではない。ランボーの眼は当事者の目であり、かつ傍観者の目であった。

かつて「聴く人」であり、「頌《しょう》歌を献じる人」だった詩人は、神々のお陰で別世界、神々の世界を見、語る人であった。神々の声が聞こえなくなって、詩人は不在の神々を探す人になる。ヘルダーリンは「聴く人」であり「見る人」であったが故に、神々の声と姿を探し求める人でなければならなかったのである。このヘルダーリンを浪漫的・熱情的だった、と評するべきか。彼は「探すこと」そのことを詩、古典的な神話世界に託して、不在の神々に呼びかけた。ヘルダーリンにとって、神々と詩との間は決して断線してはならなかったのである。

ヘルダーリンが古典的意味で典型的な詩人だったとすれば、ランボーは、象徴的な詩人であった。ランボーはもう臆面もなく「見る人」になれる。「臆面もなく」、だから彼は当事者でも傍観者でもありえた。彼は不在の神を「探す人」ではなく、「神々の不在」の目撃者なのである。神性の光の乏しい中で、人間の「現実 réalité」、あからさまの「生存 vie」を見て叙述する人である。……で一体、「見る人」ランボーは果たして人間的現実の内奥、人間的生存の深淵を見通し、詩として叙述したのだろうか。どうも、彼が千里眼だったとは思われない。ヘルダーリンは過去への熱い憧憬と冷えた現実感との相克で心を病んだが、ランボーは見通しつつも現実の崩落の中へ、生存の奈落の底へ頽ちてしまったように思われる。目撃者に徹するには、あまりにも当事者であった。神の不在の世界に、人間の「落下 chute」を止める力はもう何所にもない。止まることのない「落下」、精神のデカダンスに他なるまい。しかし自らの「落下」を書き綴ることでランボーが「見る人」を貫いたといえば、それは確かである。

確かにヘルダーリンもボードレールもランボーも、「聴くことを語る」詩人ではありえず、「見ることを語る」詩人であった。彼らは「聴く」と「見る」との懸隔を越えてしまった。或る意味で、詩の分を越えたのである。だから彼らは詩業を続けつつ、即ち詩人であることにおいて「予定調和的」ともいうべく、精神の常軌を外れていった。見てはならないものが見えてしまった代償、というには厳しすぎた。しかしそこにこそむしろ「神々に嘉《よみ》された人」、詩人であることが証《あか》されていたようにも思える。古《いにしえ》、詩人とは、神々に嘉された「狂気 μανία」の人だったのだから。

彼らは「神々の不在」の時代を生きる詩人であった。神々が「現在 Anwesen」していれば、彼らが常軌を逸するはずがない。神の不在がはっきり歴然としていれば、あのような詩を作ることもなかった。不在の神々に嘉《よみ》される……、それがどういうことなのか、それを彼らは知らなかった。どのように応答すればよいのか、彼らには分からなかった。分からないので、詩人たちはまだ、神々との聖なる約束ごとである韻文で世界の夜、その実、人間世界の在りのままの現実を語らざるをえなかったのである。現実の在りのまま、たとえば歌謡曲の詞が語るような人情的な「遣る瀬なさ」も、その一つである。

## 7

顧みるに、詩人に代わってソフィストたちが社会の訓導者になったとき、ひょっとしたらそんな昔に、もう世界の世俗化が兆していたのかもしれなかった。プロタゴラスの「人間が万物の尺度 πάντων χρημάτων μέτρον ἐστίν ἄνθρωπος」という言葉は、すでに当時のギリシャ世界の動向が、人間の裁量と相関的であることを示していたようにも見える。神々は不在ではないけれど、世界の上に絶対的な支配権を揮うものでもない……という風に。ソフィスト的な相対的「人間中心主義」のたぐい――勿論、それを近代的意味での「ヒューマニズム」という訳にはいかない――は、ソクラテスが出てフィロソフォス的な絶対的「理性主義」を提起すると、力を失った。こうして、実際の所はともかく、思想史的に見れば、「詩人の言葉＝神の言葉」でもなく、「ソフィストの言葉＝世俗的な人間の言葉」でもなく、「愛知者の言葉＝理性の言葉」が、人間世界を引率することになる。以降、愛知者の言葉は、あたかも神の言葉のように、世界の上に君臨する。そしてキリスト教世界において、理性の言葉はそのまま神の言葉である。神の言葉は「愛知者＝神学者」によって釈義され、司祭の口を通じて人々のものになった。理性が世界を「統《す》べる κυβερνάω」べきとするソクラテス的要請は、神が世界を統べている、というキリスト教の信仰的理念へと換骨奪胎された。

　ソクラテスのいう「理性 νοῦς」は、人間に「見ること νοήσις」に留まり、「見ることを貫く διανοέομαι」よう促す。ソクラテス的な「視覚的理性」は即ち「思索的理性」であった。キリスト教のいう「理性 λόγος」は「言葉 λόγος」であって、人間にもっぱら「聴くこと ἀκοή」を要求する。ラテン語では、聴くことはしたがうこと――“obedience”を惟《おも》われたい――であるから、キリスト教的な「言語的理性」「聴覚的理性」は、反復的な「発見的理性」であった。「総てが始まりに在ったこと」、しかも「総てが言葉として在ったこと」を、人間的理性は確証しつつ安心を得る。元々、在りもしないものを発見することはできない。この意味で、言語的理性は、人間にとって根源的なもの、神への「信仰的理性」でもあった。信仰的理性は思索的理性よりも上にあった。而《しか》して、信仰が思索に先行し、存在が認識に先行した。カントが《批判》を完遂するまで、当然のごとくそうであった。

この事情から推して、件のライプニッツの言葉、さらに彼に先立つガリレイの言葉にも、いささか合点が行く。ガリレイはともかくも、十八世紀、近代的合理主義の直中《ただなか》にあって、ライプニッツは安易に「信仰的理性」に泥《なず》むことができず、したがってもう単純に「神は在るが故に在る」とはいえなかった。だから、あのように持って回ったいい方をしなければならなかった。何しろ、神学を根底から批判するカントが、すぐ傍まで来ていたのである。

そういえば、ポストモダンの傾向の下でのことかと思うが、現今の世界と理性の在り様を、ソクラテス以前の時代、ソフィスト全盛の時代に準《なぞら》える見方があるらしい。プロタゴラスたちの時代と当ポストモダンの時代との精神的傾向が、表面的にも内容的にも似ている、というのである。表面的、現象的に思想世界が《百家争鳴》と見えること、そしてこの外見が、思想的な〈中心の喪失〉——核となる思想の不在——の状態に酷似していること……と、そう見たいのだろう。この見方が正鵠を射たものかどうか。

ソクラテス以前に遡らねばならぬ、という思索的にドラスティックな立場の共通性の故だろう、ハイデッガーの思索はポストモダンの思想家たちから、先駆性、近縁性を認められた。ハイデッガーは、右のポストモダン的な情況診断を、どう受け止めただろうか。おそらくポストモダン的な見立てに即断を控え、十分に検討してからハイデッガーは、否、と答えただろう。表面的にはともかく内容的には大分違うように思われるからである。ハイデッガーにとって、ポストモダン的な見方に同意できない理由はたった一つ、言葉の問題である。内容的な違い、それは言葉の違いであり、言葉に託される意味の違いである。ハイデッガーからすれば、端的にギリシャ語とラテン語の違いで、この二つの言語の間にどうしてもアウフヘーベンできない、而《しか》して互いに翻訳不可能な差異、世界観の隔たりがあったのである。

この差異を何とか受け止めて思想的に調整するか、或いは、手にある、と放っておかざるをえないか。問題はここである。ポストモダンの思想がハイデッガーを——むしろニーチェを?——自分たちの先駆に見立てたこと、それを彼らの思想的ストラテジーだと考えれば、分からなくはない。けれども、このストラテジーが見事に奏功したとはとても思えない。"post-moderne"、それは文字通り「近代‐以降」の意味である。「近代‐以降」と対比的に「近代‐以前 ante-moderne」を考えることはよい。だが思想史的に《近代》を規定しようとすれば、どんなに広く捉えても、十七世紀以降だろう。では「近代‐以前」の「以前」とはいつのことか。精々中世であって、まさか古代ギリシャ、それもソクラテス以前まで含めることはできまい。

ギリシャに戻って思索するハイデッガーは、ギリシャ以降のラテン語による思索、つまり《キリスト教神学》を全体として括弧にいれてしまった。大胆といえば、この上なく大胆であった。さもあろう、もっぱらギリシャに留まって考える自分の思索を、彼自身は、西欧思想の伝統に照らして、〈別の始まり der andere Anfang〉と称した。ポストモダンの思想家たちが、ソフィストの時代と現代との間に思索の類似的状況を見たとしても、彼らは西欧思想全体を、取り分けキリスト教神学を括弧にいれることができただろうか。とてもできない相談であるに違いない。そもそも《近代》という意識は、キリスト教精神がなければ人間に兆すことさえなかったのである。中世からルネッサンスを閲して、キリスト教精神はその内実を《宗教改革》という形で試された。こうしてキリスト教精神は自ら近代化しつつ、人間精神の近代化を促した。具体的にいえば《フランス革命》の理想――国旗のあの三色に象徴される――、これはまさしく近代化したキリスト教精神が目標とする所だった。ポストモダンの思想は、キリスト教精神を支えにしていた。ポストモダンの思想がソクラテス以前へ戻るといっても、ハイデッガーのいう「別の始まり」から思索することはできない……。と、こう断じて、多分、大過あるまい。ハイデッガーの思索を自分たちにとって先駆的な思想、と見なそうとするポストモダン的ストラテジー自体、中心の喪失した時代の単なる風潮なのか、それとも時代の要請に適う思潮なのか。それが検討されるべきではないのか。

さて、〈別の始まり〉を提唱した後期のハイデッガーが、「詩的に思索しているのか、思索的に詩を書いているのか」、と論《あげつら》われた理由は何だったのか。詩作と思索、芸術と思想が全く別種の精神活動であるのなら、ハイデッガーへの右の論評はきわめて手厳しい。批判であるより、むしろ非難に近い。だがこのように人間の精神活動を区別して、領域的意味を際立たせる、そういう思考法自体——アリストテレスに、その傾向があったことは確かだけれども——は、近代的、といってよいほどに新しいものであった。

ハイデッガーは根源的なものを、根源的水準で「思索した Denken」。根源的なものの近傍では、詩作と思索とは今日よりずっと近しい関係にあった。ケーレ以降、ハイデッガーは再び「そこ」、詩作と思索とが近しく存在していた、その所に戻った。「そこ」は、詩作と思索の「始まり」の場所だったのである。「そこ」、“Anwesenheit der Anwesenden”である。「そこ」、“Es gibt das Sein”である。

ケーレ以降、思索者としての彼は、あらためて根源的なものの傍に佇み、「そこ」で根源的なものからの「目配せ」を待ち続けた。あらためて、〈別の始まり〉からもう一度、という意味である。では何故、待つのか。“θεοφιλής”であり“ἔκκριτος”であった詩人がいないかのごときこの時代、大方の人々にとって、「目配せ」がそれと気づかれることはないからである。

誰も目配せに気がつかない状態、ハイデッガーの語彙でそれを捩《もじ》れば、〈存在忘却 Seinsvergessenheit〉である。存在忘却、それは哲学内部の特殊専門的な事情を示す言葉——《存在論的差異 differentia ontologica》の問題——だった。ここで詳しく論じることはできないけれど、存在忘却は深く、人間の精神的生の根底にまで及ぶ本質的問題だった。近代、ヒューマニズムの時代になって、そのことがまず哲学的問題となって露呈してきた。哲学的問題、それは「存在と理性」の問題であり、より根源的な水準で捉えると、「存在と言葉」の問題である。

存在と言葉との関係として「存在忘却」を見ると、こうである。言葉と根源的なものとの結びつきが緩み、言葉から「神聖さ」が消えてもっぱら日常的で月並みなものに堕する。日常的な便宜のために言葉が“neologisch”になっても、誰も頓着しない。言葉が特別なものでなくなるとき、そのこととの表裏において言葉に託されていた「存在」が見えなくなり、「存在のようなもの」ばかりが眼につきだす。「存在忘却」の進捗である。そして、「存在忘却」はもう哲学、就中《なかんずく》、《形而上学》の特殊的な問題として解決できる、そういうレヴェルの問題ではないことが顕《あらわ》になってくるのである（拙稿「トテゴリーとカテゴリー」――拙著『カントの函』萌書房、二〇〇九、所収――を参照していただきたい）。

ハイデッガーから見れば、「神性の喪失」、世界の「隈なき世俗化」の傾向は、事実として「存在忘却」と表裏をなしていたのである。《存在》、この最も根源的なものが忘却され続けてきた。しかも「忘却 Vergessen」がむしろ、平然と「閑却」の気味さえ帯びてきたのではないのか。閑却、それは無頓着というより、意図的な無視に等しいだろう。皮肉なことに、その傾向が顕著になるのが「近代」以降、ヒューマニズムの精神の下でではないか……。ハイデッガーにはそう思われたのである。思索者＝見る人である彼は、「忘却されている」という次第や経緯を反省し、かつて「存在」とは何の謂いであったか、を思い出さねばならない。根源的なものを思索する、それは今、賢《さか》しらに、あれこれ弁じる前に、まず思い出しつつ待つことであった。

## 結び

かつて、根源的なものからの「目配せ」を、「呼びかけ」という形で受けたのは、「聴く人」である「詩人 Dichter」だった。詩人は、最初に「根源的なもの」と交会した人たちである。意識されてはいなかっただろうが、詩人たちは実は、神々から呼ばれるのを待つ人だったのである。詩人たちが呼ばれた徴《しるし》、それが「言葉」、神々から「遣わされた」言葉である。神々との「出遭い＝交会」は言葉になり、言葉として「保存 Bewahren」された。「保存」とは、「出遭い」を「確かに在ったこと das Gewesenes」として、即ち「存在 Sein」として記憶し「護る Schützen」ことである。詩人たちが自らの抜群の記憶力を恃《たの》んで語り継ぐことのうちに、出遭いは保存され護られてきた。だからハイデッガーは、「言葉は存在の家 die Sprache ist das Haus des Seins」、最も大切なものがかくまわれ護られている所、といったのである。

保存されるべきものがきちんと保存されているかぎり、忘却はありえない。すっかり忘却されないかぎり、記憶が言葉になって人々の心の内に残っているのだから、それを頼りにし縁《よすが》にして「思い出す Andenken」ことができるだろう。大事なものが大事である所以《ゆえん》は、繰り返し思い出され、確認され続ける所にある。

「存在の家」を訪《おとな》って、言葉の意味を吟味検証する人が要る。言葉が形骸化する――言葉から神聖さがなくなる――ことがないように、存在忘却がこれ以上進行しないように。根源的なものは、そういう人を必要としているらしい。「らしい」としかいえない。しかし今の時代、もう「詩人」その任ではないらしい。要るのは「思索者 Denker」であるらしい。ギリシャ語で「思索 νοέω」とは「見ること」であった。では思索者は何を見るのか。いうまでもあるまい、根源的なものが根源的であること、而《しか》して言葉が言葉であることを。かつて詩人は根源からの呼びかけを聴いた。思索者は根源的なものを見続けた。今、思索者は「存在の家」を訪ねて、詩人が聴いた言葉を「思い出す Andenken」のである。

思索者のする「思い出し sehendes-denkendes-Andenken」とは、言葉の「意味」を吟味検証し、新しい意味、新しく見えてきたものを含めて、その言葉を「保存する」ことである。言葉の「新しい意味」、もとより思索者が外から持ち込むのでも、押しつけるのでもない。言葉から、新たに「汲み出す Schöpfen」のである。ハイデッガーは、「汲み出し」を、美学や芸術哲学のいう《創造 Schaffen》に擬している。しかし実在論者のギリシャに、“creatio ex nihilo”の意味での「創造」という観念はない。もしあるとすれば、ギリシャ人にとって創造とは「既存のもの ein Gewesenes」の「既存性 Gewesenheit」の、その都度新しい確認である。その意味で、保存が保存であるかぎりで、保存それ自体が創造であるし、逆に見れば、創造とは最も根源的なもの、最も大事なものの保存である。保存を保存として遂行する、かかる創造行為の一つの在り方、それが思索なのである。そして芸術である。

「保存」において出来しているのは、ニーチェの表現を借りると〈同じことの永劫回帰 Wiederkehr des Gleichen〉である。根源的なものは、何も変わる必要はない。いつも「同じ ταὐτός」である。人間、「死すべきもの θνητός」は、事象を「永遠の相」、「不死」の水準で見ることはできない。永遠の相で知ることはできない。「不変である」ことは、変化を通してしか知ることはできないので、人間は事象を見続け、事象に現れる変化に注目し続けねばならない。変化を「見 νοέω」、変化の意味を「思索 νοέω」し、そしてその意味を「知る εἴδω」。人間、死すべきものにとって、「知る εἴδω」とは、変化の向こうの「不変」が見えてくるまで、見つつ待ち続けることである。プラトンやアリストテレスが、現象を通して見通される「不変的なもの」を「イデア」や「エイドス」として形相化したのは、ギリシャ人の存在経験に合致し理にも適っていた。

ハイデッガーは「存在の問いへ向けて Zur Seinsfrage」という論文で、詩人と思索者、「聴く人」と「見る人」との関係を、巧みにモデル化している。詩人と思索者はともに根源的なものから、存在の「深淵 Abgrund」から呼ばれている。根源的なものは「呼ぶ Rufen」。深淵を挟んで、詩人と思索者は対岸で互いに向き合っている。同じ場所にいる訳ではないし、役割も違っている。しかし「呼ぶ」声をよく聴くべく、呼ぶものの姿をよく見るべく、それぞれに己がじし存在の深淵、根源的なものの方へ近づこうとすれば――全ては「そこ」から始まったのだから――するほど、彼らの間の距離はなくなる。両者の間に隔たりがなくなる。

聴く人と見る人、詩人と思索者はともに根源的なものとの出遭いを言葉にする。だからハイデッガーにとって、詩的に思索するのか思索的に詩作するのか、そこが判然としなくても、それはそれで思索の衷心なることの証であった。「思い出すAndenken」、これはいかにも韻文的な表現で、論理的な文章には馴染み難いように見えるだろう。しかし、この言葉は何ともハイデッガーらしい哲学的語彙なのである。

ハイデッガーのいう「思い出し」、それを哲学史に辿れば、プラトンのいう〈想起 ἀνάμνησις〉、アリストテレスのいう〈論点先取り το ἀρχῆς αἰτεῖσθαι〉に通じていること、それを知っておいて無駄にはなるまい。

# 第Ⅰ部　ハイデッガーと芸術

# 第一章　ハイデッガーの芸術哲学

## はじめに

本章は、ハイデッガーの芸術哲学に関する序論である。二十世紀の最も偉大な哲学者の一人であるハイデッガーが芸術に関して考察している内容は、二重の意味で、示唆に富んだものと考えられる。その一つは、彼の哲学の根本問題は《美学》にとって黙視できない意味を有しており、そのような定位から説き出される芸術哲学は、今日、「芸術とは何か」を問いつつある美学に、適切な導きの糸を与えてくれると思われること。今一つは、ハイデッガーの芸術哲学は彼の哲学の途上において付随的に芸術に言及されるといったたぐいのものではなく、彼の哲学の展開に不可欠の要因をなしていること。つまり、彼の芸術哲学は、問題提起の点でも方法の点でも、およそ芸術哲学を遂行せんとするものにとって、閑却しえない意義を有しているのである。

問題提起に関していえば、ハイデッガーは新たに《存在論》を立て直すことによって西欧思想の伝統の克服を企図し、方法に関しては、彼独自の《現象学》によって自らの存在論を確立しようとした。以下に、彼の芸術哲学がかかる存在論の確立に必須の要因であることを論述されるのだが、あらかじめ確認しておくべきは、ハイデッガーにとって、芸術哲学が存在論を支える一本の支柱というようなものではなく、両者はまさに唇歯輔車の関係にあるということである。

## 1　超越論的存在論

ハイデッガーにとっては、「存在の意味 der Sinn des Seins」の解明が終始彼に課せられた思索的課題である。この課題は、哲学がおよそ哲学であるかぎり、引き受けねばならぬものといえる。彼は『存在と時間』において、新たにそれに着手したのである。一体、西欧思想の伝統の中で、この課題は十分に遂行されなかった。というよりもむしろ、存在は「最も普遍的で、最も空虚な概念である。この概念はそれ自体として、あらゆる定義づけの努力に抵抗する。この最も普遍的で定義なしえぬ概念は、いかなる定義をも必要としない」（*SuZ*, S. 2）という仕方で、哲学的思惟の大前提ではあっても、それ自体は思惟能わざるものとされ、新たに「存在を問う」ものは「方法的錯誤を咎め立てされる」（*SuZ*, S. 2）ことにさえなりかねなかったのである。

古来「存在の問い」は、人間が諸々の存在者を自らの対象に仕立て、これらの存在者の解明を試みるという方向でなされてきた。そこでは、〈存在者〉の意味が問われていたのであって〈存在そのもの〉ではなかった。その上、人間が他の存在者を対象に仕立てることの根拠は自明のこととされ、そこまで問いの及ぶことはほとんどなかったのである。ハイデッガーは、人間がそのようになしえ、またそのようにして済ますことの中に「ア・プリオリに或る謎が潜んでいる」（*SuZ*, S. 4）ことに注目し、「我々がその都度、すでに存在了解 Seinsverständnis のうちに生き、それと同時に、存在の意味が闇に覆われているということが、存在についての問いが繰り返されることの根本的な必然性を証している」（*SuZ*. S. 4）という。この問いの反復の必然性はまた、西欧思想の伝統における存在と存在者との混同を出発点で清算し直すことを要請している。

西欧思想の伝統が「存在」として取り出したものは——たとえそれが「至高の存在者 summum ens」としての《神》の存在でさえも——、畢竟、存在者の存在であって「存在そのもの」でなかったとすれば、存在の意味を問うことの根拠を新たに築かねばならない。根拠の設定は、存在の意味を問うための文字通りの《基礎的存在論 fundamentale Ontologie》である。ハイデッガーはこの基礎的存在論において、「存在の意味を問う」当の人間がどのような存在者であり、どのような権限をもって存在者を対象に仕立てうるのか、を確認せんとする。基礎的存在論は、存在の意味を問う可能的地平を拓くという意味で、《超越論的存在論》とも呼びうるものであった。

基礎的存在論においてハイデッガーは、人間存在を他の存在者に伍して「そこに存る da sein」と呼び、それ以上の特権を与えることはしない。人間存在は〈現存在 Dasein〉であり、人間に「意識 Bewußtsein」とか「精神 Geist」といった呼称は与えられないのである。「現存在」という術語は、「存在の人間本質への聯関と、存在そのものに対して開かれて在る Offenheit という人間の本質関係を、同時にかつ一語で適切に該当させるために選ばれたのであり……『存在と時間』では、意識の代わりに現存在という語が用いられたのだという確認で満足するなら、あらゆる熟考は阻まれることになる」（*WM*. S. 202）、とハイデッガーは自らの術語の特徴的意味を強調している。そして現存在の特記すべき〈存在論的な状態 ontologische Verfassung〉は、「この存在者にとっては、自分が存在することにおいて、自分の存在そのものが問題である diesem Seienden geht es in seinem Sein um dieses Sein selbst」（*SuZ*. S. 12）ことなのである。

現存在は、自らの存在が問題であるかぎりで、その存在の意味を了解しようとする。だが自分の存在との関わりの中で「現存在は、必ずしも自分自身がそれであることを必要としない存在者とも関わっているのである」（*SuZ*.

S. 13）。このような存在者は「世界のようなもの Etwas wie Welt」として現存在を取り囲んでいる。「現存在に属する存在了解は、等根源的に、世界のようなものの了解と世界の内部で近づきうる存在者の了解とに関わっているのである」（SuZ. S. 13）。現存在は存在することにおいて、他の諸々の存在者と「ともに存在する Mitsein」のであって、現存在の自己了解は他の存在者を巻き添えにしているのである。現存在と他の存在者との、「自己了解」を基にして生じる関係が、世界のようなものを構成している。つまり、現存在は〈存在しつつ‐世界を構成しつつ‐在るもの〉として〈世界内存在 das In-der-Welt-sein〉、と規定されたのである。

現存在は「世界内存在」として他の現存在とともに在りつつ、他の現存在の死ということを経験する。〈死〉の問題は現存在に、自らの存在の「全体 Ganzheit」を告知する（SuZ. §46）。全体性、初めがあって終わりがある、〈有限 endlich〉だということである。他者の死を通して現存在に目撃されることは、「現存在という在り方から、もはや現存在ではないということへの急変」（SuZ. S. 238）が生じる、という存在論的な事態である。死という出来事は他人の死として、即ち“ontologisch-existenzial”な死として、現存在に自らの死、即ち“ontisch-existenziell”な死の不可避なることを通告する。現存在は〈在りつつ‐死に向かいつつ‐在ること das Sein-zum-Tode〉を知る。時々刻々、存在しつつ現存在は「死」という究極の追い抜き難い可能性へと、収斂しつつ在るのである。

この「……しつつ」という在り方――この現在分詞的な表現は、自から、過去と未来を含んでいることを示している――において、現存在は〈時間的 zeitlich〉であり、現存在の「存在」は、この意味で《時間性 Zeitlichkeit》である。現存在の存在論的状態、“Verfassung”から、現存在が存在の意味を了解せんとする根源的な「ホリゾント」としての《時間 Zeit》が際立ってくる（SuZ. S. 17）。というのは、時間的に在りつつしかも有限である現存在の存在が、現存在に、自らの存在への〈不安 Angst〉という形で反転され、その故に、現存在は存在しつつ、自らの存在の意味を問題にせざるをえなくなるのである。このような現存在の存在論的体制を、ハイデッガーは

“Sorge”、自分の存在への〈気掛かり〉と術語化した。「気掛かりSorge」の構造を現象学的に目撃し記述することが、『存在と時間』の第一部をなしている。それによってハイデッガーは、存在の意味を問いうる根拠を、現存在の「本質Wesen」そのものに基礎付けようとしたのである。

## 2　存在の歴史性

しかし、現存在の自己了解から存在の意味を解明するという方向は、ハイデッガーの当初の構想通りには遂行されなかった。そのことが必然的に彼の思想にいわゆる〈ケーレ＝転回Kehre〉を促すことになるが、その間、十有余年の歳月を必要とした。

『存在と時間』以来、彼は西欧哲学史の解析に向かい、講義や演習で多数の哲学者を取り上げている。それは、彼が自らの問い立てと方法の正当性を、西欧哲学全体の中で検証しようとしたからである。その結果ハイデッガーに明らかになったことは、「存在忘却Seinsvergessenheitの克服という、いわば哲学の歴史のみに局限されていた課題が、西欧世界そのものの根本歴史として見直されてくるとともに、かかる形に拡人された歴史的課題と合一して、存在の歴史性（の問題）となること」（辻村公一『ハイデッガー論攷』創文社、一九七一、三一頁、括弧内筆者が補う）であった。

一九三〇年代、ハイデッガーは哲学の歴史に即しつつ、何故存在の真理は西欧哲学において隠されたままであったのかを検討し、存在の隠された真理を明るみに出そうとしたのである。「存在の意味」を問うことで実現される「存在の歴史」は、そもそも存在そのものと存在者の存在の取り違え――もしくは混同――から出発した。「存在の歴史は存在忘却とともに始まったのである」（*HW*. S. 336）。だがこうして存在の真理が隠され続けてきたということこそ、かえって自らを隠すという仕方での存在の「開示sich erschließen」であったし、存在からの〈遣わしGeschick des Seins〉だったのである。存在の真理の歴史は「隠されたもの」として、存在の思索の前に横たわっているのである。思索するものにとって、「存在の真理の歴史は過ぎ去ってしまったのではない。いつも我々の前に立ちはだかっている」(B. Allemann, *Heidegger und Hölderlin*, S. 85)。

『存在と時間』において、ハイデッガーは《歴史》を〈存在の生起Geschehen des Seins〉から考察し、この「生起＝出来事Geschehen」を現存在の「時間性」と捉えようとした(*SuZ*, §72)。現存在は、〈今－まさに存在しつつ－在る〉という時間的な在り方において歴史を構成している、とハイデッガーは考えるのである。普通、深く考えることもなく、人間は〈歴史的存在geschichtliches Sein〉である、という。だがこのいい方は、「現存在という存在者が歴史の中に存立しているから時間的であるのではなく、逆に、現存在が存在の本質において時間的であるから、この存在者は歴史的に実存しうる」(*SuZ*, S. 376)ことに、基づいている。第一次的に〈歴史的であるge-schichtlich〉と呼ばれるに相応しいのは「現存在(存在しつつ－存在可能へ向けて自らの存在を投企Entwurfしつつ－在る現存在)である」(*SuZ*, S. 381. 括弧内筆者が補う)。《世界歴史Weltgeschichte》なるものも「歴史学的客観化を根拠にして初めて歴史的なのではなく、現存在から内世界的にinnerweltlichに出遭われることにおいて歴史的なのである」(*SuZ*, S. 381)。存在の歴史は現存在の「既在性Gewesenheit」という仕方で開示される。いい換えれば、「生起Geschehen」として「歴史的geschichtlich」である現存在の存在に即して開示される。その意味で、世界歴史もまた世界の生起に他ならず、しかも世界生起は、現存在が「存在しつつ－世界を構成しつつ－在る」ことと、等根源的かつ相即的である。

ハイデッガーは、歴史そのものを現存在の存在論的状態に基礎付けることから、西欧哲学における〈存在忘却Seinsvergessenheit〉の克服を試みたのだった。そもそも、存在の真理の歴史は、存在忘却によって覆われてしまったが、西欧哲学はそのことに反省を加え内実を発《あば》き出すよりも、むしろ一層忘却を助長する方向へ進行したからである。

かかる方向は近代以降のニヒリズムとして鮮明になってきた。ハイデッガーからすれば、ニヒリズムは西欧思想の進展の不可避的な帰結だったのである。存在忘却を不問にふすことによって、存在の意味を解明せんとする《形而上学》は、思索そのものの中で危険に直面したのである。しかも〈危険 Gefahr〉は単に哲学上の問題に留まらず、西欧思想の伝統それ自体の窮状として告知されてきた。それ故、「危険」の超克は、西欧思想の考え方を根本から覆すことによってしか、なしえないのではないか。これが西欧思想の歴史を見直すことの中で、ハイデッガーに獲得された思索的帰結であった。

それと同時に彼自身も、『存在と時間』以来の方向が西欧思想の伝統に依拠していたことを認めざるをえなかったのである。即ち彼に、『存在と時間』の超越論的ともいうべき立場が、存在の意味の解明にとって必要かつ十分なものかどうか、このことへの反省を強いることになった。例えばN・ハルトマンのするハイデッガー批判――ハルトマンは現存在を中心に据えたハイデッガーの存在論的考察を、一種の変形した《認識論 Erkenntnislehre》と見ていた（N. Hartmann, *Zur Grundlegung der Ontologie*, S. 73, 76）――に答えることとして、ハイデッガー自身の内部では、『存在と時間』の〈と und〉をどのように解釈すべきか、が具体的な問題になってきたのである。ハイデッガー自身「『存在と時間』という表題において、〈と〉は中心的な問題を孕んでいる」（*KuM*, S. 219）と言明している。

既述のように「時間を存在了解のホリゾントとして解明する」といわれた。だが、現存在の「自己了解」が、〈内世界的に innerweltlich〉出遭われる存在者に対して現存在のする〈解釈 Auslegung〉へと変容し分節されるかぎりで、《時間》もまた、あたかも存在者のごとくに見なされる節がなくもなかった。ハイデッガー自身、『存在と時間』の〈とund〉が元来“das heißt”、「即ち」の謂いであるとし、存在の生起と時間の等根源性を主張している（講演“Zeit und Sein”で端的に言述されている）のである。だがそれにもかかわらず、存在と時間がともに「現存在」の側から解明を図られるとき、否応なく、「時間」が現存在の自己了解の「様態modi」――カントの時間規定と「超越論的図式」を想起されたい――として、認識論的にしか取り出せなかった。しかしこの段階では、ハイデッガーの後期の重要な問題、存在の意味の解明が、〈自らの存在を開示しつつ‐了解しつつ‐在る〉現存在に即して、果たして一般的に可能であるのか、という問題はまだ前面に出ることはなく保留されていた。他の存在者に対する現存在の〈存在的‐存在論的優位 ontisch-ontologischer Vorrang〉の内実はなお、十分に検討すべき思索的課題であり続け、ハイデッガーはしばらくその思索に関わっていたからである。

## 3　転回 Kehre

ハイデッガーは一九四六年、ジャン・ボーフレに宛てた書簡の中で『存在と時間』に触れ「第三部で全体が転回する。だがこの問題の章は、まだ提出が差し控えられている。というのは、この転回を十分に語り尽くすことを思惟が拒んでいて、形而上学の言葉を助けにしたのでは、このアポリアを通り抜けることができないからだ」（WM. S. 159）と述べている。この言葉は、能うかぎり基礎的存在論に立脚しつつ思惟しようとする、ハイデッガーの苦衷を物語っている。しかし反面、それは「ケーレ Kehre」への胎動が益々強まってきたことをも意味するのである。つまり、現存在の自己了解から存在の意味を解明するという方向を一時停止させて、「存在は現成する das Sein west」ことの目撃を通して、存在の謎への接近が試みられるのである。ちなみに“west”は“Sein”の古形で、“Wesen”や“gewesen”はこの語の名残を留めている。古語を用いる、まさにハイデッガーに特有の用語法である。

とまれ、現存在の自己了解から出発する従来の立場は、否応なく、主観主義的色調を帯びていたのである。それを、存在者全体への客観的な直視によって克服しようとする。それが一九四九年ブレーメンでなされた「在るものへの観入 Einblick in das, was ist」と題された一聯の講演の目指すところであった。

　ハイデッガーは“Wesen”、哲学界で一般に「本質」と呼び習わされているものを、動詞の“west”から考える。前期の思索で「現存在」の「存在」の方から、《存在の本質 Wesen des Seins》として訪ねられたものは、ケーレ以降、むしろ存在の方から「現成する west」、といわれるのである。ハイデッガーは、論文「真理の本質」に註をつけたとき、「真理の本質は本質の真理である」(*WM*. S. 96)、とまるでトートロジーめいた言辞を弄している。「真理の本質 Wesen der Wahrheit」は、「存在の現成 Wesen des Seins」そのことが全体として「顕《あらわ》になること Unverborgenheit」――ギリシャ語の「真理 ἀλήθεια」をドイツ語訳された言葉――の方から、即ち「本質の真理 Wahrheit des Wesens」の方から、根源的に解明されてくる、とハイデッガーは考え直したのである。

　考え直しの思索では、人間的現存在は新たに〈脱自的存在者 das Ek-sistierende〉と規定されている。脱自的な人間的現存在も、他の存在者に伍して「本質の真理」の中に〈現成する west〉。「脱自的 eksistierend」、これは現存在が《世界 Da》へと「投げられている Geworfen-sein」ことをいい換えたものである。そこでハイデッガーは、人間現存在は「投げられる」という仕方で「現成する west」、という。人間現存在は「存在の賽 Wurf の中で……現成するのである」(*WM*. S. 158)。ハイデッガーは、“Werfen”と“Wurf”、“Wesen”と“west”を懸け言葉のように使っている。このように、人間は〈現 Da〉へと「投げられている」、という“west”において、そしてこの“Da”の中で、ずっと「現-存在 Da-sein」で「在り続ける Ausstehen」。注意しておくべきは“Ausstehen”。この語には、任務や役割を引き受けて、その任を「堪えて果たす」、或る状態を「耐え通す」といった意味がある。したがって、「現存在であり続ける das Dasein Ausstehen」とは、現存在であることに課せられた一切のことを「Ausstehen する」の謂い――『存在と時間』で、現存在の存在は「常に、まだ未済、精算が済んでいない ausständig」、といわれていた――である。人間は〈現＝世界〉へと、「投げられている Geworfen-sein」のだが、それは「投げられて－在る Geworfen-west」ことであり、かかる存在論的状況を「Ausstehen する」のである。

ところで、ここでは“Da”が“Lichtung”ともいわれている。「そこ＝現＝世界」とは、存在の〈透かし Lichtung〉だというのである（WM. S. 158）。存在の「透かし」と訳した“Lichtung”、これは実に訳し難い言葉である。ハイデッガーは「芸術作品の始まり」で“Lichtung”をキーワードのごとくに扱い、語の意味を論じているが、彼の釈義そのものが頗《すこぶ》る難解だった。ハイデッガーは、“Lichtung”の語を用いて次のこと、即ち「現存在 Dasein」の存在と一において、そして現存在の“Da”を通して、「存在そのもの」が「透けて見えていること sich lichten」をいっているようなのである。だから“das Sein west”と“die Lichtung west”とは、互いに一つのことの両側面と考えられる。そして“das Sein west”という事態の本質へ至る思索の通路と思しいものが、人間現存在の「現」であり人間現存在の「存在」である。現存在は〈現 Da〉に在ることにおいて、存在者全体の〈現成 west〉に「ともに属している Zusammengehören」からである。“Da-sein”を思索することで、本質への展望が開かれる。ただし、“Dasein”の思索は、前期にあっては“Da”に、後期に至って“Sein”に注目される。

ハイデッガーは現存在の側から見た「真理の本質」を「自由 Freiheit」と呼んでいた。ここで「自由」とは、現存在に「存在者の覆いを取ること Entbergung des Seienden が（存在論的に）……許されているという意味であり、……それは〈現 Da〉を通してしか保証されない」（WM. S87. 括弧内筆者補う）のである。現存在は〈現 Da〉において存在の“Lichtung”に相属している。現存在が「自由である frei-sein」とは、存在者全体へと「開かれている offen-sein」ことなのである。

ハイデッガーは「在るもの was ist」を「観入 Einblicken」することによって、「存在の意味を問う」という存在論的な責務を負った〈現存在＝人間存在〉を、一層深く直視しようとした。人間は「むしろ存在そのものによって存在の真理へと投げ渡されたのであり……人間は存在の牧人 Hirt である」（*WM*, S. 161f.）。「存在の牧人」、存在を「気遣いつつ慈しみ護る Sorgen und Schonen」人間存在を、ハイデッガーは少しく詩的に表現したのである。この言葉は『存在と時間』における現存在＝人間の「被投性 Geworfenheit」を、より本質的に捉え直している。人間は存在によって「投げられている geworfen」が、「投げられている」とは即ち、存在の真理を顕にするべく「遣わされている geschickt」という意味である。この「遣わし Schicken」こそが、存在が人間に委ねた〈運命 Geschick〉なのである。ハイデッガーは「運命」を「運命」として、存在論的に思惟しているのである。

そのようなハイデッガーに対して、彼は西欧哲学の伝統を克服しようとして、かえって哲学の外へ出てしまったのではないか、という批判もありうるだろう。だが例えばH‐G・ガダマーはそうは考えず、《解釈学》という自分の哲学的立場から、一つの解釈を提示した。ガダマーはハイデッガーの“Kehre”を、「現象学的解釈学」から「歴史主義的解釈学」への方法論的な展開と見た。存在の意味を、隠され続けた「存在の真理の歴史」という側から炙り出すハイデッガーは、この「歴史」を始まりから存在論的に問い直そうとするとき、現象学的解釈学から一つの客観性の徴標として〈歴史主義 Historismus〉という視点を導入した、とガダマーは考えたのである。

だがハイデッガーからすれば、「歴史主義という問題の台頭は、歴史学が現存在をそれに本来的な歴史性から疎隔させようとすることの明白な徴《しるし》」（*SuZ*, S. 396）でもあった。となると、「存在の生起 Geschehen des Seins」そのものが「歴史 Geschichte」――あたかも「生起 Geschehen」の積分和のごとくに――であることに鑑みて、ガダマーの見立てた「歴史主義的解釈学」はハイデッガーによる存在の意味の解明にとって、当然なされるべき方法論的手続きだった、といえるかどうか。確かなことは、“Kehre”によって、ハイデッガーが従来の超越論的存在論をより超越論的な地平で捉え直そうとしたことである。そこに文字通り様々な解釈の生じる余地がある訳だが、何しろ当のハイデッガー自身が、“Kehre”の意味について特に積極的に発言してはいない。“Kehre”それ自体、簡単に語れるようなものではなかった。ハイデッガーの「ケーレ」は、容易に忖度を許さないのである。ガダマーの解釈はあくまでガダマー流の解釈だった、と受け止めておく方が賢明であると思えるのである。

一般的に認められることだが、芸術の問題がハイデッガーに〈大地 Erde〉の概念の導入を不可避ならしめ、この概念が彼に“Kehre”を促すことになったようである。それに関しては、ガダマーが指摘している通りだろう（*der Ursprung des Kunstwerkes* のレクラム版にガダマーが寄せた解説、“Zur Einfürung.” S. 102-125ff. 参照）。

## 4　τέχνη と φύσις

ハイデッガーが「芸術」の問題を思惟し始めたのは、一九三〇年代の中葉からだと考えられる。西欧思想の伝統を考察するうちに、彼は、人間の理性への信仰とそれに伴う進歩の思想が――かかる進歩がいよいよ「存在忘却」を助長したのである――一方で、「技術 Technik」による「自然 Natur」の処理・操作と不可分に結びついていたことに注目した。しかも、進歩の思想が必ずしも人間に安寧を齎《もたら》すものではないことも分かってきたのである。

進歩の思想の本質をニヒリズムと看破したのはニーチェであった。ハイデッガーは先のボーフレに宛てた書簡で、いわゆるフマニスムスの本質に触れて（WM. S. 161ff.）、今こそフマニスムスを根本的に問い直すときだ、と述べている。フマニスムスはかえって人間を非人間的にし、存在の本質から遠ざけてしまった。フマニスムスの志向する「人間的志操 Gesinnung」のたぐい、それがテクノロジーによる自然の簒奪と歩調を一にしていたが故に、人間をニヒリズムに陥れかねない。それは、人間に固有の“τέχνη”が進歩の思想の下、人間的目的の聯関の中で、完全に「手段 Mittel」へ貶められたからではないか。これが、ハイデッガーが「芸術」の問題を思惟するにあたって、注目した点であったと思われる。

通常、テクノロジーの時代とは優れて近代的であり、早くても《産業革命》以後を指すように思われている。しかし、テクノロジーの本質はすでにギリシャにおいて、予兆的にもせよ現れていた。これがハイデッガーの洞察であった。

ハイデッガーは「芸術」と「技術」を指し示す“τέχνη”という語の意味は、第一義的に「物を作ることMachen」ではなく、「知ることWissen」、それも突き詰めれば「自己知」を意味していた、という（*Nl*, S. 96）。“τέχνη”は他の存在者に伍して“φύσις”――存在者全体の現成――の中に生起する人間が、自らの存在論的な位置と存在の意味を了解せんとする「知」、その意味で「自己知Selbstwissen」なのである。この知によって、人間は存在者全体の中に自分の存在の「足場Halt」を築くことができた。したがって、知としての根源的な“τέχνη”は、人間＝現存在の「気掛かり」と呼ばれたものの表れに他ならないだろう。人間固有の〈Sorge-構造〉は、たとえば自我や自己意識のような近代的な主観として反省的に把握される以前に、非分節的な仕方で人間に必然的に伴われていたのである。存在的水準が認識的水準に優先する所以《ゆえん》である。

しかし“τέχνη”は「知」であるという点で、当然、他の存在者に関する知でもあった。この知の最も原初的な在り方は、『存在と時間』で、現存在の〈配慮Besorgen〉と術語化されている。“τέχνη”は、自己知と他の存在者への知の二つの側面から成り立っているのである。他の存在者を対象として捉えるということから、“τέχνη”は人間と自然との対峙、対決を人間的に解決する最適の方途と認められるようになり、自然を人間的に意味あるものへと変えてしまうことも人間の本質に属する、とされるようになる。対象について知ることが、対象を人間的に意味あるものに変形することへと進むにつれ、“τέχνη”に変形すること、物を作ることという意味が生じてきた。そして“τέχνη”を目的に対する手段と見なすようになる（*VuA*1, S. 6）のである。そのときには、対象となる存在者は「素材ὕλη」と「形式μορφή」の視点で理解されることになるが、それによって“τέχνη”の根源的で存在論的な意味はすっかり希釈され閑却されてしまった、とハイデッガーはいう（NI. S. 97）。

ギリシャ語の“τέχνη”にあたる言葉をドイツ語に索《もと》めれば、多分“Kunst”がそれだろう。“Technik”と“Kunst”は、今日ではむしろ互いに別の領域を指しているようである。しかし“Kunst”は“können”から生じた語であるし、人間存在に“können”が出来するのは、〈存在可能への存在das Sein-zum-Sein-können〉、換言すれば「時間的存在」である人間の〈投企Entwurf〉としてである。だから、人間は彼是《かれこれ》のことをなしうるが故に“Kunst”を持つのではなく、存在論的体制そのものが“Kunst”なのである。このようにハイデッガーは“τέχνη”と“Kunst”を、人間存在の本質そのものに基礎付けた。そしてこれを基本的立場に、彼は「芸術」を考察したのである。

この芸術理解から初めて、ニーチェの「芸術はニヒリズムの反対運動Gegenbewegung」、反対向きの動き、という言葉の十全の意味が理解できるようになる。テクノロジーによるニヒリズムの危険は、存在忘却の裏面である形而上学のニヒリズムの危険と本質を一にしているので、根源的な“τέχνη”によって対応する他ない。その際、古代ギリシャにおいて、すでに「“τέχνη”は物を作る技術であるばかりでなく、高度の芸術や美術にかかる名称でもある」（*VuA1.* S. 12）ことに、示唆的な意味がある。というのも、“τέχνη”がその始まりから持っていた根源的意味が、テクノロジーの時代においても、「芸術」の中で命脈を保ち続けているようだからである。

芸術にこのような意味を認める人は、独りハイデッガーだけではない。むしろ昨今、大方の美学や芸術哲学に見られるものといってよい。ただハイデッガーの遣り方は、“τέχνη”や“Kunst”を人間の存在論的体制そのものから考察するところにある。そして彼にとっては、“τέχνη”を根源的意味において成就しうる人だけが、存在の「近傍Nähe」に在る。そして存在はその「真理の歴史」を顕にするために、そのような人を「必要としているBrauchen」のである。ハイデッガーはヘルダーリンの詩作を解釈しつつ、このことを如実に示して見せた。

"τέχνη"の根源的な意味に遡及しつつハイデッガーは「芸術」の意味を解明せんとする。しかし、いずれも存在の近傍にあって「存在忘却」に陥ることなく存在に関わり続ける人、根源的意味で"τέχνη"の人である偉大な芸術家と偉大な思想家の区別が判然としなくなり、むしろ、元来両者は「同一 αὐτός」であった、とさえ考えられるようになるのである（*VuA2*. S. 61-78ff.）。

## 5　美学に対するハイデッガーの立場

一体、ハイデッガーは芸術の問題を、いわゆる芸術プロパーの形で扱うことはほとんどなかった。専門学科としての美学や芸術哲学の考え方、即ち人間に固有の「諸技術 Künste」の中で、いかなるものがいかなる故をもって「芸術 schöne Kunst」と呼ばれるのか、という問い方はされなかった。その理由はおそらく、右のように問う場合、概して〈創造 Schöpfung〉や〈享受 Genuß〉という側面から、要するに人間の主観的な《体験 Erlebnis》の方から芸術が問われている。しかも人間が「芸術を持つこと」は最初から自明とされていることにある。芸術をこの方面から問うことは確かに優れた遣り方だし、芸術の特徴を引き出すのに有効である。しかしそれでは結局、芸術を一つの「人間的手段 Mittel」と見なしているにすぎず、"τέχνη"をもっぱら"Technik"として捉え、その手段の特殊性を「芸術的なもの」と強調するにすぎないのではないか。だからハイデッガーは「体験 Erlebnis とはそこで芸術が死ぬことのエレメントかもしれない」（*HW*. S. 66）といったのである。エレメント、始まりの意味である。

さて数多《あまた》の美学思想の中で、ハイデッガーはヘーゲルの《芸術哲学》にまさに端倪《たんげい》すべからざる意味を認めていた。ヘーゲル以降の美学思想は押し並べて、ヘーゲルの芸術思想に内包されていた問題に「必要な変更を加える mutatis mutandis」という方向へ展開したもので、最終的にはヘーゲルの芸術哲学に帰着する。ハイデッガーはそう考えていた。

ハイデッガーは《美学》の思想を、以下のように理解していた。たとえばフィードラーやオーデブレヒト、芸術学プロパーや美学プロパーの立場で美学や芸術哲学に多大の功績をなした人々の思想は、カントからフッサールに至る《認識論》の厳密化の系譜に置くことができる、〈体験美学〉に属する、と。もっとも、ハイデッガーが直接フィードラーやオーデブレヒトを研究したという、形跡も証拠もない。

とまれ彼らの美学思想、“ästhetisch”を文字通り「感覚的」の水準の意味で理解し、感覚独自の意味を際立たせようとする美学的・芸術学的な思想は、認識論的に見ると、いわゆる「前述語的 vorprädikativ」な水準の人間的意味を質す試みとして、人間の精神的活動領域に新たなスポットをあてた。ヘーゲルの体系意識を別にすれば、これらの思想はヘーゲルの《理念の感性的顕現》という周知の芸術定義に則り、ヘーゲルの問題意識――論理必然的に例の《芸術終焉論》へ至るとするそれ――への批判であり批判の徹底化であった（本書第Ⅰ部第三章「芸術の過去性を巡る一考察」を参照）。

「認識論」に関してハイデッガーは、以下のように考えていた。デカルトを認識論の確立を目指した人と考えるが、そのデカルトが《哲学》を一本の樹木に準《なぞら》えて、アリストテレスに倣いつつ「その根は形而上学であり、その幹は自然学である」というのに対して、ハイデッガーは「哲学という樹木はいかなる土壌に根を下ろしているのか」と問い返した（WM. S. 195）。哲学が“cogitatio”によって始まるのはよいとして、その“cogitatio”が何によって支えられ、どこへ向けて成長するのかが不分明であれば、哲学は根無し草だというのである（WM. S. 196f.）。哲学は諸科学の「カノーン κανών」である。だがカノーンであればこそ、カノーンであるために、哲学はそれ自身で基礎付けられねばならない。「認識論」は、まず存在論的地平によって立つ基盤が設けられねばならない。ハイデッガーが、認識論の基礎付けを試みる自らの立場を、存在論として樹立せんとするのは当然のことであった。

このような立場から説き出されるハイデッガーの芸術哲学は、芸術作品の存在論的な解明に向かうのだが、N・ハルトマンとR・インガルデンを両極とする、いわゆる作品の存在論とはいささか趣を異にしている。即ち、作品の「事実性 Faktizität」、作品とは何であり、どのように在るかを問う点で、インガルデンの立場と或る共通性を有しているが、それは作品存在に関して問う際にハイデッガーが現象学的方法を採るからである。インガルデンのように、作品を《ノエシス—ノエマ》の多層的な相関関係の下に、認識論的に考察するのではない。またハルトマンのように、作品存在をアリストテレス的な構造分析によって規定しようとするのでもなかった。

ちなみにハイデッガーは『存在と時間』で、自らの現象学的立場を「フッサールの提示した地盤の上でのみ可能である」（*SuZ*, S. 38）、といっていた。ただ二人の間には、《現象学》そのものの意味づけを巡っていささかの相違があったといわれ、それが両者の思想を異なった方向へ進ませる所以《ゆえん》であるとされている。ハイデッガーからすると、カントの『純粋理性批判』には存在論的に基礎付け直す必要があったのだが、フッサールの現象学にも同じ必要を感じていたのかもしれない。フッサールの、特に前期の思想の根底には、認識論故の一種素朴な実在論的な存在定立が潜んでいたように見えるからである。ただし、カントとフッサールに対するハイデッガーの態度からして、彼の存在論はハルトマン風の「実在論的存在論」ではなく、批判主義によって貫かれた「超越論的存在論」ともいうべき独自のものだったのである。現象学という方法は彼の存在論に必須のものだった。ハイデッガーの現象学は彼に特有のものとして、“Kehre”を閲しても、本質的に変わることはなかった。

すでに見たように、ハイデッガーの哲学は前期の、現存在の「実存疇 Existenzialität」を巡る超越論的な基礎付けから、その「実存 Existenz」をも「存在の歴史性」へ繰り込むことによって、存在の意味を問うことそのものの人間的運命を質すという、いってみれば「より超越論的 transzendentaler」な立場へと移行していった。この意味で、前期思想に窺われたヤスパース哲学との関係は、後期思想に至って完全に遮蔽されてしまった。確かにハイデッガーにとっても「実存」の問題は重要だったが、《精神病理学》から出発したヤスパースが「実存」を"existenzielI-ontisch"な水準で大きな意味を認めるのに対して、ハイデッガーはあくまでも"existenzial-ontologisch"な水準で考察したのである。ハイデッガーは、決して実存哲学の徒ではなかった。

もとより芸術に関しても、ハイデッガーは実存哲学的に関与することはなかった。実在論的解明は、否応なく、主観主義的な芸術理解に傾斜する。ハイデッガーの芸術哲学は、そのような解釈を差しあたり括弧に入れる試みだったのである。ハイデッガーは、様々な美学や芸術哲学の学的努力を総て棚上げにした。端的にいって、それは《美学》自体が西欧思想の伝統の中で学としての地歩を築いてきたからである。この伝統の克服を企図するかぎり、芸術の問題も、伝統に即したままに論じるのでは自己矛盾に陥る、と考えたのである。

## 6 die-Wahrheit-ins-Werk-Setzen

人間の根源的な"Kunst"が「働き出ているim Werk sein」ものは総て、広い意味で"Kunstwerk"というべきだろう。その中で、取り分け「芸術作品」と呼ばれるものを特徴づけるためにハイデッガーは、芸術作品を、それが存在することによって他の存在者の本質が顕になる、そのような存在者と考えた。「芸術作品」も「道具Werkzeug」も、「自然物Naturding」に伍して「そこda」に在る。この三者は存在論的には鼎立関係をなしている。ハイデッガーは「誤解を招き易い配列が許されるとしてのことだが、道具は物と作品の間で独自の中間的な位置を占めている」（*Hw.* S. 18）というが、むしろ、芸術作品こそ「中間zwischen」の位置にあるように思える。

芸術作品は「制作されるAnfertigt-sein」という点で道具と共通性を持ち、「自己充足しているselbstgenügsam」という点で自然物と共通性を持っている。この中間的存在という位置の故に、芸術作品は道具や自然物の本質、「ピュシス φύσις」の本質を顕にできるのではないのか。ご存知の通り道具の本質に関しては、ゴッホの描いた「百姓女の靴」を、“φύσις”の本質に関してはギリシャ神殿を題材にして、ハイデッガーは解釈学的に解き明かした。そのとき、実に卓越した解釈学的な巧技が発揮されたのであった。

存在者の本質が明るみに出ることを、真理の「生起」から捉えようとする。それは上述の通りである。ハイデッガーは芸術作品における「真理の生起」を「世界 Welt と大地 Erde の闘い Streit」と捉える（HW, S. 37）。“Welt”と“Erde”の闘い、という比喩的な言葉使いの厳密な翻訳、「置き換え Übersetsen」はもとより不可能だけれども、仮に美学の言葉でいえば、“Welt”は芸術作品の「意味的なもの」、“Erde”は「素材的なもの」だろうか。勿論、ハイデッガーが明らかにしたように、意味とか素材と呼ばれるものはむしろ「道具」の本質から抽出された観念で、それが「芸術作品」に援用されたことに、十分留意されねばならない。

芸術制作ももとより、一般に人間の「製作行為 Anfertigen」は、人間が素材を何らかの意図の下に駆使し、従属させる企てである。ときとして、素材は人間の企てに対抗し、さながら自らを主張せんとするがごとくである。だから、有用さへ向けて人間が存在者を「素材 Stoff」として「駆り立てる Betreiben」企ては、存在者の思いもよらぬ強《したた》かな反抗に遭遇することがある。鋸《のこぎり》で丸太を切るとき、慣れない者は、丸太がいかに手強い相手だったかを思い知らされる。ハイデッガーはこのような事態、要するに存在者が人間の意図にしたがうことなく自己を主張して、人間の手許から「滑り去っていくこと Entgleiten」を、止めることも防ぐこともできないという（WM, S. 9）。彼は、“Erde”を「素材的なもの」と限定することを控える。そうではなく、人間のあらゆる企てに対して頑《かたくな》に自己を鎖し続ける存在者の本質を“Erde”と呼ぶのである。

ハイデッガーは、芸術制作において、人間が素材を意図の下に従属させようとする努力と素材の抵抗とが拮抗し、対立の「裂け目 Riß」が生じるまで闘い抜かれる、という。文字通り“Streit”である。裂け目が一つの「輪郭 Umriß」を〈引き出し Hervorbringen〉、輪郭が「形 Gestalt」を顕にしたところで、熾烈な「闘い Streit」は緊張を孕んだままに収束する（*HW*, S. 51-52f.）。そこに生起するが「芸術作品」なのである。こうして“Welt”と“Erde”の「闘い」は「芸術作品」となって「保存 Bewahren」されたのである（*HW*, S. 53）。

芸術作品が生起するということの「闘い」において、ハイデッガーは、〈真理が働き出てくる die Wahrheit-ins-Werk-Setzen〉という。真理は制作以前に、あらかじめ人間によって目論まれていたものではなく、この「闘い」自体が真理であって、しかもこの「真理」は、芸術作品として生起する他はない。後に彼は“sich”を補って〈真理が自らを働き出させる die Wahrheit-sich- ins-Werk-Setzen〉という。それによって、芸術が「真理の生起」の一つの重要な様相であることを強調したのである（*der Ursprung des Kunstwerkes*, S. 100. レクラム版、ガダマーの解説）。芸術制作は真理の生起なので、人間という存在者が何であり、素材として取り扱われる存在者が何であるか、も明るみに出てくるのである。

芸術考察において、ハイデッガーが美的ないし芸術的という側面を前面に出さないのは、体験の場合、概して作品の意味というか、“Welt”の面が注目され、しかも“Welt”がどのようにして了解可能であり、伝達可能かといった方向で作品存在が論究されるからである。その場合、素材は作品存在の自明の前提である。芸術家は自分の意図に即して自由に素材を選び駆使しうる、と考えられている。だがそれでは、芸術制作も、道具の製作も選ぶところがない。“Anfertigen”という点では、容易に区別できないのである。

だが「出来上がったもの das Anfertigte」の「存在」に徴して見ると、道具は道具の「有用性」の故に使用され、使用されるが故に、やがて、必ず使い潰されてしまう。道具の“Erde”は“Welt”のために犠牲になり、“Welt”とともに消えてしまう。芸術作品は、決して使い潰されることはない。芸術作品において、素材としての“Erde”は“Welt”に従属することはないし、それどころか、“Erde”が“Erde”として際立ってくるのである。芸術作品は被製作物ではあるけれども、人間世界を構成する存在者の道具的な〈帰趨聯関 Bewandtnisbezug〉(*SuZ*, §18) とは別の存在論的な「状況 Verhältnisse」の中にも存在しうる。それはまさに、芸術作品が道具と自然物との「中間的存在者」だからである。

ハイデッガーは一般に、「作ること」に“Anfertigen = fertig machen”の語を充てているが、芸術制作にかぎって“Schöpfen”の語を充てて、道具の製作と区別する。そして“Schöpfen”は、とことん、「真理」によって規定されているという (*HW*. S. 45)。美学では“Schöpfen”を「創造」と訳すのが常だが、ハイデッガーはこの語を、その意味――“creatio ex nihilo”の意味――で用いている訳ではない。“Schöpfen”とは、存在の「在るがままἀλήθεια」、しかして「真理」を「汲み出す」ことなのである。汲み出しは、人間をも含めた存在者全体の“Anwesenheit”、つまり“φύσις”の真直中《まっただなか》で初めて可能になる。“Schöpfen”とは、人間が存在者の中に現成しつつ、しかも自分の存在がいかなるものかを問う“τέχνη”によって成就される。したがってこの「汲み出し」が真理に規定されていて当然である。“Schöpfen”こそ“φύσις”と“τέχνη”との、通常の哲学用語でいえば、自然と精神との最も根源的な交会、というべきかもしれない (*HW*. S. 48)。

## 結び

以上の論述は、ハイデッガー哲学に即しつつ、彼の芸術哲学の骨子を提示したにすぎない。そこから窺われるのは、彼の芸術哲学が「芸術」という事象の可能根拠を質すところにある、ということである。それを、「芸術」に関する超越論的な問いかけといってもよいだろう。それをハイデッガーは、真理が生起する契機、としての芸術作品の存在論的構造を分析する企てに即して実践した。この企てを、あくまでも「芸術の謎を見ること」(*HW*. S.

66）にすぎぬ、と彼は断っている。ただこのような仕方で芸術の謎を直視することなく、一挙に謎の解明に向かうとすれば、それは宙に浮いた試みでしかないだろう。ハイデッガーはそう確信していたのである。

ともあれ右の論述はハイデッガーの芸術哲学への序論である。そこに内包される諸々の問題の詳細な解析は、問題に即してあらためてなされねばならない。

## 註

本章は雑誌『美学』の第一〇三号（一九七五）に掲載されたものである。内容に手を入れてはいないが、文意の不分明な所、訳語の不備は質し、ギリシャ語のローマ字表記を原語に改め、少し必要な補足説明を加えたことをお断りしておく。

雑誌掲載時に「性起」と訳されていた“Geschehen”“Geschenis”は、すべて「生起」に改めた。〈性起〉は、ハイデッガー後期の最重要概念の一つである“Ereignis”の訳語として、限定され定着しているからである。ちなみに、《性起》は事象の生成・消滅に関する仏教語で、《縁起》と対照的な意味を持っている。ただし、ハイデッガーの思想が仏教と関係があるとは思われない。ただ彼の思想の内部で、「生起 Geschehen」と「性起 Ereignis」とは、互いに本質的な意味の関連を持っている（これについては、本書終章「ハイデッガーと仏教思想」を参照されたい）。

“west”、ハイデッガーに特徴的なこの術語は、〈現成〉と訳すのが、一部のハイデッガー研究者の間の習いのようである。よい訳語が見つからないので、筆者もこの訳語を使わせて貰った。しかし「現成」も、元来、仏教語でその意味は難解である。特に道元にとって主要な概念だったという。この訳語がどれだけ的確にハイデッガーの用語法の意図を汲んでいるか、必ずしも明確ではない。“das Sein ist”、“das Sein west”、“Es gibt das Sein”、この三つの文章を、的確に日本語で訳し分けることはほぼ不可能だろう。

本文でも触れたが、“Lichtung”も実に訳し難い、ハイデッガーの思想的転換期の重要な言葉＝概念である。「透かし」などという訳で“Lichtung”の意を汲めないことを、筆者は十分承知しているつもりである。確かなことは、“Lichtung”が後期の〈性起 Ereignis〉との関係で注目されるべきだ、ということである。現存在の「存在」から「存在そのもの」を「透かし見る」という前期思想、「存在そのもの」が現存在＝人間に自らを「透かし見せる sich lichten」という後期思想。要するにハイデッガーは、存在者全体——もとより、現存在も含めて——が「存在する」、即ち“das Sein west”が「透けて見えること」を、“Lichtung”で捉えようとしたのである。“Lichtung”の概念が、“Holzwege”、即ち『森の道』と題された講演・論文集で詳しく論じられていることは、何やら暗示的である。森を立派な森をして維持していくためには、折節、適度の間伐、"Lichtung"が必要である。これを顰《ひそみ》にすると、"Lichten"を「光が差し込んでくる」の謂で理解することもできる。だが、その「光」とは？ ハイデッガーの場合、決してキリスト教の神のことではない。"Lichtung"、"Ereignis"を巡って、議論は循環する。即ち、これらの語の意味に"sich lichten"、"sich ereignen"、つまり"sich"が入っているからである。そしてこの"sich"が思索の循環の因なのである。この"sich"は、思索する現存在の存在を含んでいるのだから。

使用したハイデッガーのテキストは次の通りである。当時、彼の『全集 *Gesamt Ausgabe*』はまだ公刊されていなかった。

*Sein und Zeit*, 1967 第11版—— *SuZ*

*Wegmarken*, 1967—— *WM*

*Holzwege*, 1963 第四版—— *HW*

*Kant und das Problem der Metaphysik*, 1965 第3版—— *KuM*

*Nietsche*, 1, 1961 第2巻—— *N1*

*Votzräge und Aufsätze*, 1967 第3版（3分冊）—— *VuA1,2*

*Der Ursprung des Kunstwerkes*,（レクラム版）1970、ガダマーの詳しい解説と註解が便利である。

なお、引用箇所は、略記して本文中に入れた。

# 第二章　ハイデッガーの方法

## ——芸術定位に関して——

## はじめに

ハイデッガーは芸術作品に関する独特の現象学的‐解釈学的な叙述（*HW.* S.7–68ff.）を終えた後で、こう断っている。「上述の考察は芸術の謎に関するものである。謎を解く、それはもっと先のことだ。この謎を目撃することが課題にされたのである」（*HW.* S. 66）。この「但し書き」のようなものは、かなり重要な意味を持つと思われる。一つには、事象を謎として「目撃する」ということで、現象学的な立場が明確に謳《うた》われているからである。加うるに芸術哲学的には、彼の言葉にもかかわらず、次のことも同じく重要だからである。即ち、件《くだん》の考察の中で、ハイデッガーは芸術そのものの謎に正面から挑み、彼特有の語彙を駆使して謎の解決をなし終えているように見えるからである。事実、美学世界では、ハイデッガーの芸術考察は、しばしば、一つの完結した芸術論と評価されてもいる。

ハイデッガーの芸術考察を可能なかぎり彼の思想的文脈から理解しようとした人に、W・パーペートがいる。パーペートは論文「ハイデッガーの芸術論」[1]を著している。この論文は、ハイデッガーの芸術論を芸術哲学的な視点から解析した、ほとんど唯一といってよいものである。パーペートは最終的に、ハイデッガーに幾分か批判的な見解を表明している。彼の批判の鉾先は、ハイデッガーの「Geviert- 概念」、換言すれば、《世界 - 概念》に向けられた。この概念に着目することは正しかった。しかし、パーペートがいわゆる芸術哲学的な立場、芸術そのものの独自の構造や意味を闡明《せんめい》するという立場からハイデッガーに対峙していたことは、今いった通りである。したがって、先のハイデッガーの発言を文字通りの意味で受け止めると、パーペートの批判は多少とも「穿《うが》ちすぎ」のように思える。それは次のような疑問から発している。一体、ハイデッガーの叙述は「芸術」と称せられている広範な事象を、幾つかの作品に即しつつ目撃したものであって、いってみれば、芸術の事実性ないしは“quid facti”に関するもので、芸術の本質性ないしは“quid juris”にまで及んではいないのではないか。彼の関心は芸術の事実に終始し、権利の問題へは進まなかったのではないかという疑問である。

横道に逸れるようだが、ヘーゲルは端的に芸術の〈本質論〉を提示した人である。『エンチュクロペディ』で諸学の体系的な聯関を完璧に編成した上で、ヘーゲルは『美学講義』において「芸術哲学の任務は、芸術とは何か、を学問的に認識することである」と規定し、「芸術」に《理念の感性的顕現——理念が感覚の場に現れる——sinnliches Scheinen der Idee》という周知の定義を与えた。この定義を基に、ヘーゲルは諸々の時代と地域、諸々のジャンルの芸術を説明し尽くした。ヘーゲルに対し、彼のいう「オリエント」とはほぼインドあたりまでで、中国と極東が含まれていない、と指摘されることがある。本質論から出発したヘーゲルに、〈事実問題 quid facti〉の不備を衝《つ》くという訳なのだろう。かかる指摘が意味を持つとすれば、事実認定の不備が彼の芸術の本質規定、つまり〈権利問題 quid juris〉に抵触してくるかぎりでの話である。はっきりいって、ヘーゲルの《芸術哲学》にそんな心配はない。ヘーゲルの芸術哲学は芸術の本質論として、まさに範例的であった。

ところで、ハイデッガーが本質論のたぐいを一切括弧にいれて、もっぱら事実の記述に終始したのだとすれば、次のような企てに、いささか「疑問の余地なし」とはしないだろう。〈ゲフィールト Geviert〉、"die-Wahrheit-ins-Werk-Setzen"、「世界 Welt」と「大地 Erde」との〈闘い Streit〉……等々、幾つかの基礎概念のようなものを取り出し、それらを構成原理に見立て、それを基にハイデッガーの芸術哲学を構築すること、さらにはこの芸術哲学に事実認定の不十分さを指摘して批判する、といったことは。かかる批判、いわゆる芸術哲学的批判が、果たしてハイデッガーの芸術論への正しい対応であるのかどうか。

無論、事実記述の中にも本質論のたぐいを嗅ぎ取ることは可能である。そもそも、本質との何らかの関係なしに、事実認定は覚束《おぼつか》ないだろう。パーペートのような批判が出てきても、それはそれで自然なことと考えられる。パーペートは、ハイデッガーが〈芸術作品〉として取り上げた例がかなり特有の偏りを持っていることに着目した。パーペートの着目を敷衍していえば、ハイデッガーの事実認定が必ずしも適切な芸術事象に即していない、そればかりか、ハイデッガーの記述そのものが単なる記述――没価値論的な現象学的記述――の域を超えてはいないか。いかにもその通りである。広範な芸術事象の中から、不注意にではなくむしろ入念に或る種の事例を選択すること、しかもそれらの事例が明らかな共通性や一定の方向性を示す場合にはなおのことだが、当然そこには芸術に関するドグマのごときものが胚胎しているだろう。

パーペートが注目したのは、このドグマのたぐいであった。必ずしも芸術作品として通用してはいない「制作物」が殊更に取り上げられるからには、それ相当の理由があるに違いない、という訳である。ドグマのようなものをハイデッガーの芸術観の根底にある主導契機、と見なしたパーペートは、この芸術観を批判の俎上に上《のぼ》せる。パーペートの結論によれば、「ゲフィールト」はハイデッガーにおける一つの理想的な世界像、それも、芸術だけがよくしうるそれ、ということになるらしい。そしてパーペートは、ゲフィールトの「……妥当性は、人類の何千年も昔の、つまり工業化によって終焉を遂げてしまった農耕期に限定されるように思われる」とし、この理想像を当代に妥当させる試みには、「ほとんど一つにはなりようもない生活感情が一緒くたに考えられている。さながら、ヘシオドスとキェルケゴールが綜合されるべきだ、というようなものである」（パーペート、上述の論文 S. 236-238ff.）、と批判した。ハイデッガーの芸術論を一個のモノグラフとして扱うのであれば、パーペートの批判はそれなりにポイントを衝いている。その範囲で、パーペートの考えを首肯できる。

だがハイデッガーの思索内容にはモノグラフとして扱ってよいものは一つもなく、どんな発言や小論文に至るまで、一貫した大きな問題聯関の中に位置付けられ、その聯関の中でこそ十全の意味を持つものであることに留意すると、事情は少し変わってくる。というのも、彼の問題は伝統的形而上学の〈克服 Überwindung〉と〈新たな基礎付け Begründung〉なのである。諸学問の体系とか個別学科の自律性……などの問題は、当面、彼の思索的な関心事ではない。いってしまえば、ハイデッガーは一専門学科としての美学や芸術哲学を起草する立場にはなかったのである。パーペートの批判に対して、ハイデッガーの側からの見直しは大いにありうるし、なされねばならない(2)。ハイデッガーは、何故、殊更に芸術作品、誰もが異存なく肯定し承認できるような事例を選ばなかったのだろうか。そこにはパーペートが看取したように、確かに何らかのドグマが潜んでいるだろう。だがドグマは、パーペートの解釈とは違った意味で理解されるべきである。この違いを探るのが小論の目的である。

## 1

およそ総ての存在者は、それが目撃され記述されるかぎりにおいて「そこに在る da sein」。そしてそのかぎりで、存在者の間に格別の優劣関係のようなものはない。それを踏まえた上で、ハイデッガーは他の諸々の存在者に伍して「そこに在る」このものが、何故他ならぬ「芸術作品」なのか、を尋ねようとする。もっとも、このような学的態度は、美学者や芸術哲学者のそれと、さしたる違いはない。ただ彼は、芸術作品が芸術作品である理由を、広く技術と芸術との関係、就中《なかんずく》、根源的な意味での“τέχνη”と根源的な意味での“φύσις”、平たくいえば「技術」と「自然」という視点の下で捉えようとした[3]。彼は“τέχνη”と“φύσις”との分かち難い繋がりに「芸術作品」のよって来たる〈始まりUrsprung〉を尋ねるであり、故に自分の芸術考察に「芸術作品の始まり」という標題をつけたのである。その際、根源的意味での“τέχνη”へ遡及するのだから、「芸術」と呼ばれる“τέχνη”を特別扱いはせず、“τέχνη”に能うかぎり公平な立場を取る訳である。

ハイデッガーは人間の制作物の全体を見渡し、そこから芸術作品の存在論的特徴、さらに、芸術と呼ばれるべき人間的営為の独自性を引き出そうとする。いわゆる芸術作品、それはすでに「芸術作品」であって、他のものではない。何故「芸術作品」なのかと問われる前に、すでにもう「芸術作品」なのである。通常、芸術作品はそのように遇されている。

作品がそのように遇されるのは、作品が芸術的営為以外の所産に較べて、独特の魅力や比類のなさ、偉大さを具えているからである。芸術作品の特質は、美学や芸術哲学が様々な仕方で繰り返し解明し確認してきた。もとより、ハイデッガーはそれらの解明の意義を否定するものではない。彼も、偉大な芸術作品、例えばP・クレーの絵画の前では、「ずっとその前に立ち尽くすだろう。それを理解しようなどという要求は、一切投げ出してしまうほどだろう」(“zur Sache des Denkens.” S. 1)、と偉大なものに触れた感動を吐露している。この吐露を通じて、偉大な芸術作品の「偉大さ」を説明することは、一種のトートロジーに陥ることを示唆している。クレーへの言葉は、次のことを意味している。即ち、偉大なものは、それが「存在する」という事実だけで、人を驚嘆させ沈黙させるに十分であるから、それを前にすると、何故とかどうしてとかいう問い、分かるか分からないか、といった煩悶は全く色褪せてしまう。実際、偉大な作品を前にしたとき、我々は作品の存在を肯定し、作品をそのままに承認するより他に術はない。奈良の大仏の前に立つと、思わず頭が下がるのである。何故なら、威圧され沈黙を強いられながらも、しかしこの沈黙がまたとない至福だからである。

作品との無媒介的な出遭いの場で人が何かを語り始めるとしたら、それは次のいずれかである。作品の偉大さに呪縛され、ついにはその圧倒的な緊張に耐えきれなくなってしまったか。もしくは、作品がはなはだ凡庸なものでしかなく、呆れ果てて絶句してしまった挙句に、か。およそ、ほどほどの作品などというものは、ないとしたものである。ほどほどの作品、それは「どうでもよい gleichgültig」代物で、わざわざ語るまでもない。作品について語ることは、とにかく作品との直の出遭い——一般的に、「体験」という——から抜け出して作品を対象化し、客観化できるようになって初めて可能になる。作品と観照が体験的聯関として意味づけられたとき、人は初めて作品について語っているのである。だからこの作品は「面白い」とか、「気に入らない」ということができる。学問的反省の場合でも、芸術について語るというのであれば、事情は同じである。

だがハイデッガーは、美学や芸術哲学が概して「芸術」を体験、それも特有の価値体験の対象として論じてきた、と指摘した後で、「……体験とは芸術が死ぬエレメントかもしれない」(*HW*. S. 66)、という。この言葉は比喩的なだけに多くの解釈を惹起するが、第一義的には、体験そのものの中で芸術が「死ぬ」のではなく、体験として対象化され主題化されるうちに、死んでしまうという意味であろう。もとより「死ぬ」といっても、芸術が滅ぶとか無くなってしまうという意味ではない。「死ぬ」とは、芸術事象の全体が或る方向からしか見られなくなり、しかもその一定方向からの見方だけが芸術に対する唯一妥当な対し方なのだ、とするような考え方が積極性を持ち評価され始めることだ、とハイデッガーはいいたいのである。

とはいえ、次のことをハイデッガーは十分に承知していた。即ち、右のような考え方は、確かに芸術に自律と自足を促すものだった。芸術が「自律性」を獲得するとは、芸術が様々の芸術外的な束縛から解放されることである。そして芸術に自律性を保証するとは、芸術を「芸術外的なもの ein Außerkünstlerisches」への依存や従属から救出して、純粋な状態でその存在理由を認めることである。《無関心性 Interesselosigkeit》という言葉で代表されるような「芸術」との対峙――自然の美との接触にカントが与えた規定を芸術に敷衍したもの――がそれを可能にする。芸術の自律性の可能根拠を体験する側の「無関心性」に基づける。それによって、芸術体験の独自性を際立たせる。そして体験の独自性は、芸術作品の自律・自足と相即的である、と考えるのである。この考え方は、カントに始まる美学的考察の成果であった。

しかし美学の中で、何故このような考え方が有力になったのか。それについて、ハイデッガーは何もいわない。ハイデッガーは芸術の「死」、「それはきわめてゆっくり進行するので、何世紀もかかる」(*HW*, S. 66) といい、「芸術が美学の視圏の中に退いてしまう、これは近代の根本現象の一つである」(*HW*, S. 69) というだけである。見方を変えると、美学が学としての地歩を築き着実に発展してきたことと芸術の自律とは表裏一体であり、相即的だったように思えるのである。だがそのことが、芸術の死のエレメントなのかもしれない。これを顧慮すると、ハイデッガーの一連の発言は、芸術と美学を巡る或るパラドクスを示唆しているのではないか。美学が人間精神にとっての独自の価値領域を扱う学として成立し発展すること、及び芸術が独自の価値を実現する営為としての意義を主張し始めること、この肯定的な意味づけがその背後で、かえって芸術の死を誘起し助長する。確かにパラドクスである。このような皮肉なというか、捻《ひね》りの利いた見方はハイデッガーのものだが、それは西欧的学問への彼の見直しの姿勢と軌を一にするものだった。

そこでハイデッガーは美学の成果全体を括弧にいれて、「芸術」を可能なかぎり偏頗《へんぱ》なく目撃する、という態度を取るのである。芸術を〈性起 Ereignis〉――存在者が自ら明るみに出てくること――の一様態という風に巨視的に捉える遣り方は、彼の立場を徹底したものだった。芸術へのかかる見方は、芸術は決して特別の事象ではなく、まず他の諸事象と並んで「そこに在る」という事実、これが芸術にとっても第一義的だ、といっている。もとより、芸術が他の諸事象とは際立った側面を持っていることは、明らかである。この側面の「特性 Eigenart」を明瞭にするという学的努力が、当然、芸術の本質への通路であることも確かである。だが特性を強調したいあまりに、芸術が「そこに在る」という基本的な水準が等閑にふされ、その結果、芸術が他の事象から孤立し隔離されてしまうことになるとすると――たとえば、もっぱら美的観照の対象として「作品」が美術館に隔離されてしまうように――、芸術のこのような処遇が、果たして適切か、そして適切さの根拠は何所にあるのか。これがハイデッガーの疑問であり、「芸術の死」といういささか過激な言葉で考えられていたことであった。

この疑問は、そう簡単に解消できそうもない。だがこの疑問を解消できない以上、まだ芸術を特別扱いはできない。これが芸術に関するハイデッガーのドグマだった。彼のドグマは、徹頭徹尾、芸術の事実性に注目するよう促す。今日、芸術作品があたかも聖域に秘匿された宝物のような扱いを受けているのは何故か。かかる扱いを、ほとんど誰もが当然のことと見なしているのは何故なのか。この問いに答えるためには、芸術作品と呼ばれるものとその近傍にある制作物に、等しく眼を向けねばならないだろう。これらのものは総て、「そこに在る」。だがしかし、「そこに在る」というこの紛れもない事実、この事実そのものがまさしく謎なのである。「そこ」とは何の謂いか。「そこに在る」とは、いかなる事態をいっているのか。芸術を巡る謎は新たな謎を呼び出し、謎の聯関がハイデッガーに、さらなる思索を促す。

## 2

芸術作品はそこに在る。〈そこ da〉に関しては、『存在と時間』が詳しく分析しているように、この〈そこ〉は人間には、「世界のようなもの etwas wie Welt」として出遭われる。しかし「世界」は、たとえばカントが規定したような、「人間が経験できる対象の全体 Inbegriff der möglichen Erfahrung des Menschen」として人間に対峙しているのではない。経験的対象としての存在者の理念的全体のたぐいではないのである。したがってハイデッガーの場合、世界が客観的な所与一般と見られることはないし、普遍性や恒常性に注目されることもない。世界とは、人間もまたその内にあって、当の人間が不断に〈実存しつつ‐開示しつつ‐在る〉ものなのである。人間の〈実存的投企 existenzieller Entwurf〉を介して、その都度新たに実存の地平として開かれてくるのである。世界は自由な伸縮自在性を持つ。よく「世界が広くなる」とか、「世界を狭くする」といわれるが、これは文字通りの意味でそうで、世界は人間の実存に対応して、可変的でありうる。「世界」は人間の了解と分節に応じて顕《あらわ》になるのだから、世界は一義的ではないし、常に広くも狭くもありうるのである（本書第I部第四章「芸術と世界」参照）。

確かに人間が世界を開示するのだが、人間はとことん〈生起的‐歴史的 geschichtlich〉な存在である。超歴史的でも非歴史的でもない（本書第I部第一章「ハイデッガーの芸術哲学」参照）。人間の実存的投企にしてからが、この歴史的という存在論的な〈宿命 Geschick〉――即ち、人間は生起的‐歴史的存在として遣わされていること――と相関的である。ハイデッガーはこの〈遣わされて‐在ること Geschickt-sein〉を〈被投性 Geworfenheit〉と術語化し、これを人間存在の《実存疇 Existenziale》の一つとした。人間が「投げられている geworfen」以上、それは「何所かへ Wohin」であり、この「何所か」は常にすでに実存的投企に先立って、人間に出遭われてしまっている。だから「何所か」は人間にとっての無前提的なホリゾントといってよい訳で、「何所か」は人間の実存の地平そのものに他ならない。かかる地平は当然、前述語的だし、まだ漠然とした「そこ」でしかない。この「そこ」を、ハイデッガーは「世界のようなもの etwas wie Welt」といったのである。かくて、世界を開示するといっても、人間が世界を「無から ex nihilo」創造する、或いは無の中から初めて掴み出す、という意味でないことは明らかだろう。ちなみにハイデッガーは《創造 creatio》に「汲み出すこと Schöpfen」の語を充当するが、「汲み出す」のだとすれば、そもそも「水源 Ursprung」がなければならない。彼の芸術考察は、人間の創造のための「水源」を存在論的に質す学的な努力でもあった。

世界は常にすでに「そこ Da」なのである。いわば分節化以前の「地平 Horizont」として、そのかぎりで当初から人間には「謎めいたもの＝得体の知れないもの」として、了解と分節を待ちつつ人間の「周りに um」に広がっている。分節以前なので、この世界はまだ「然々《しかじか》の世界」というように、一定の有意味世界ではない。世界はまだ「不定 unbestimmt」で「中性的 neutral」である。

もっともここで“neutral”とは、「無意味 sinnlos」という意味ではなく、むしろそれが「有意味 sinnvoll」だ、といっているのである。元々“sinnlos”なもの——果たしてそんなものがあるかどうか、疑問だけれども——には、どのような操作を加えても有意味にはなるまい。何にせよ、或るものが“sinnvoll”になりうるとすれば、そもそも、そのものが存在論的に何らかの、或いはむしろ多義的な「意味を帯びている sinnhaft」からではないか。

ハイデッガーはギリシャの石造神殿を例に出して説明する。大理石が神殿として地中海の陽光に照り映えながら岩盤に聳え立つとき、大理石はその本質を十全に表している（*HW*. S. 30f.）。神殿を建てる、即ち建設は、大理石が大理石である所以《ゆえん》のものを「汲み出す Schöpfen」、別のいい方をすれば「引き出す Hervorbringen」のである。そして大理石が孕んでいた「意味 Sinn」が、その「意味に相応しく sinngemäß」顕在化したのである。これで分かるように、人間の周りにあって差し当たり“neutral”と見えるものを、それが具えている意味に即して顕にする、その意味を適切に「汲み出す」ことが、《世界内存在 das in-der-Welt-Sein》である人間の実存的営為である。芸術制作も、その一相貌である。この「意味」を閑却して、存在者に人間の都合で人間の方から意味を押しつけることを、ハイデッガーは存在者に〈概念の不意打ちを食わせる Überfall des Begriffs〉、という。“Überfallen”と“Schöpfen”、これは一つの事象に関して、人間がする正反対の対応である。もとより、一方が正しく一方が誤っている、ということではない。

一個の存在者として見れば、芸術作品も分節化以前の「世界」の中にある。「芸術作品」と呼び習わされてきたものは、いつかの時代、何所かの場所で歴史的人間によって「制作 Anfertigen」された。そして歴史的存在である人間によって人間のために継承されてきた。時代時代に様々な仕方で〈出遭われつつ－開かれつつ－在る〉世界の中に保存されて、今日まで存在してきたのである。芸術作品のかかる在り方を、ハイデッガーの術語で〈既存性 Gewesenheit〉、ということもできるだろう。芸術作品は当代の人間にとって、投げ込まれている「世界」が謎であるのと同じ水準で謎である。何故なら、無前提的な所与として「世界の中に在る」芸術作品は、この世界を形成する一存在者であり、無前提性を世界と共有しているからである。ハイデッガーが「芸術はそこに在る」という場合、それは今いった「既存性」のことであった。したがって、この水準では芸術もまだ、「芸術世界」という独自的世界をなしている訳ではない。了解されつつ－分節されることが、芸術が独自的世界となって際立つための「絶対的な条件 conditio sine qua non」である。了解と分節によって、或る制作物が「芸術作品」となり、「作品のエネルゲイア ἐνέργεια」によって芸術世界が開示される。

一般に世界を世界として投企すること、世界を有意味的世界として開示することを、ハイデッガーは〈見廻し的配慮 umsichtiges Besorgen〉と術語化した。見廻し的配慮によって、初めて世界が「然々《しかじか》の世界」として分節される。とはいえ人間は「世界内存在」だから、世界の外へ脱け出ることはできない。人間は、どうしても世界全体を一纏めに対象化することはできない。故に「見廻し的配慮」による分節は、世界の内で或る方向からする世界への照明——現象学的には「射影 Abschatten」——というよりないのである。「美的な態度」も、世界に照明をあてる一つの仕方なのである。

世界はいつも「……として als」了解され分節される。ハイデッガーはこのことを世界了解の〈として - 構造 Als-Struktur〉という。そして世界了解がそのような構造を持たねばならないのは、世界がすでに「あらかじめ vor」出遭われているからである。あらかじめの出遭いを、世界了解の〈あらかじめ - 構造 Vor-Struktur〉という。Vor- 構造、Als- 構造を不可欠の条件とする人間の世界了解、世界分節の全体が〈解釈 Auslegung〉である。「解釈」はその根本において「世界解釈」であり、かかるものとして、「解釈」は人間の《実存疇》である。人間が〈実存しつつ - 世界を開示しつつ - 在る〉というのは、〈世界を解釈しつつ - 分節しつつ - 在る〉ことなのである。

ハイデッガーは「解釈」を、まず人間の《存在論的な仕組み ontologische Verfassung》、いってみれば、カント的意味でのア・プリオリの条件と捉えているが、普通、解釈といえば、もっと実際的な意味で理解されている。後述するように、実際的な意味といっても、それは人間の存在論的規定たる〈解釈〉の派性的な様態である。ちなみに「解釈」、“Auslegen”とは「広げ、並べること」、実存疇としては、世界が世界であることの意味を開きつつ、世界の「存在の意味」を開拓すること、“Aufschließen”である。この存在論的な「解釈」の具体的な様態が、たとえば“Interpretieren”である。そして“Interpretieren”が世界了解の、一つの有効な手段となるとき、それが《解釈学 Hermeneutik》である。

解釈の実際的意味とは、聖書解釈や法律の条文解釈に見られるように、既存の“historisch”な成果、即ち「テキスト」を当代にどのように適合させるかという技術的意味、及びこの意味と結びついた一つの「方法 Methode」

――英文解釈の方法……などといわれる場合がそれである――としての解釈のことである。その場合、「解釈しつつ‐適用を図る」のは当代の人間だが、解釈を施されるべきテキスト、「文書 Dokument」は一つの歴史的文書、或いは「資料 Quelle」であって、決して自然物のように "neutral" ではない。すでにいつかの時代に確立された相応の意味を内包する、有意味的存在者なのである。だから当代の解釈や適用の妥当性は、或る程度まで、いつかの時代の有効性の中で規定されている。いつかの時代の意味の有効性は、当代の解釈や適用の一つの範例であると同時に、反省の指針でもある。テキストに具わるこのような歴史的経緯を無視して遂行される新奇な解釈は、往々にして、「解釈」と称してなされるテキストへの狼藉《ろうぜき》に等しいだろう。個々のテキストはいつも、それに特有の「コンテキスト Kontext」を持っている。歴史的文書であるテキストは、それが歴史的なものである故に「編み込まれているもの ein Zusammengewobenes」とともども読まれねばならない。「テキスト」は常に「前後の文脈 Kontext」とともども顧にされねばならない。コンテキストを切り離してテキストだけを問題にすることは不可能なのである。

されればガダマーがいうように、テキスト解釈はそれ自体 "Überlieferung"、テキストの「受け渡し」として成立し存在している。テキストは「伝承＝受け渡されてきたもの」に他ならない。

このことは「芸術作品」にも当て嵌まる。無前提的所与としての作品が、当代の人間の解釈によってその都度新しく「芸術作品」になり、意味づけられる。だが作品が当代の解釈によって初めて「芸術作品」になるのではないこともまた、確かである。芸術作品は、すでにしかるべき意味を内包し、それ故に「芸術作品」である。その意味が当代に、そのまま不変の有効性を持ちうるか否か、それが当代の解釈の関心事であるという点で、芸術作品も、『聖書』のように、一つのテキストと見なされうる。かくて「解釈」という人間的営為に鑑みて、こうである。「体験」の特異性だけを理由に、芸術作品を他の歴史的存在者に比して例外的に扱ってよい、と考えるのは必ずしも正しくない、と。そこで芸術作品を例外的に扱うことを、ガダマーは《美的差別 ästhetische Unterscheidung》と呼んで批判した――ガダマーの主著『真理と方法 *Wahrheit und Methode*』S. 1-166ff. は、「美的差別」の成立に関して、その歴史的経緯を詳しく辿っている――のである。

芸術作品を巡って、以下のことにほぼ異論がないだろう。芸術作品はその都度の体験において、その歴史的な文脈を超えたものとして、美的主観と同時存在する。美的体験において芸術作品は、歴史的存在という側面を否定して、その都度「今」を絶対的に生きるのである。常に今、という仕方で自己を肯定する芸術作品の奇蹟、即ち、作品の或る面の否定がそのまま、作品の絶対的肯定であるという弁証法的奇蹟。これを、芸術作品の超歴史性、永遠の現在性である、と《美学》が把握してきたのである。

しかしその都度、「今」に復活するという奇蹟、それを可能にしているのは、作品が〈そこに在り続けた da gewesen ist〉という事実、あまりにも目立たない事実である。この事実を閑却して、「常に今を生きる」という芸術作品の存在の奇蹟ばかり称揚すると、かえって芸術は「死んでしまう」とハイデッガーは考えるのである。作品が〈そこに在る〉という事実は歴史的な「出来事 Geschehen」であり、多様な意味づけを閲した作品の「存在 Sein」そのものだからである。いわゆる「美的 ästhetisch」な関わりも、作品の多様な意味づけの一つでしかない訳である。

そしてそもそも、意味づけるとなると、すでに「解釈」を前提している。「解釈」とは、解釈されるものが歴史的存在であること、「史実 historisches Faktum」として存在したし、この先も存在するであろうことを前提した上で、「歴史的」であることの意味を検証し続ける「企て Entwurf」、もしくは「作業 Leistung」といってよい。もとより、「歴史的」というなら、人間存在が優れてそうである。それ故「解釈」は歴史的人間が「歴史的」であるから実践しなければならない実存的作業、つまり人間と人間、人間と事物との間の相互的「架橋作業

Überbrückung」、すなわち「対話 Gesprach」である。芸術の経験も例外ではない。

こう考えてくると、既述の通り、解釈は無前提的所与に、その都度新たに「意味を付与する Sinn-gebung」という点で、"neutral"なものを有意味にすることだが、それは同時に、元々「有意味であるもの」の意味の「汲み出し」であり、新たな発見である。要するに、有意味性の反復的な確認である。ハイデッガーがときとして、「解釈」を「発見＝蓋を開けること Entdecken」、というのも道理である。

## 3

解釈が存在論的に規定されたことを踏まえて、解釈を一つの技術や方法として駆使する場合には、別の問題が浮上してくる。方法としての解釈の効力が、聖書や法律に関するのと同じ意味合い――これらの領域への有効性は、実践的・理論的の両面から検討されうる――で、芸術作品に関しても認められるかどうか。一体、「美的なもの」は、実践的でも理論的でもないから、独自の意義があるとされているのである。されば芸術的世界も、実践や理論といった面からの意味規定には馴染まない。では芸術の場合、何をより所にして、解釈の方法論的有効性が試されるのだろうか。ここに当然、解釈されるべき事象の原理や定款を巡る考察が不可避的であることが分かってくる。方法としての解釈の有効性は、解釈される事象の「本質論」の方から、吟味検討を受けねばならない。事象の本質に迫るための解釈という「方法」が、逆に、事象の「本質」の方から明確な規定を受ける……というのであれば、ここに一つの「循環 Zirkel」が存することになる。

この循環には、そこから脱け出そうとすればするほど、ますます嵌《はま》り込んでしまう。実はガダマーの主著の『真理と方法』という表題がこの「循環」――解釈学的循環といわれる――を示唆していた。「真理」が「方法」を規定するのか、むしろ「方法」が「真理」を誘導するのか。要するに真理と方法との間の循環である。この循環を、接続詞の〈と und〉が示している。したがって我々はこの「循環」、〈と〉そのものを思惟しなければならない訳である。ハイデッガーは「解釈 Auslegung」を《実存疇》の一つとして、「循環」の存在論的な由来を明らかにした。ガダマーはそれを受けて「解釈」を、自らの哲学的方法にしたのである。

ところで、芸術の本質論と芸術を巡る方法としての解釈に関して、ガダマーは次のことを十分認識していた。芸術を芸術として規定しようとする美学・芸術哲学の努力は、芸術の定款を「芸術そのものに即して」、ではなくむしろ「自然美 das Naturschöne」に即して定めようとしてきたことを。《無関心性》、美学のこのキーワードは、人間と自然美との関わり、カントのいう《趣味判断 Geschmacksurteil》の特徴を明示するためのものだった。芸術作品は自然の所産とのアナロジーで考えられ、意味づけられてきたのである。しかしこのような見方は、決して芸術作品を芸術作品として遇しているのではない。芸術作品に対比される自然の所産、いってみれば神の創造物は歴史的存在ではない。もとよりそれには、解釈の余地はないのである。ガダマーが、芸術作品を解釈学的事象と考え、《美的差別》を批判するとき、彼は、「美的差別」が作品と自然物の同一視に基づいていることを発《あば》きたかったのである。別言すれば、芸術が人間の営為であるという当たり前のことが、美学・芸術哲学の思索の中で脱け落ちてしまっていたことに、注意を喚起したのである。

ハイデッガーに戻る。ハイデッガーは、方法としての解釈の実際的な有効性を否定はしない。彼自身、「解釈学的」と呼ばれるような方法を採ってもいる。だが彼は、「解釈」という事態におけるテキストの存在と解釈の方法との存在論的な関係を、まず確認しなければならなかった。自分の思索の重要な動機の一つをハイデッガーに負ったガダマーの言葉でいうと、ガダマーにとって、「自分の研究の意味は……解釈の普遍的な理論や、方法の違いを論じることではない。……あらゆる仕方での了解に共通するものを見つけ出すことである、そして次のことを明らかにすることなのである、即ち了解とは、或る与えられた対象に関する主観の態度にではなく、〈作用史 Wirkungsgeschichte〉に属することを。つまり了解は、了解されるものの存在に属しているのである」（*WuM.* xvii）。作用史とは、解釈によってテキストに働きかけ、それと一においてテキストに働きかけられている、という相互的な出来事の謂いである。[4] 解釈 - 被解釈の「作用聯関 Wirkungszusammenhang」、これこそハイデッガーのいう《実存疇》としての「解釈」の内実であった。ハイデッガーは、解釈、了解のカント的意味での基礎付けというか、ア・プリオリの条件規定をしたのだった。

何故、解釈が方法たりうるのか。その理由が確認されるべきである。さもないと、方法としての解釈は、解釈されるべきテキストの本質と縺《もつ》れ合って、動きが取れなくなりかねない。というより、解釈によって何をしているのかが分からなくなる。個々の学問はそれぞれに独自の方法を工夫して、当該の事象の本質へ迫ろうとする。この努力を可能にし、意味あらしめるものは何か。ハイデッガーもガダマーも、それを思索しなければならなかった。芸術に関してハイデッガーが、「美的」という主観的な態度とその相関者としての作品、このような「主 - 客関係」――ガダマーの「美的差別」の根元――を問題にしないのは、右の理由による。

芸術は、何よりまず〈生起 Geschehen〉である。作品が作品として生起するのは、人間の実存的な世界開示、つまり「解釈と了解」――芸術制作もこの一様相であるが、それは、「無カラノ創造」でない――においてである。芸術は常に一つの「出来事 Geschenis」である……、ハイデッガーが「芸術」に関して明らかにしたのは、ただこれだけのことである。これだけしかいわないからといって、ハイデッガーの芸術哲学に限界がある訳ではない。彼の関心は個別的世界ではなく、世界そのものなのである。世界の中に、人間的事象にかかる総ての謎が潜んでいる。しかも人間が世界の外に出られないとなると、個々の事象の本質論を展開することも、「見廻し的配慮」によって事象に関わることからしか始まらない。芸術考察も例外ではない。この確信は『存在と時間』以来、少しも変わらなかった。謎である世界、それを純正なままに目撃しつつ記述できれば、この記述を通じて、個別事象の個別事象たる所以《ゆえん》が明らかになってくるだろう。

方法としての「解釈」の有効性は、芸術をも内に含む「世界」そのものの記述に関してである。それ以上でも以下でもない。解釈は現象学的態度の堅持とその遺漏ない遂行、というに同義であった。芸術作品に関する記述もそうだった。ハイデッガーの芸術記述は、「芸術」という独自世界の独自性を主張するためではなく、広範な世界記述の一環だったのである。

確かに「芸術」と呼ばれる事象がある。しかし芸術も〈世界内存在〉であって、他の諸事象と切れ目のない聯関の中にある。この聯関こそが「世界」である。芸術だけが孤高の位置を占めている訳でも、他の事象に優れて、それらを睥睨《へいげい》している訳でもない。芸術が芸術として伝承されてきたのは、芸術がこの聯関ともども継承されてきたからである。世界記述は芸術記述に繋がるだろうし、芸術記述は世界記述の一相貌である。芸術へのハイデッガーの態度であった。

ハイデッガーの態度をもう少し積極的にいうと、以下のようである。一般に「学問」といえども、人間の実存的営為の一つである。学問も、「見廻し的配慮」という人間の存在論的な体制から、初めて可能になる。その上、見廻し的配慮が世界を「然々《しかじか》のもの」として分節するのだから、学問にとって、「解釈」が本質的な側面をなしているはずなのである。学問も実存的営為の一つであり、「世界を開示しつつ‐解釈する」仕方である。学問を、理論的な立場からする世界解釈と認めるとき、芸術は理論的でも実践的でもない――勿論、芸術を理論的営為に数える、或いは実践的営為に数える美学思想もないことはない――世界解釈の様態として、評価されることになる。美学や芸術哲学、即ち芸術を独自世界として定立し、その本質を規定せんとする学的努力は、芸術的営為とは別の理論的な世界解釈に属するのである。

学問は人間の実存に根ざすから、学問が実存疇である「解釈」を一つの方法に彫琢し、それを駆使できるのであって、逆ではない。故に解釈は学問の「方法 Methode」であり、「技術 Kunst」と見なされるのである。「芸術」が一つの「技術 Kunst」と見なされるのと同様である。ちなみに、“Kunst”が人間存在に固有である理由は、“Kunst”が人間の存在論的構造、即ち人間の〈存在可能への存在 das Sein-zum-Sein-können〉の“Können”に発しているからである。とまれ解釈が「技術」でありうる根拠を質しつつ解釈を実践するとき、解釈のこの全体的な聯関が《解釈学 Hermeneutik》をなしている。ハイデッガーは、この意味での「解釈学」を、自らの方法として採用した。

ハイデッガーは、「解釈」が《解釈学》へ展開する根拠を、人間存在に即して明らかにした。人間的営為を、すべからく人間の存在論的構造に基礎付ける、という彼の一貫した遣り方によったのである。世界を目撃しつつ記述すること——これがすでに「世界解釈」なのである——、即ち現象学的 - 解釈学的な立場が「見廻し的配慮」に属し、その意味で、「歴史的存在」である人間の学問に最も忠実な在り方だ、と彼は確信していたのである。ただし、厳密には「解釈学」は「学 Wissenshaft」というより、「技術 = 方法 Methode」というべきである。というのも、“Hermeneutik”はギリシャの神「ヘルメース ἑρμῆς」——神々の間の繋ぎをする神、後に「商業」の神になる——に由来し、ヘルメースが駆使する繋ぎの「技 τέχνη」の意味だったからである。ガダマーの「解釈学」も、まず技術の意味であった。

## 4

さて、アリストテレス以来、《形而上学 Metaphysik》は「第一哲学 prima philosophia」と考えられてきた。「第一の」とは、「最高の」の意味ではなく、およそ哲学が思索すべき最も基本的な問題、《存在》を扱うという意味である。この考えは伝統的なものだが、ハイデッガーもこの伝統を遵守しなければならなかった。だが形而上学はかつて、思想の発展の中で、あたかも当然であるかのように《神》や《絶対者》を論じることになった。しかし、そもそも「形而上学」は人間のする学問である。したがって、《形而上学》の可能性と必然性は「神」や「絶対者」ではなく、人間存在に帰されるべきなのである。ならば人間存在をその在り方に関して注目することが、《形而上学》の出発点になる。出発点を、無条件的に神や絶対者に帰するべきではないだろう。《形而上学》の可能根拠を神や絶対者に帰してしまった形而上学、かかる形而上学は「学」としての根本、《存在》を思索することを忘れている、としてハイデッガーは、その〈存在忘却 Seinsvergessenheit〉を告発した。人間から出発するカントが《批判 Kritik》で敢行したこと——人間的営為のア・プリオリの条件を規定する思索——は、そのまま、ハイデッガーの思想的な前提だった。

人間が〈世界内存在〉である以上、人間へ眼差しを向けることは、同時に「世界」へ向けることでもある。〈世界内存在〉、人間のこの基本的な「事実性 Faktizität」がハイデッガーの思索の中心問題になった。世界、〈そこ Da〉が思索されねばならない。振り返ってみて、彼の生涯を通じて「世界」が思索的な中心問題であったことに、いささかも変わりはなかった。彼の思索の展開は、「世界」の捉え方——どう捉えるのが、一番的確であるか——の深化、世界解釈の「必要な変更」の表れに他ならなかったように思われるのである。

思索の展開につれて、確かにハイデッガーの「世界定位」に変化が窺える。『存在と時間』では、人間の「見廻し的配慮」によって初めて、世界が世界として分節されると指摘されたように、「世界」が人間による《構成 Konstitution》——これをハイデッガーは、カント、フッサールから継承した——という視点から記述された。次いで、芸術作品を範例にして、「世界 Welt」と「大地 Erde」との〈闘い Streit〉を孕《ひそ》みに導出された「世界」への視点、即ち世界の自らなる生成、「世界は世界する eine Welt weltet」と記述される「世界」。このような世界理解の淵源は、ギリシャの世界観、「ピュシス φύσις- 観」にあった。そしていわゆる〈ケーレ Kehre〉、思索的な〈転回〉を経て最終的に、「世界」は存在者全体の《現在性 Anwesenheit》、つまり「在るが故に在る est quia esse」存在者は、全体として自から一個の〈Geviert をなして - 在る〉、と把握されるに至るのである。この「ゲフィールト Geviert」であるが、これはまさにハイデッガー的な用語法の面目というべく、通常の辞書的な意味に「移し替える＝翻訳する Übersetzen」ことは、ほとんど不可能である。ゲフィールトの背後にギリシャ的な世界観・存在観があること——パーペートが指摘したように——を知って、無理づくに日本語訳しないでおく。少なくとも辞書的には、この語に〈世界〉という意味はないからである。

もう一度確認すると、ハイデッガーの世界定位は次のように移動した。まず人間を中心にして見た、世界の「目的論的な構造」という視点、人間の実存的投企を契機に、「世界」を〈道具聯関 Zeugszusmmenhang〉と捉える視点である。次いで、この視点が括弧にいれられる。その際、同じく人為的制作物である、道具と芸術作品の異同に注目される。こうして、世界を人間主観による《構成》と捉える目的論的な視点が括弧にいれられる。括弧づけを経て——現象学的意味で「括弧を外した」といえるかどうか、難しい——素朴実在論的とさえいえそうな視点、「世界＝ゲフィールト」が「現に在ること Anwesen」という、ゲフィールトの事実性の目撃・記述に至るのである。ゲフィールトの「現在 Anwesen」が人間に見えるようになる、つまりゲフィールトそのものの〈生起 Geschehen〉は、彼のケーレを閲して、後期思想のキーワードである〈性起 Ereignis〉、へと総括されることになる（〈性起〉については、本書で少し述べる。終章「"Ereignis"と〈性起〉」参照）。

しかし世界に関する定位の移動は、決して根本的な方向転換ではない。彼はずっと「世界」を目撃し記述し続けた。現象学的にいえば、記述をより精密にし、遺漏なきを期するためには、より多面的な《射影 Abschattung》

が不可欠だったのである。

多面的に捉えられた「世界」の射影、それがたとえばヘーゲルのように弁証法的に「止揚 Aufheben」されて最後には絶対的な〈世界概念 Weltbegriff〉のごときものへ統合される……、現象学の徒ハイデッガーの場合に、そんなことはありえない。現象学は注意深く《判断停止 Epoche》を重ねながら思索を進めていくだけなのである。常に世界への彼の視点の移動は、絶対的な視点へ向けての試行錯誤ではなく、現象学的な射影の蓄積であった。常に「世界」だけが見続けられたのである。

ただどうやら、ハイデッガーに世界定位、もしくは射影のための位置取りの移動を促す契機の一つが、「芸術」の問題だったようなのである。「芸術作品の始まり」を講演した頃、この時期はハイデッガーの前期思想、いわば「世界」を超越論的‐存在論的に基礎付ける思想と後期思想、世界の事実性を〈在るがまま Unverborgenheit〉――ギリシャ語の《真理 ἀλήθεια》の謂い――に承認する思想との端境期だった。その意味で彼にとって、思想的な過渡期にあたる一九三〇年代の後半から、彼は幾つもの美学的書物を取り上げて、大学の「演習」に供していたようである。この時期、何故芸術や美学が彼の思索的な関心を引いたのか。その理由は今一つはっきりとはしない。しかし一九五〇年代になって、ハイデッガーは自らの「ケーレ」を、他ならぬ《芸術アカデミー》の場で語り始めた。ケーレを語る一連の講演、その口火を切る「もの das Ding」がそれであった。この事実が興味深いのは、彼が《美学》に関して新しい見解を提出したかったからだとか、既成の芸術観念に何らかのインパクトを与えたかったから、というような理由によるのではない。ハイデッガーにそういう気概があったとしても、付随的なことにすぎない。彼は一聯の講演で美学批判を意図した訳ではなかった。

では何故、ハイデッガーの思想上のエポックをなす「ケーレ」が、芸術アカデミーで語り出されたのであろうか。理由は定かではないが、要はそこで語り出された、という事実が重要である。この事実の内実は、「芸術」に関するハイデッガーの見方を正確に分析することで明らかになるだろう。その努力をせずに、この事実をあれこれ詮索しても、しょせん、揣摩《しま》臆測の域を出ない。況《ま》して、とかくの判断は避けられるべきである。なされるべきは、「芸術作品」を巡る彼の記述を正確に辿ることである。

右に概観してきたようにその成立の時期からして、「芸術作品の始まり」においては、「世界」への二つの定位が交錯していた。人間の実存的投企としての芸術制作による芸術的世界の形成、世界の構成という面。世界と大地との不可分の「相属性 Zusammengehörigkeit」と「闘い Streit」から捉えられる、世界の自からなる生成——人間にとっての世界の生起——と世界への人間の帰属の不可避性という面。人間が〈世界内存在〉である以上、世界はこの二つの面、人間から見て世界の主観的側面と客観的側面から記述されたのは当然でもあった。一個の世界として〈そこに在る〉芸術作品の存在、いわば作品の堅忍不抜の自存性が世界の客観性を際立たせるのである。作品の「存在」がハイデッガーの世界定位にインパクトを与えたことだろう。ハイデッガーは作品の自存性——美学の伝統的な語彙でいえば、素材と意味との一致——を、彼特有の語彙で「大地」と「世界」との〈闘い〉と表現した。

「闘い」、この言葉は「芸術作品」として闘いが出来し、かつ闘いがそのままに作品に保存されている、という事実の指摘だけに留まらない。「闘い」は、少し穿《うが》ってみると、ハイデッガー自身の前期思想と後期思想との間での、「世界」の的確な記述を巡る思索的な葛藤というか、思索の「内部的なぶつかり合い Zusammenstoß」を意味してもいたように思われる。

「芸術作品の始まり」で初めて言及された〈大地 Erde〉、この新しい観念は何を示唆していたのか。講演「もの」、それに続く「耕す、住まう、思索する Bauen, Wohnen, Denken」—— "Bauen" は「耕す」よりもむしろ、「建てる」が本義である。ハイデッガーは二重の意味で "Bauen" の語を使っている——において、「大地」は〈ゲフィールト Geviert〉の一角に退く。「世界」と「闘う」のではなく、「世界」を実在的に構成する存在論的な契機の一つになる。一方、「世界」は「ゲフィールト」となる。「世界」はあらためて、「死すべきもの die Sterbliche」である人間を内に含む、存在者全体の存在を意味するようになる。あらためて、といったのは、この「世界理解」が、根本の所で、『存在と時間』のそれと変わっていないからである。

とまれ存在者全体の「在ること Anwesen」の「簡素さ Einfalt」、在るものが在るという単純素朴な明快さ、存在者がそれぞれにそれ自身に相応しい仕方であって、しかも「全体」として「一つへと折り込まれている sich zum Ein Falten」、これがゲフィールト、これが〈世界〉の実相だ、とハイデッガーは説く。

「自らを隠しつつ支える sich verbergendes Tragen」。「大地」はもう「世界」と闘うことはないし、その必要もない。大地のこの本質は、芸術作品における「世界」との「闘い」、という形で十分に際立ったからである。「大地」の意味や役割は、「芸術作品」を目撃することを通じて見えてきた。少なくとも『存在と時間』における視点、「世界」を道具聯関と捉える視点の下では、「大地」は単なる「素材 Materie」、人間的目的のための材料にすぎなかったのである。「大地」は、人間の様々な営為に暗黙のうちに前提される所与一般として、人間的営為の背後に隠れたままで、決して際立ってくることはなかった。「支える」という「大地」の役割は、「道具」ではなく、「芸術作品」の存在に即して顕在的になった。芸術作品の素材となって、「大地」は姿を現す。それも、素材になることに抵抗するという仕方で。とはいえ、「大地」は単純に素材ではない。むしろ素材が素材となって機能すること、それを存在論的に保証しているのが「大地」というべきである。要するに大地の「大地」たる所以《ゆえん》は、存在者が素材になることとなしには見えてこないのである。

「支える」という「大地」の無前提的な所与性は、人間の〈世界開示＝投企〉にいかなる意味を持っているのか。「大地」は不断に無前提的な所与として人間的営為＝実存的投企に「奉仕 Dienen」しながら、それ自体を際立たせようとすると、「大地」は頑《かたくな》に自分を隠す。「隠す Verbergen」という仕方でしか「自分を顕にすること sich

Entbergen」のできないもの、「大地」はあたかもヘラクレイトスの“φύσις”のように、弁証法的である。人間存在は「投企しつつ－投げられている entwerfend-geworfen」。いい換えれば「投企しつつ－支えられている entwerfend-getragen」――“Getragenheit”、これはO・ベッカー(5)の語彙で、ハイデッガーのものではない――の意味である。“Getragenheit”、人間存在に鑑みて、ベッカーらしい卓見であった。

「大地」への注目が、ハイデッガーに世界記述への反省を促した。反省は、当然、「ケーレ」の重要なモメントになった。ケーレに至って、以降、「大地」は世界を構成する一成分になり、「大地」そのものが、再び表立って彼の思索に登場することはなくなる。しかしそれでも十分に、「大地」の自分を「隠しつつ－支える」という役割は彼の思索の中で、保持されていたのである。ここからして、「大地」はハイデッガーの世界定位、射影の移動に際して、導きの糸、《アリアドネーの糸》のような役割を果たしていたことが分かる。

世界の世界たる所以《ゆえん》、大地の大地たる所以、即ち世界を世界ならしめる「大地」の意味――ハイデッガーは「芸術作品の始まり」で、巧みに「“eine Welt weltet”とは、また“die Erde erdet”である」といったものである――、それを思索する手がかりを、ハイデッガーはかつてギリシャ人が持っていた“φύσις”の意味の中に索《もと》めた。“φύσις”の意味の存分の解釈から、彼は「ゲフィールト Geviert」の観念を引き出した。これで分かるように、「ケーレ」は、思索の向きを変えてギリシャへ戻ることでもあったのである。

「ゲフィールト Geviert」、或いは“Gevier”、辞書的には2×2＝4、つまり2の平方の意味である。ここから「四つの成分からなる」という意味が派生する。ハイデッガーはこれらの辞書的意味を顧慮しつつ、「ゲフィールト」を“φύσις”の解釈に援用した。「ゲフィールト＝四つのもの」、それは「天 Himmel」と「大地 Erde」、「神々 Götter」と「人間 Menschen」――これをギリシャ語でいえば“οὐρανός”と“γῆ”、“ἀθάνατος”と“θνητός”――、という対照的なものの「対 Zwei」からなっている。存在者全体、森羅万象が二組の対で捉えられている。かくて二組の対、2×2＝4「ゲフィールト」という訳である。しかもこの「四つ Vier」は弁証法的に総合されて一つに止揚されるのではない。先述のように、"Einfalt"、「四つ」はそれぞれに「一つへ zum Ein」と展開しつつ、互いに「折り合わさっている sich Falten」のである。四つの成分はそれぞれに自己主張をすればするほど、かえって次のこと、即ちそれらの成分は他の「三つ Drei」を欠いては存在できない、しかして四つのものが互いに「聯関的 zusammenhängig」であることが際立ってくる。蓋《けだ》し、この聯関、ゲフィールトが世界の《現存 Anwesen》に他ならない。人間、死すべきものは世界が世界であることの、一つの「契機＝成分」に留まる。人間は図って自分の手で、この"Einfalt"、"Zusammenhang"を作ることはできない。人間にできるのは、この「単一的聯関」ともいうべき存在者全体の「現存 Anwesen」を、〈在るがまま〉に明るみに出すことだけである。

存在者全体が在るがままに明るみに出てくること、後期のハイデッガーはそれを〈性起 Ereignis〉と術語化した。実存的投企も「性起」に属する。「性起」、存在者全体の「在るがまま」が明るみに出ることを、ハイデッガーは〈真理が働き出す die-Wahrheit-ins-Werk-Setzen〉と呼んだ。この言葉は、彼の芸術論のキーワードなのだが、この表現には含意が多い。"Werk"、作品、仕事の謂いである。したがって"ins-Werk-Setzen"、「作品になる」、「作動する」……などの意味である。この表現は、アリストテレスの"ἐνέργεια"に由来し、"ins-Werk-Setzen"は「エネルゲイア」のハイデッガー流の訳語だったのである。芸術は「性起」の一様相である。しかして芸術において、「真理が性起する」、「ゲフィールト Geviert」が「現にそこに在る」のである。だがしかし、芸術だけが「真理が性起する」唯一の人間的機会なのかどうか。芸術だけが、「ゲフィールト」を「ゲフィールト」ならしめる唯一の機会なのかどうか。このような問いに、ハイデッガーは答えることはなかった。彼の芸術考察は次のことを確認するだけで十分だったのである。そのものの「存在」が、自と存在者全体の聯関を「取り集め Versammeln」、それを「ゲフィールト Geviert」として「保存 Bewahren」している、〈芸術作品 Kunstwerk〉とはそのような存在者であることを。

## 結　び

以上に見てきたように、古代ギリシャの世界観を例にして説明されているとはいえ、〈ゲフィールト Geviert〉は、或る時代、或る場所だけに該当するような特定の「世界」のイメージではない。また、有無をいわせぬような究極の理念でもなければ、理想的な世界像でもない。「世界」の事実性そのものなのである。その意味で〈ゲフィールト〉は、〈世界内存在〉である人間の「世界の内に在ること」の〈在るがまま〉の姿である。〈ゲフィールト〉のヒントは古代ギリシャの「ピュシス φύσις」から得られたが、もとよりハイデッガーはこの"φύσις"の意味を当代に適用しようとして、〈ゲフィールト〉の観念を提起したのではない。自らの問題意識の故に、"φύσις"へ遡及しなければならなかったのである。それはこうである、今日、あまりにも自明としてはとんど忘れられてしまったことを、かつての人間の存在経験の中に辿るためであった。いかなる存在者であれ、「存在する Sein」とは万象＝存在者全体の重畳たる聯関の一角に他ならぬ、と古人は弁《わきま》えていた。古人の存在経験は顧みるに値する。この反省は、「存在」をそれ自体として抽象化し対象化して把握せんとする企てが、かえって〈存在忘却〉に陥ることを教えてくれるのである。

〈世界内存在〉という人間の規定が、ずっとハイデッガーの思索の関心事であった。芸術が問題にされるときにも、思索の根底には「世界」の問題があった。だからパーペートが、ハイデッガーの「芸術論 Kunstlehre」の中心に〈世界＝Geviert〉を見ていたのは、正しかったのである。だが残念なことに、パーペートは〈ゲフィールト〉を「かつての世界」と見、この世界が芸術を介して今日に実現されるべきだ、とこんな風にハイデッガーの芸術論を理解してしまった。既述の通り、〈ゲフィールト〉は人間が図って作り出すことはできない。ハイデッガーの思想において、芸術が〈ゲフィールト〉を実現するというような考えは、どうしても成立しない。芸術がなしうるのは、「世界」を在るがままに明るみに出すことだけである。

芸術が明るみに出す世界、それは「歴史的世界」である。芸術制作は人間の実存的営為として、常に或る時代、或る場所でなされる。芸術それ自体はいつも個別的なものであるから、ルネッサンスの芸術はルネッサンス世界しか明るみに出てこない。しかし、それでよいのである。常に一つの「史実 historisches Faktum」である芸術は、史実でありうるからこそ〈歴史的存在 geschichtliches Sein〉であり、「解釈」を通じて、常に今‐存在するのである。芸術に超歴史的な意味を求めるような問題意識は、ハイデッガーのものではない。

ハイデッガー自身に、今はもうないユートピアへの憧憬があったかもしれないし、彼はユートピアの具体的なイメージを古代ギリシャに求めていたかもしれない。そのことを〈ゲフィールト〉の観念に見出すことも、できなくはないだろう。しかしそのような見方からしかハイデッガーの芸術考察にアプローチしないのでは、ハイデッガーの芸術思想に忠実とはいえない。パーペートにかぎらず、一般に《美学》のするハイデッガー理解には、このようなハイデッガー観が隠顕しているのである。

**註**

小論は元々、『芸術論究』（帝塚山学院大学・研究紀要、一九八二）第九編に発表されたものである。本章において、全体的には変更はないが、部分的に加筆修正、内容の補足、訳語の改定がなされている。ローマ字表記のギリシャ語は原語表記に改めた。引用箇所は略記して論文中に入れた。そのため論文全体の分量も増えている。

M. Heidegger, "Der Ursprung des Kunstwerkes," *Holzwege*, S. 7–68ff. —— *HW* と略記。なおこの論文は、ガダマーの懇切な解説を付けて、『レクラム文庫』に収められている。

(1) W. Perpeet, "Heideggers Kunstlehre," 1963. この論文は *Heidegger* (hrsg. von O. Pöggeler, neue wissenshaftliche Bibliotek 34, 1970) に再録（S. 217-241ff.）された。本論の丁付けはそれによる。他にモノグラフとして H.W. von Hermann, "Heideggers Philosophie der Kunst," 1980がある。これは「芸術作品の始まり」のほとんど逐語的ともいうべき、詳細極まりない読解である。ただし、本章ではその内容に、一切言及しなかった。

(2) 註（1）で触れたフォン・ヘルマンの著作はこちらの側からの論述といえよう。しかし、美学、芸術哲学からの論述は総じて「外から」のハイデッガー論、ハイデッガー批判であって、ヘルマンのような徹底した「内から」の論究はほとんど例がない。本章も、内からの論述を試みたものである。

(3) 筆者の論稿「技術と芸術」（『芸術論究』第六編、一九七九、所収）、「技術と自然」（『芸術論究』第七編、一九八〇、所収）を参照されたい。また「技術・危険・芸術――ハイデッガーの芸術哲学」（米澤他編『美・芸術・真理』昭和堂、一九八七、所収）も、同様の論点から問題を敷衍した。

(4) 「作用史」という言葉は、ガダマー思想のキーワードの一つである。歴史的聯関が相互的な作用聯関であることをいっている。テキストは当代に作用を及ぼすと同時に、当代から作用を受ける。テキストの「存在 Sein」とは、「作用 Wirken」である。

(5) O. Becker; "Paraexistenz," 1945. この論文も、上述のペーゲラー編集の『ハイデッガー』に再録（S. 261-281ff.）された。ハイデッガーの思想全体を眺望に収めた、なかなか面白い解釈が表明されている。

ベッカーは人間存在の "Geworfenheit" をさらに存在論的に基礎付けようと、"Getragenheit" の考え方を提出したのである。

# 第三章　芸術の過去性を巡る一考察

## ――ヘーゲルとハイデッガー――

### はじめに

本章はヘーゲルとハイデッガーの思想に学びつつ、一つの芸術哲学的な基本問題――それはまた芸術哲学にとっても重要問題である――に照明をあてようとするものである。

ここに、芸術哲学の視点の下に特にヘーゲルとハイデッガーを取り上げる所以《ゆえん》は、次の二点である。第一に、両者ともに、芸術を哲学的課題の遂行の上で不可欠の問題領域として意味づけ、この領域を一貫した哲学的方法の下で吟味している点である。芸術の問題を究明せずしては、両者にとって、そもそも哲学全体が完備しないのではないか、とさえ思われるほどである。けれどもこの点にかぎって見れば、まだ特にこの二人を取り上げる積極的な理由は見出されない。美や芸術に言及せざるをえない場合、どのような哲学者にとっても、今述べたような事情は共通のものだ、と思われるからである。第二の点こそ、一層重要でありかつ決定的な理由といってよいだろう。即ち、両者とも、芸術を歴史的な事象として捉え、その上、芸術を捉える歴史観が根本的に彼らの哲学的歴史観と表裏一体の関係にある、という点である。
ヘーゲルの芸術哲学が、哲学的体系との整合性と方法の一貫性から、「芸術の過去性格 Vergangenheitscharakter der Kunst」を宣告することで終わるのに対し、ハイデッガーのそれは、哲学的課題を周到に遂行していく上で、むしろ芸術は「始まり」にある、と考えている。芸術を等しく哲学的に考察し、しかも歴史的に扱うにもかかわらず、両者の見解ははなはだしく相違する。その理由は以下に論述されるのであるが、芸術に向かう二人の視点の据え方と思索の方法、この二点で芸術を哲学的に思索するものには、この二人の思想家を揺るがせにはできないだろう。

しかし以下に論述に先立って、断っておくべきことがある。ヘーゲルとハイデッガーを真っ向から対決させること、両者の芸術哲学にいささかなりとも批判を加えんとすること、そのようなことは、もとより本章の意図にはない。ただハイデッガーが彼自身の問題意識から、ヘーゲル哲学の全体に対して、根底的ともいうべき反省を試みていること――それは決して批判でも非難でもない――は周知の事実である。ハイデッガーがヘーゲルの『美学講義』に詳細な註解を試みたという証拠はないが、ヘーゲルの芸術哲学全体が、ハイデッガーの反省の対象であった。それ故、芸術の〈過去性〉というヘーゲルの「判定 Urteil」に若干考察を企てるとき、その考察がヘーゲルの芸術哲学の単純な反復でないかぎり、どうしても記述が批判者側の視点に偏り勝ちになることは避けられないのである。ヘーゲルとハイデッガーの芸術哲学を対比させようとするとき、ハイデッガーの芸術思索がヘーゲルに批判的な視点を持っていると見なされても、これも或る程度やむをえないことである。だから、本章の以下のような記述方法がヘーゲル哲学の正しい扱いであるか否か、それは差しあたって留保しておかねばならない。

さて、ハイデッガーは「ヘーゲルとギリシャ人」と題した講演（*Wegmarken*, S. 255-272ff. → *WM*）の冒頭で「〈ギリシャ人〉という名前で我々は哲学の始まり Anfang を考え、〈ヘーゲル〉という名前で哲学の完結 Vollendung を考える。ヘーゲル自身、自分の哲学をそのような規定の下に理解していた」（*WM.* S. 255）といっている。これを顰《ひそみ》にして〝ヘーゲルとハイデッガー〟という論題を掲げた場合、西欧哲学の完成と破壊といったことが思い浮かぶように思われる。事実、ハイデッガーは、プラトンからヘーゲルに至る西欧哲学の歴史を全体として〈存在忘却 Seinsvsrgessenheit〉の歴史と解し、この歴史の破壊を企てる。

「破壊 Destruktion」といっても、西欧哲学の伝統を根こそぎにするとか、無に帰そうなどというのではない。ハイデッガーがいいたいのは次のこと（*Sein und Zeit* の〝Einleitung〟参照。→*SuZ*）である。西洋哲学史の概要を通覧することによって明らかになるのは、「存在そのもの」の謎を問うことと「存在者としての存在者」の謎を問うことが混同され、或いは同一視されて、《存在》の謎の究明が等閑にふされてきたことである。つまり、西欧形而上学の伝統の中で獲得された「知 Wissen」の真理は「存在者についての真理であり、形而上学はこのような真理の歴史」（*WM.* S. 100）だったのである。ハイデッガーのいう「破壊」とは、存在の謎の究明にあらためて着手すること、換言すれば、《形而上学》がなすべき本来の課題へ立ち戻る、という意味だったのである（*SuZ.* S. 22）。

ハイデッガーはヘーゲル哲学の最大の意義の一つを、西欧思想、分けてもデカルト以降の近代哲学を推進し貫徹した、という点に見ている。ハイデッガーはヘーゲルの『哲学史』の一節を引きつつ「思索とは、思索されたものの揺るぎなさの中に、自らにとっての絶対的基礎 fundamentum absolutum を求める。哲学が安住できる地 Land とは、知の無条件の確実性であり……絶対的基礎が絶対者そのものとして思索されたとき、この土地は完全なる所有に帰される。この絶対者は、ヘーゲルにとって精神 Geist である」（*HW.* S. 118）という。《絶対者》へ至る思索の徹底と深化を、近代哲学の展開と考えてよいだろう。

デカルトの提起した《コギト cogito》の絶対的な確実性を、当のコギトによって確立する、これがヘーゲルにとっての思索的な課題になった。《絶対知 das absolute Wissen》においてそれを確立したヘーゲルは、芸術を論じる場合にも、このコギトによって芸術を規定し、しかもこのコギトの故に、「芸術は、もう真理が存在を獲得する最高の仕方としては適当ではない」(G. W. F. Hegel, *Vorlesung über die Ästhetik*, S. 139→Ä. テキストはバッサンゲ版1955を使用した)といった。ヘーゲルにとって「芸術という形式は、精神の最高次の要求であることをやめてしまった」(Ä. S. 139)のである。

しかしハイデッガーによると、近代的なコギトは、その展開の中で、根本的に或ることを閑却していたのである。即ち、「コギト・スム cogito sum によってデカルトは、哲学に或る新しい確実な地盤を据えるという要求を掲げたのだが、この根底的な始まりに際し、デカルトが未決定のままにしておいたことがある。それは思惟するもの res cogitans の在り方、精しくいえば、"sum"の存在の意味である」(*SuZ*, S. 24)。この点に関しては、カントもデカルトと同罪(*SuZ*, S. 24)で、この伝統が「存在論を自明性へと、そしてただ新たに手を加えるべき材料へと失墜させてしまった」(*SuZ*, S. 22)。要するに、《存在論 Ontologie》を自明のものとし、斯学の意味を根本的に問うことをせず、存在論を哲学そのものの一分肢と見なしてしまう……、近代哲学はそういう方向へ進んだ、とハイデッガーは考える。ヘーゲルの思索的貫徹において、それが端的になった。このようにヘーゲルを完成者とする西欧哲学の歴史の中に、ハイデッガーは或る重大な欠落を見たのである。

そこでハイデッガーは芸術に関するヘーゲルの件《くだん》の発言に対しても「ヘーゲルの立言についての判決はまだ下ってはいない。何故ならこの言葉の背後には、ギリシャ以来の伝統が潜んでいるからである」(*HW*, S. 67)という。ヘーゲルの芸術哲学が西欧形而上学の伝統を地盤にして構築されたことに、異論の余地はない。ハイデッガーの右の言葉を敷衍するとこうだろう。近代的なコギトによって完遂されたヘーゲルの芸術哲学についての評価は、このコギトを反省し直すこと、そしてかかるコギトを醸成してきた形而上学の伝統に検討を加えることから、初めて可能になるのではないのか、と。このような巨視的な視点でなされるハイデッガーの芸術哲学は、文字通り「ラディカル radical」で、ヘーゲルのそれに比肩されるべき根底的な水準にあった。ただしヘーゲルとは別の意味で、だけれども。

ところで芸術哲学の領域において、ヘーゲルのそれを巡っては――彼が芸術に下した判定を是とするにせよ非とするにせよ――彼の哲学的課題との密接な聯関が説かれ、論者たちは、ヘーゲル哲学の体系及び歴史観と彼以降の芸術の現実に鑑みて、ヘーゲルの芸術哲学に関わるのを常としている。しかるにハイデッガーの芸術哲学に関しては、概してその哲学的背景と課題にまで論述が説き及ばれることは少ない。かかる事実は、美学や芸術哲学の領域で、ハイデッガーがいささか不当な扱いを受けていること意味してはいないか。このような扱いが許されるのは次のような事情の下にかぎられるだろう、即ち美学や芸術哲学が固有の自律性を持ち、一学科としての「存在理由 ratio entis」が保証されているときには、である。そのときには、この自律性の根拠のたぐいに照らして、美や芸術に関する諸学説を批判も吸収もできる。ハイデッガーの芸術哲学に対しても、そうでありえよう。

だがハイデッガーによれば、諸学の自律性が絶対的に確立されるためには、まず諸学がいかなる土壌の上に成立してきたか、換言すれば、諸学を学として自立せしめる根拠が問われるべきである。ハイデッガーは、その根拠を形而上学の本質的な在り方に求めるのである（WM. S. 195f.）。だからこそハイデッガーは、芸術を考察する場合にも、形而上学との聯関の下に思索を遂行したのである。

一体、ハイデッガーの芸術哲学は、学として存立する美学や芸術哲学、そういう特殊専門学科の内部にはない。むしろ、それらの学科が学として存立する根拠を質しているのである。したがって、彼の芸術哲学を彼の哲学全体から切り離して論じることは不可能のはずなのである。

もっとも、ハイデッガーの芸術哲学が、その課題の大きさと問題意識の深遠さの故に、或る意味で「途上的 unterwegs」であり、また一時期、思索自体が幾分「揺れ気味 schwankend」だったことは否定できない。この点からも、芸術哲学を含めて、彼の哲学の全貌を窺うのは容易ではない。その上、彼の思索そのものの途上的性格からして、彼の企てたヘーゲルへの形而上学的、そしてそれと軌を一にする歴史哲学的な反省が完遂されたか否か、の断を下すことも難しい。おそらく途上的であるに留まったのだろう。ただハイデッガー自身、ヘーゲルを完成者とする西欧の形而上学をそのまま継承するのか、それとも形而上学の立て直しを図るのか、という究極的な二者択一を自らの思索的課題にしていたことは確かである。何故なら、ハイデッガーはついに自らの立場を、伝統的な形而上学に対して、〈別の始まり der andere Anfang〉と呼ぶに至るからである。

ヘーゲルとハイデッガーの芸術哲学に学ぶには、両者の哲学の基本的な構造に注目しなければならない。以下に、二人の歴史把握を中心にして論じることにする。それは第一に、歴史把握において両者の哲学の重大な相違点が際立っているからである。この相違は、形而上学に対する二人の根本的な態度の相違といって過言ではない。第二に、ヘーゲルが「芸術はその最高に規定された面からして、我々にとって過去のもの ein Vergangenes であるし、あり続ける」(*Ä.* S. 57) と断じたのに対して、ハイデッガーには「芸術はなお、我々歴史的存在にとって、決定的な真理が生起する本質的で決定的な一様相なのか、それとも、もうそのようなものではありえないのか、という問いは残されている」(*HW.* S. 67) のである。この対照的な二つの発言に簡潔に集約される両者の芸術観の真意は、彼らの歴史観を辿ることから判然としてくるだろう。

## 第1節の一

ヘーゲルにあって、哲学の絶対性とは、絶対者との絶対的な一致である《絶対知》が世界の総ての事象を思索の対象として〈定立 Setzen〉し、それらを完全に自分の内へと包摂しおえたということである。哲学は《精神》の最高の実現形態である。この形態へ至る弁証法的な運動を通じて、「知」である精神は、芸術をも含め総ての事象を自己へ摂入し内化し尽くした。故に、このとき精神は「絶対知」なのである。

しかしそれを明瞭にするためには、精神が絶対知へ到達した必然的な過程が開示されねばならない。この道程の開示、それが精神の自己展開を精神自らが叙述した『精神現象学 *Phänomenologie des Geistes*』である。この「叙述 Darstellung」は精神の諸現象形態の叙述であるが、叙述はすでに「絶対知」に到達した精神の手でなされている。叙述の対象である精神の現象形態は総て、精神自身が通過してきた自分の過去であり、自分の「経歴 Erfahrung」として、さながら記念写真のように今、絶対知の前に在る。したがって絶対知は叙述の絶対的主体であるし（*HW*, S. 67）、叙述は絶対知にとって、自分を「あらためて提示すること Wiedergeben」に他ならないのである。というのも「絶対知は……その途上において諸精神がそれ自身として在り、それら精神の国々の組織化を完成させた諸形態を〈内化 Erinnern〉している」（G. W. F. Hegel, *Werke im zwanzig* Bänden III, S. 591）のである。精神にとって、自らの「諸形態を保存している、それは偶然という形式において現象する《定在 Dasein = existentia》の面から見れば、それらは精神の歴史であり、概念的に編成されているという面から見れば、それらは現象する知の学である」（III, S. 591）。自らの経歴を順序立てて叙述することが、そのまま、経歴を知的・学問的に編成総括していることでもある、それが可能なのは独り《絶対知》だけである。

さて《精神》の展開を〈現象する知の学〉として叙述する試みは、現象する知を《意識 Bewußtsein》を通じて物を知る過程として、認識論的な視点から始められる。それは「元来、意識が知の契機という被規定性を自分自身の内に持っている」（III, S. 77）からである。実際、“Bewußtsein”の語は「知 Wissen」を含んでいる。意識が遂行する「弁証法的運動は、意識が自らの内部で、その知と対象に関して行う」（III, S. 78）ものであり、しかも意識が本性的になさざるをえない〈自己吟味 Prüfung〉ともいうべきである。この運動の過程において、その都度「意識にとって新しい真の対象が生じてくるかぎりで、この運動は経験Erfahrungと呼ばれる」（III, S. 78）。経験に対応して、知の対象領域は拡大する。そしてついに、知が対象についての知と自己知という二重構造になっていること、超越的知と内在的知の二重構造であることを知ることで、知の「経験」は終了するのである（III, S. 79）。

こうして獲得された純粋に内在的な知、自己知こそが、意識の真の「実在性 Realität」である。そして《理性 Vernunft》とは、自分が欠如のない「一切の実在そのものだという意識の確信」（III, S. 179）であるから、純粋内在的な知に至ったそのとき、「意識」は「理性」なのである。意識のこの揺るぎない確信が、意識のその都度の経験に通底する真理にまで高められる、即ち絶対的な事実と認められたとき、「理性は精神であって……自分を世界として、また逆に世界を自分自身として意識している」（III, S. 324）。意識が精神にまで上昇することによって、《世界》——意識にとっての一切の他者、もしくは「他在 Anderes」——は完全に意識に内在化され、意識超越的な事象の末端にまで、精神の眼が届いた。そこでヘーゲルは「現象と本質が等しくなるような地点に至って、意識の叙述と精神の本来的な学とが一致する」（III, S. 81）という。その地点に至った意識にとって、未知のものはもう何一つ残されてはいない。そこでは意識は「自分の本質を把握しており、絶対知そのものの本性 Naturを示すのである」（III, S. 81）。

このように学の立場は、精神の絶対的な本性である「絶対知」において初めて、真の意味で可能になる。けれども学の立場は、意識が「知」の経験を通して内在的に自覚するに至った絶対的な自己統一、超越的知と内在的知の統一である。だから内在と超越とが融合する、その必然性が「精神」そのものになくてはならない。「学はそれ自身の内に、純粋概念という形式が外化する必然性と、概念が意識へ移行する必然性とを含んでいなければ」（III, S. 589）ならないだろう。世界＝現象を《概念 Begriff》として「内化 Erinnerung」することと、概念を世界＝現象へと〈外化 Entäußerung〉することとは、意識である精神の自己展開に本質的なのである。したがってここに、意識の「経験」という上昇的弁証法と、学の立場という下降的弁証法との紐《ちゅう》帯たる「絶対知」に揺るぎない確実性が保証されているのである。

ところで精神の展開の「完結 Vollendung とは次の点、即ち精神とは何であるか、自分の実体を完全に知ることWissn である。この知こそ、精神の「自己への帰還 in sich Gehen」である。自己へ帰還することで、精神は自らの定在 Dasein を放棄する」（III. S. 590）。絶対知に至って、精神はもう「定在」を必要としない。個別的な存在段階は内化され尽くしたからである。要するに、知の経験、弁証法的展開は完了したのである。精神は自分の総ての定在を内化した結果、定在＝諸形態を「概念」として保持することができる（III. S. 590）。だが総てを内化し尽くすとは、自分の総てを知り尽くした訳だから、それは自分の限界を自覚すること――自分の存在にかかる一切の可能性の覚知――である。かくて、究極の可能性である「自分を犠牲にすること」（III. S. 590）を知るという意味である。犠牲、ここでは「外化 Entäußerung」の意味でもある。

周知の通り、ヘーゲルは《精神》をキリスト教の神、純粋な“ens spirituale”に準《なぞら》えていた。精神の「自己犠牲sich Entäußerung」と「自己への帰還 in sich Gehen」はキリスト教の神の《受肉 incarnatio》から《磔刑《たっけい》 crucifixio》、《復活 ressurectio》への展開を顰《ひそみ》にしていた。絶対知、それは精神の自己犠牲の姿、ゴルゴダへ赴くイエスに他ならなかったのである。まさにキリストは自らの「十字架」、即ち自らの経歴の象徴を背負って、ゴルゴダへの道を進んだではないか。

ハイデッガーは、『精神現象学』の“Einleitung”の部分をこの書物の要諦と見なして、「ヘーゲルの経験概念」という論文（*Holzuege*, S. 105-192ff.）で詳細に解析している。ハイデッガーは、自然的意識――経験的知、もしくは現象的知――と絶対知との相違に触れて「現象する知の絶対的叙述においては、自然的意識にとって、自己の真理への帰還はない。……現象する知の学という点から見れば、自分についての知を持たない自然的意識にとって、叙述の道は絶望 Verzweifeln の道であるが、自然的意識そのものは決して絶望しない」(*HW.* S. 139) という。自分の限界を知らない自然的意識にとって、経験そのものに終わりがないから、経験自体の有体が“progressus ad infinitum”なのである。しかし自然的意識は経験の都度新しい対象に出遭うので、その都度、常に新しい様相で自己を保持している。だから自分についての「懐疑 Zweifeln」のたぐいが生じることはない。懐疑がないかぎり「絶望 Verzweifeln」もない。意識そのものとして自然的意識は、いってみれば、きわめて充実しているのである。

この充実が意識にとって本質的であるのかどうか、それを疑うのは絶対知の方である。そこでハイデッガーはヘーゲルの言葉を引いて、「現象する知」を叙述することを、精神の「自己」を貫徹する懐疑主義 der sich vollbringende Skeptizismus」(*HW.* S. 139) という。この疑いは精神自身が自分へ向けているのだから、精神が自分の本質を知るまで解消されることはない。だが疑うことができる。これは精神の余裕でもあるので、《懐疑 Skepsis》——この語はギリシャ語“σκέψις”の原義、見ることの謂いを含意している——は精神の本質的規定である《自由 Freiheit》と考えることができる。その都度の経験で対応に忙殺される自然的意識に、この余裕はない。だから意識の経験の進みが、自由の実現への道程でもあることを知っているのは絶対知だけである。

そして「私が何かに依存していれば、私は自由ではない。私は私自身の許にある bei sich ときに自由なのである」(XII. S. 30)。とすると、現象する知が、最終的に叙述する自己と一致しなければ、絶対的な自由が実現された、とはいえないのである。自由とは、他者からの絶対的な「無拘束 Unbedingtheit」である。懐疑が「自由」として精神の本質であるのは、叙述を始めるにあたって、すでに懐疑が解消されているからである。さもなければ、記述が果てのない「無限記述 progressus ad infinitum」となり、解消されざる懐疑主義に陥る虞《おそれ》なしとはしないだろう。それでは、自然的意識に変わりはない。それ故、ヘーゲルは現象する知が最終的に到達する「絶対者が、元々我々の許にあり、かつあろうとしているのでなければ……」(III. S. 69) といったのである。

ハイデッガーは、絶対者が我々の許に在ることを、絶対者の《パルーシア Parousia》と解して「パルーシアこそ、真理の光、即ち絶対者が我々に自分を光り輝かせる仕方である」(*HW*. S. 120)という。パルーシア、ギリシャ語で“παρουσία”。神が「我々の傍に坐《おわ》すこと Bei-uns-sein」、神の《臨在》の謂いである。もとより、ヘーゲルもそれを顰《ひそみ》にしているが、絶対者のパルーシアとは、様々な仕方で現象する「知」である。ハイデッガーは『精神現象学』をこう理解していた、即ち、元々我々の許に在る絶対者の、この「在るということ」の真相が知の経験を通して、事実的に顕《あらわ》になっていく道程を叙述したものである、と。こう考えるハイデッガーは『精神現象学』を、精神つまり《絶対者》がその《パルーシア》との間で交わす「対話 διάλογος の集成 Sammlung」と捉えた(*HW*. S. 185)。精神にとって、対話の進んでいく道は、元々自分であったものへと戻る道であり、自己犠牲という、そもそもの始まりに帰還する道である。精神はパルーシアとの対話を通してパルーシアと一致することになるが、それは「本質 οὐσία」と「臨在 παρουσία」の一致、精神の自己への帰還の完了である。そこは当然「精神の歩みにおいて、対話が行き着く所」(*HW*. S. 186)であり、そこに至って「諸精神の国々の存在体制の全組織化 Organization が成就される」(*HW*. S. 186)。こうして絶対者のパルーシアの全体的意味が明らかにされ、絶対者はそもそもの始まりに戻った。ここに至って、絶対者は自らに「事なれり」と判決を下す(*HW*. S. 186)。この「判決 Spruch は、意識そのものが自らの死を死に、絶対者の威力によって意識がそこへ引き出される道の霊場で下される。ヘーゲルはこの場所を……絶対精神の〈ゴルゴダ Schädelstätte〉と呼んだ」(*HW*. S. 186)、とハイデッガーは総括した。

　意識が自分の死を死ぬとは、意識として自らを顕現させた、即ち精神のパルーシアがその務めを達成し了《お》えたこと、絶対者が一切の《定在 Dasein ＝現象の全形式》を放棄することを意味する。そこでハイデッガーの結論は、「精神現象学という学は、弁証法的な受難日 Karfreitag における絶対者の、パルーシアに関する神学である」(*HW*. S. 186)。

『精神現象学』は端的にいって《神学 eine Theologie》であった。この神学において、絶対者の絶対者たる所以《ゆえん》、パルーシアのパルーシアたる所以が、絶対者によって「明かされる sich Entäußeren」。自己を明かすことは、精神の「自己犠牲 Sich-Entäußerung」であり、「聖なる行い sacrificium」に他ならない。自己犠牲、これは絶対的な「決断」、"Entschlossenheit" であった。"Entschlossenheit"、完結しているものを「敢えて開く Ent-schließen」、それはそのまま「自己否定 Selbst-negation」なのである。そこで《自己否定＝自己犠牲》の次第を叙述するために、ヘーゲルは「否定の論理」である《弁証法 Dialektik》を、自分流に換骨奪胎して使用したのである（拙稿「弁証法について」——拙著『カントの函』萌書房、二〇〇九、所収——を参照されたい）。

## 第1節の二

ヘーゲルにおいて、絶対知の決断、《精神》の自己犠牲には二つの様相がある。自然と歴史である（III, S. 590）。上述のように「自然」も「歴史」も、精神が「偶然という形式において任意に現象する定在」であるが、こう見なされている範囲では、自然も歴史も、まだ絶対的な視点から総括されている訳ではない。しかし両者が絶対者たる精神の現象形態なので、精神に総括されねばならない。

本章では、もっぱら《歴史》を問題にする。蓋《けだ》し、精神が歴史となって外化すること自体が、精神の本質を表している。ともあれ、精神による歴史の総括、精神の外化の自己編成、その叙述が《歴史哲学》なのである。ヘーゲルは歴史哲学の使命を「歴史の思索的考察に他ならぬ」と述べ、哲学が歴史に提供する唯一の思想は「理性が世界を統《す》べており、したがって、世界の歴史においてもそれは理性的に経過してきたのだ、という単純な思想である」（XII, S. 20）という。

理性は自らを全うするべく、自分を歴史として開示する。だがこのことは、同時に「理性が自分を食い尽くすAuszehrenことでもある」（XII, S. 21）。というのも歴史において「理性自身が加工Verarbeitenの材料だからである。理性は自分だけを自分の前提とする。そして理性の目的は絶対的な究極目的Endzweck」（XII, S. 21）である。"Endzweck"、理性の最終的な自己実現である。その理由はこう、即ち理性が「実体であって、それによって、そこにおいて総ての現実が存在し成立している」（XII, S. 21）からである。歴史的に「現象するErscheinen」理性を、かかるものと把握できるのは、それ自身理性の究極形態である《絶対知》だけである。絶対知だけが歴史の「本質Wesen」ともいうべきもの、歴史の歴史たる所以《ゆえん》を統握する。そこで絶対知に至って、ヘーゲルは世界歴史に関して「私はすでに全体を知っている」（XII, S. 22）、といってはばからなかった。

しかしヘーゲルは「世界歴史が、世界精神Weltgeistの理性的で必然的な歩みであったということ、世界精神の本質は常に同一不変であり、精神はこの唯一の本質を世界の定在において顕にすることExplizieren、これらのことは世界歴史の考察から初めて分かってくる」（XII, S. 22）、ともいっている。歴史の本質を絶対知が統握しているにもかかわらず、この「統握していることBegreifen」自体、歴史の考察からしか見えてこない。これはなかなか分かり難い表現だが、要は、ヘーゲルにとって歴史は《絶対知》、総てを知り尽くしたものの側から叙述されるし、されねばならぬということなのである。

ヘーゲルを敷衍すると、こうである。即ち絶対知に至っていない以上、歴史を在るがままに、端的な「事実Faktum」として受容せねばならない。《史実Historie》に、「事実的sachlich」にそして「経験的にempirisch」に対さねばならないのである。事実的経験的な遣り方で「歴史」を叙述するものが、その実、歴史を超出した《絶対知》であって、世界歴史的な存在者、ハイデッガー的意味での〈現存在Dasein〉ではないということ、これがヘーゲルの立場である。ハイデッガーは、こう考えることはできない。相ともに"Dasein"——神学の術語"existentia"の訳語である――の語を使いながら、《歴史》に対峙するヘーゲルとハイデッガーの立場の相違が際立ってくる。"Dasein"の語の意味の異同こそ、まさに決定的であった。

ヘーゲルにおいて、歴史的に実在化される精神の「定在 Dasein」は、精神の「本質 Wesen」からすれば、いつも欠如的な様態である。何故なら「自然的意識は、その都度その時代に歴史的に現存する精神であるが……これら歴史的な諸精神は、それであるが故に、それ自身へと内化 Erinnern される」(*HW.* S. 186)。精神自らの内へと「止揚 Aufheben」されるべきものだからである。弁証法的に止揚されるからには、歴史的定在としての精神にあって、その内部で何がしかの「対立 Gegensatz」が生じているのである。完全に充足したものの内部で、対立があるはずはないのだから。

しかしこの内的な対立・葛藤において危険に曝されるのは〈普遍的イデー allgemeine Idee〉ではない。普遍的イデー、理念の理念たる所以《ゆえん》のものは、歴史的定在の「背後で自己を保持していて、侵されも損なわれもしない。普遍的イデーは自分のために情熱 Leidennschaft を行使するが、その際、情熱が存在させたもの in Existenz Setzen だけが傷つくということ、それは理性の謀《はかりごと》 List der Vernunft と呼ばれるべきである」(XII. S. 49)。歴史上の人物が成就した《理想 das Ideale》、彼の掲げる個人的な理念と現実との「一致 auf Eins Kommen」は、畢竟、理性の謀――トリックといってもよい――に乗せられた結果である。最終的にはいつも裏切られるのだが、歴史上の人物は――「自然的意識」と同じく――決してそれに失望することはない。むしろ裏切られることで、かえって歴史的営為は進捗する。そしてそれらの営為が「歴史的事実 historisches Faktum」、「史実 Historie」として人間世界の中に遺され、蓄積されていく。右の「対立 Gegensatz」とは、歴史的存在としての個別的理性と普遍的理性との対立であった。対立とはいいながら、裏から見ると実は普遍的理性によって仕かけられたもので、対立でも何でもなかったのである。

史実を扱うのは《歴史学 Historie》である（XII, S. 53）。歴史哲学が把握するのは別のこと、即ち「現実の歴史はあらねばならぬようにあり、……普遍的神的理性こそ自己を実現する威力 Macht なのだ」（XII, S. 53）ということである。この威力、この理性を「具体的に表象すれば神である。神が世界を支配していて、神の統治の内容、神の計画の遂行が世界歴史である」（XII, S. 53）、とヘーゲルは断じる。神、「普遍的理性」から見れば、世界歴史は神の意のままに構想され、構想通りに必然的に進行する。この進行を必然的なもの、と捉えることのできる理性は、「神の仕事を理解できる Vernehmen」（XII, S. 53）。蓋《けだ》し《理性 Vernunft》とは「聴き取りそして理解すること Vernehmen」である。普遍的理性＝絶対者は、歴史の進行が必然的であることを知っているので、そのこと自体を叙述する。歴史の哲学的叙述によって、自分が総てを知っていることを証示する。自己開示、歴史の叙述はその始まりを「理性的なものが地上的存在へと現れた時点」（XII, S. 81）、別言すれば「神的なもの das Spirituelle」の《受肉 incarnatio》の時点とし、「世界歴史が或る原理の発展的進行 Stufengang の叙述であること、そしてこの原理の内実 Gehalt が自由の意識であること」（XII, S. 77）を確認する、普遍的理性の自己総括なのである。

ヘーゲルにしたがえば、《世界歴史 Geschichte der Welt》とは、神のプランが時間の中で実現されていく行程である。その意味で、「歴史の展開が時間の中へ落ちること Fallen は、精神の概念に適っている」（G. W. F. Hegel. *Die Vernunft in der Geschichte*, 1917, S. 133. ラッソン版）のである。しかしヘーゲルによれば、「時間とはそこにある概念そのものであり、空虚な直観として意識に自らを提示するのである。だから精神が自らを純粋概念と捉えている Erfassen のでないかぎり、つまり時間を抹殺しないかぎり、否応なく、それだけ長く時間の内に現象することになる」（III, S. 584）。ヘーゲルにとって、時間は「自身において完結していない精神の宿命であり、不可避性 Notwendigkeit」（III, S. 584f.）なのである。

あらためて確認すると、《創造主 creator》である神、而《しか》して《絶対精神》は超時間的であり、時間的経緯の外に在る。一方《被造物 ens creatum》の生成——自然と歴史——は徹頭徹尾、時間的過程である。《空間・時間》は被造物、「有限なるもの das Endliche」の存在の不可避的な被規定性である。神、「この無限なるもの das Unendliche」は、自らを証するために、一度、時間的な規定を帯びなければならない。神がイエスとなって、被造物の世界へ降臨する。パルーシアである。パルーシアを、ヘーゲルは歴史の展開、即ち普遍的理性の自己実現が「時間の中へ落ちる in die Zeit Fallen」こと、とパラレルに見立てたのである。

ハイデッガーは、そもそもヘーゲルの時間概念に納得がいかなかった。彼はこう指摘する、「ヘーゲルは、〈時間の内における〉精神の歴史的実現の可能性を、否定の否定としての精神と時間との構造の、形式的な同一性 Selbigkeit を顧慮して示している」（*SuZ.* S. 435）、と。形式的構造の同一性とは、《精神》の構造——精神の自己犠牲が精神にとっての第一次の自己否定、そしてこの自己否定をもう一度否定的に媒介することによって自己帰還を果たすこと——と、《時間》の構造——「時間」は「存在 Sein」の第一次の否定である「空間」の否定——（IX. §§ 254-257）とが同じである、という意味である。この同一性に即すれば、「自分を概念に齎《もたら》すという精神の運動＝不安定 Unruhe は否定を否定することであるから、……時間の中へ落ちることは精神に適っている」（*SuZ.* S. 434）、とハイデッガーも認める。だが構造の形式的な同一性から、精神が時間に優位であって「概念は時間を支配する威力である」（IX. S. 99）ことが導出されるのか、と疑義を呈する。ハイデッガーからすると、こんな風に見えてしまう。ヘーゲルの思索において、精神が「在ってそして」時間が「在る」のでも、時間が「在ってそして」精神が「在る」のでもない、要するに精神と時間とは互いに全く別個のもののように見えるのである。

ヘーゲルは時間を精神の《他在 Anderessein》としている。両者は別のものではないけれども、時間は「否定されるべき契機」として、精神に本質的と考えるのである。もっというと、ヘーゲルの「時間」は、超時間的なもの、神を基にすることから規定された「時間」である。ここがハイデッガーと根本的に異なる所である。この違いからハイデッガーは、ヘーゲルの時間論が端的に「水平化された世界時間という意味で、概念化された時間」（*SuZ*, S. 435）しか論じていない、とクレームをつける。このような時間理解の故に、ヘーゲルにおいて時間は精神が「持ち合わせているもの Vorhandenes」、「精神の外なるもの Äußeres」である。まさに「他在」である。互いに他在であるにもかかわらず、「先ず精神が第一であり、精神が時間の中へ落ちねばならないが……」、結局この〈落ちる〉ということと、時間を支配し時間の外に在る、精神の自己実現 sich Verwirklichen とが、存在論的にいって何を意味するのか、そのことがはっきりしない」（*SuZ*, S. 435）ことになる。そこでハイデッガーは自分の時間理解から、ヘーゲルにこう疑問を突きつける、曰く「否定を否定するという精神の本質的な体制 Wesensverfassung が、根源的な時間性 Zeitlichkeit を根拠にするのと別の仕方で、果たして可能なのか」（*SuZ*, S. 435）、と。

　ハイデッガーの疑問の意味は、およそ次のようである、一体、精神の展開自体が〈時間的・生起的 zeitlich-geschichtlich〉ではないのか。そこを不問にふして――ヘーゲルにはそうする理由があるのだが――、人間にとっての根源的な〈時間性 Zeitlichkeit〉を覆い隠してしまった結果、ヘーゲルは通俗的な時間概念に頼らざるをえなくなってしまった。その際、精神と時間との形式的同一性を根拠にしたので、精神は「まず時間の外に」あって、「定在」を獲得するべく「あらためて時間の中へ落ちる」他なかったのではないのか。

　ハイデッガーの異議申告は、〈歴史的現存在〉、要するに神ではなく人間を考察のモデルにすることに発している。『存在と時間』によれば、人間とは〈存在可能への存在 Sein-zum-Seinkönnen〉として、換言すれば、〈将来を投企しつつ‐在る存在者〉という意味で〈時間的 zeitlich〉である。このような存在として、人間は《世界》、ギリシャ語の「ピュシス φύσις」の意味での〈存在者全体 Seiende im Ganzen〉の直中へ〈投げられている geworfen sein〉。投げられる、という仕方で「世界」の中へ出現する、これが人間の人間としての〈生起 Geschehen〉である。〈人間現存在 menschliches Dasein〉は〈存在可能へと投企しつつ‐世界へと投げられながら‐生起しつつ‐在る〉。

この〈被投的投企geworfener Entwurf〉という存在構造において、人間は時間的＝生起的である。そこでハイデッガーは、自分の時間論――実はこういう表現は彼のものではないのだが――を「時間性の持つ時熟構造Zeitigungsstrukturを、現存在の歴史性Geschichtlichkeitとして顕にする」（*SuZ*, S. 332）、と考えたのである。

ヘーゲルの歴史概念からすれば、歴史は精神が感覚的な場＝自然の中に定在、“weltliche Existenz”を得る時点から始まり、《絶対知》へ向けて歴史は進み、絶対知に達して歴史は「完結するVollenden」。ここに至って精神は自分に戻ったので、もうさらなる展開を必要とはしない。これをハイデッガーから見れば、ヘーゲルのいう「歴史Geschichte」は、《精神》が「まだ歴史的ではない」状態から「もう歴史的ではない」状態、“noch nicht”から“nicht mehr”へと自己展開する、精神の事実的な「史実Historie」である。だが史実となった歴史は、もう〈生起的なgeschehend〉な「歴史Geshichte」ではない訳である。つまりヘーゲルの歴史理解においては、それ自身超歴史的となった《哲学》――絶対精神の実相――が歴史＝自分の経歴を反省し総括するのである。当然、歴史は「歴史的事実historisches Fakutum」として、「継時的にzeitfolgig」に整理される。超歴史的なものが歴史的なものを叙述するために、いわゆる通俗的な世界時間が、恰好の「物差しMaßstab」、“chronologisch”な尺度になった。

## 第2節の一

ヘーゲルは彼の哲学的体系から、絶対者が感覚的な場で自己実現する他はない芸術的営為を、“sinnliches Scheinen der Idee”「理念が感覚的な形になって現れる」と定義した。『精神現象学』で明らかなように、《芸術》は絶対者の自己実現――もしくは神の自己表現――の様相として、《啓示宗教offenbare Religion》を経て《哲学Philosophie》の下に包摂される。したがってヘーゲルのこの有名な芸術定義は、一方で芸術に存在論的な位置を指定し、同時に他方で芸術が精神にとって「過去のもの ein Vergangenes」であることを言明したのである。

芸術は感覚的な場で実現される精神であり、自然の影響を免れない。《自然》とは、精神にとって「否定的・外在的」で、「解消されざる矛盾 unaufföster Widerspruch」なのである（IX, S. 24-23ff.）。勿論、「精神的なものが一般に低く評価されるとき、例えば人間の芸術作品が素材を外部から受容せねばならず、芸術作品は生きていないのだから自然物の後塵を拝する、というのは……誤解である」（IX, S. 28）。芸術が自然に優位と見られる、それはヘーゲルにとって必然的だけれども、芸術において、精神は自分を自然という「外的なもの Äußeres」へ疎隔するのだから、精神の本質に照らして「芸術という要素の中で表現 Darstellen できるのは、真理の或る段階と範囲」（Ä. S. 56）にかぎらざるをえない。

芸術を精神の一つの実現領域として「定立 Setzen」したヘーゲルは、この領域での芸術的精神の進展を芸術の歴史的展開と見なして、周知の三個の範疇をもってこの展開を発展史的に規定した。つまり芸術の歴史は、芸術が自分に相応しい形態を模索すること――象徴的芸術 symbolisch ――で始まり、適合的な形態を獲得――古典的芸術 klassisch ――しおえて、芸術である自己が内包していた矛盾の露呈――浪漫的芸術 romantisch ――に至って終わらざるをえないのである。ヘーゲルは、今日の「世界の精神、もっといえば時代の宗教は、……芸術こそが絶対者を意識する最高の形式、とする段階を超えたものとして現象している」と判定し、「芸術的産出と作品の固有の在り方は、もう我々の最高の要求を充たしはしない」（Ä. S. 56）と結論した。もう《芸術宗教 Kunstreligion》の時代ではなく、〈啓示宗教〉の時代なのである。

ヘーゲルの判定に、ハイデッガーはヘーゲルの「立言 Satz を……次のことで無効にすることはできない、即ち一八三〇年以後も、我々は多くの立派な芸術作品を手にいれて……きた、ということで。ヘーゲルは自分の後でも、個々の芸術作品が生まれるし、評価されることを少しも否定してはいない。かかる個々の芸術作品の事実は……へーゲルに味方こそすれ、決して彼に不利にはならない」(M. Heidegger, *Nietsche*, I, S. 101)、と考えていた。実際ヘーゲルは、芸術が精神の最高の形式ではなくなった後でも「芸術が益々高まっていき、精神が自分を完成することを望むことはできる」(*Ä*, S. 139)といっている。このようにヘーゲルは、事実的経験的な水準での芸術的精神の独自の進展を、いわばさらなる発展を別に否定している訳ではなかった。

ただし、芸術哲学的にはこうである。芸術の「使命 Aufgabe」に関して哲学的な判定が下された。したがって、その折々の芸術経験の価値、個別的具体的な場所における芸術の実際的な意義を云々する、これは別の議論になるという訳なのである。ちなみにヘーゲルの《芸術哲学》の遂行は、過去となった「芸術を再び呼び戻すという目的のためではなく、芸術とは何かを学問的に認識するため」(*Ä*, S. 58)であった。

ところで美や芸術は事実的に出遭われ、この出遭いは美的、ないし芸術的経験と呼び習わされている。だから芸術を解明するにあたり、「体験 Erlebnis」から出発する立場も当然ありうる訳である。この立場は芸術の意味を形而上学的な実体のたぐいから演繹するのでなく、芸術の事実を、芸術体験に固有の構造や人間的意味に即して解明しようとする。普通の意味で、《美学》の立場はこれである。この立場はヘーゲルと真っ向から対立するものであり、ハイデッガーもこの立場を採らなかった。

ハイデッガーは、その理由をこういっている、「芸術が美学の視圏の中へ押し遣られてしまった。芸術作品が体験の対象になった」(*HW*, S. 66)が、「体験は、そこで芸術が死ぬことのエレメントかもしれない」(*HW*, S. 66)、と。彼が指摘したいのは、芸術を体験という側面から考察するときには、「芸術が存在する Es gibt die Kunst」、という最も基本的な謎が自明のこととされ、この謎の解明が等閑にふされてしまうことである。ヘーゲルが明言するように、「芸術が個別的なものとして考察されるときには、芸術という概念を前提的に lemmatisch に受容する他はない」(*Ä*, S. 69)のだが、「前提的に lemmatisch」とは、芸術の最も根底的な謎である「芸術が存在する」という事実を、ひとまず「前提するVoraussetzen」という意味だろう。しかしそれは同時に、この謎こそが、芸術を究明するあらゆる学的な努力に先行すべき問題であることを意味している。

「芸術とは〈何〉であり〈どのように〉あるのか。芸術家の創造の中にあるのだろうか、作品の享受の中に、であろうか、それとも作品そのものの現実の中にあるのか。或いはこれら三つが一緒になっていることの中になのか。ではこの様々なものが、どうして一緒になるのか。芸術は何所にどのように在るのか。一般に、〈芸術なるもの〉は存在するのか。それとも〈芸術〉という語は一種の集合名詞であって、現実的なものはそれに何も対応しないのか?」(*NI*. S. 125)。ハイデッガーの問いの聯関は、詰まる所、「芸術が存在する」という根本的な謎へ収斂していくように思われる。芸術の謎は、「芸術存在」の謎を介して、存在の謎と結ばれている。ハイデッガーが、芸術の謎と存在の謎とを切り離せない所以《ゆえん》である。彼の「一般的にいって、形而上学的概念が芸術の本質に届くのであれば、西欧芸術の本質の歴史は……体験からは把握されない」(*HW*. S. 68)。この言葉は、《形而上学》を「存在の謎を究明する学」として復興する、という彼の思想的文脈に乗っている。

確かに芸術の歴史の中で、換言すれば人間と芸術との事実的な出遭いを通して、〈不滅の芸術作品〉とか〈芸術は永遠の生命を持っている〉、といったことが語られてきた。これは経験に即した人間の素朴な感想でもあった。だが「そのような言葉で語られていることは、本質的なものの下では、それほど正確には受け取れない。というのも、そのような言葉は、厳密にすることが、畢竟、思索することなのだ、ということを恐れているのである」(*HW*. S. 66)とハイデッガーは喝破する。「厳密にするgenau nehmen」、即ち「芸術とは何か」を徹底的に問い続けることを通じて、重大なこと発《あば》き出されるかもしれない。そしてそれと一において、「芸術史」の名の下に存立している数々の「芸術的事実künstlerische Fakta」が根無し草になってしまうかもしれない。重大なこと、即ち「芸術」は、言葉によってしか通用しないような曖昧な観念ではないのか。そのような不安を、我々は「芸術の不死性Unsterblichkeit derKunst」といった言葉で、回避してきたのではなかったか。ハイデッガーは、いわゆる美学、美や芸術プロパーの考察を、こう告発するのである。

かくてハイデッガーは厳密にすること、思索を究極にまで深めるべく、芸術の解明に形而上学的な思索を援用し、芸術の《過去性》を宣言したヘーゲルを評価する。「芸術の過去性」という判決に批判の余地があるとすれば、こうだろう。批判は非難や野次であってはならない。批判が批判でありうるのは、ヘーゲルと同じ土俵に乗ってなされる芸術考察だけである。へーゲルと同じように、形而上学的な思索を遂行しつつ、その努力の中で芸術の意味を反省する、そのような思索だけである。それ以外の「批判」をヘーゲルは、自分の《芸術哲学》に対する所感や雑感の類にすぎず、とても語の正確な意味での「クリティケー κριτική」とは認めなかったに違いない。

## 第2節の二

ヘーゲルにおいて、芸術の歴史性は《精神》の本質から規定された。芸術の歴史性は《絶対知》に至る精神の途上性と同義であった。「芸術史」——彼の『美学講義』の第二部をなす——は、精神の或る段階での真理の実現を、時間を尺度にして叙述することであった。芸術史は時間の中での精神の展開としての芸術という「史実の叙述 Historie」であり、作品を芸術的精神のモニュメントと見れば、芸術史はモニュメントの「記録 documenta」だった。芸術を歴史的事象と捉えるハイデッガーは、「芸術史 Kunnstgeshichte」で何を考えたのだろうか。ハイデッガーも「芸術は歴史的であり、真理を作品へと創造しつつ保存することである」(*HW*. S. 64)という。ここで歴史的とは、「時間の中での事件の連続 Abfolge という意味ではない。よしんばそれがどんなに重大な事件であっても」(*HW*. S. 64)。ハイデッガーは、自分の考える歴史は“historisch”な事実ではないし、“chronologisch”に整頓されるものでもないことを強調する。歴史的事象としての芸術は、「時間の推移の中で他の多くのものと並んで生成消滅し、歴史学 Historie に変遷 Wechseln という眺めを提供する、そういう……意味で歴史を持っているというだけではない。……歴史を……創設する Gründen という意味で、歴史的なのである」(*HW*, S. 64)。どうやら芸術は、外面的と内面的ともいうべき二重の意味で「歴史的 geschichtlich」であるようなのである。二重の意味、ハイデッガーに即せばこうだろう。芸術は確かに「事実的に historisch」時間の中で「生起する Geschehen」が、この「生起」は、常にある新しい「史実 Factum」として、芸術史――ここでは "Kunsthistcie" ――を作り出している。「創説」である。

ヘーゲルにおいては、こうはならない。どのような新しい作品も、史実を創設することはできない。芸術的事実は事実であるかぎりで、それはすでに〈過去のもの das Vergangenes〉であることを免れない。歴史の創設は《絶対知》だけに帰される権能であって、芸術という営為に帰されるものではないからである。あくまでも、芸術的精神は「精神の歴史」の或る段階に寄与するだけである。

ハイデッガーの場合、「歴史的」とは徹頭徹尾「人間現存在」の〈存在 sein Sein〉のことである。しかしヘーゲルではないが、一体、人間の精神的営為の一様相である「芸術」に、歴史を創設する、というような特別の権能が認められるのだろうか。芸術は他の営為より以上に、人間現存在の本質に近いのだろうか。もしそうだとしても、そのとき、「芸術」を通常理解されているような意味、美学が考察の対象にしているような意味で了解して、大過ないのだろうか。

これらの疑問に答えるためのヒントは、ハイデッガー哲学の基本的な問題意識と、彼の現象学的・解釈学的な方法の中に求められねばならない。ハイデッガーは「芸術」を一つの特殊的な領域として扱う前に、もっと基本的な観点から芸術に注目しているからである。

ハイデッガーの芸術哲学の基本的な問題意識は、別の所で考察された（本書第Ⅰ部第一章「ハイデッガーの芸術哲学」を参照）。その章で次のことに着目された。ハイデッガーの芸術考察においては、芸術を特殊的な精神的営為と理解する前に、《芸術 Kunst》を人間現存在の〈存在可能への存在 das Sein-zum-Seinkönnen〉という最も広い意味に立ち返って目撃され、芸術制作に不可欠の「技術 Technik」を、ギリシャ語の「テクネー τέχνη」の意味にまで遡って考量されたのではないか、と。ギリシャ語の「テクネー τέχνη」には、人間の《自己知 Selbst-wissen》の意味があった。自己知、『存在と時間』にしたがうかぎり、それは「自分の存在の意味を知る」の謂いである。“τέχνη”の意味を突き詰めると、人間現存在の存在論的な《気掛かり‐構造 Sorge-struktur》へ、遡《さかのぼ》ることができるのではないか。こんな風に、ハイデッガーは「芸術」を論じる前に、“Kunst”と“τέχνη”が人間の「本質的規定たりうること」、否、むしろ「たるべきこと」を闡明《せんめい》したかったのである。

　こう考えたとき、芸術が「歴史的 geschichtlich」なのは、むしろ当然のことになる。何故なら芸術において、最も基本的な意味で、人間現存在が「生起的な存在 geschehend」であり、而《しか》して「歴史的存在 geschichtlich」であることそのことが、「現出している sich Darstellen」からである。

　“Kunstwerk”も、「芸術作品」、人間の特殊的な精神的営為の所産、と狭義的一義的に解さない方がよいのではないか。その前に“Kunstwerk”を、人間の“Kunst”が“Wirken”するという意味で捉えるべきではないか。そしてその際、次のことに留意されるべきではないか。アリストテレスの哲学的語彙を顰《ひそみ》にしてハイデッガーのいう「作品 Werk」は「エルゴン ἔργον」の謂いだし、“Wirken”は「エネルゲイア ἐνέργεια」である。「作品 Werk」が「作品である Werksein」のは、作品が“Werken ＝ ἐν ἔργον”だからである。しかも“Wirken”と“Werken”は、語源的には一つである。

　芸術作品が人間の手になる他の「所産 Purodukten」と並列的に表象されるとき、この根源的な意味は希釈されてしまい、注目されることはなかった。もとより、芸術作品は《美的な対象》である。しかし作品をもっぱら美的対象として《体験》の面から考察し、それでもって「こと足れり」とするのでは、「作品が作品である」ことに、ハイデッガーの言葉でいって、人間が勝手な〈不意打ちを喰わす Überfallen〉ことになりはしないか。

　ハイデッガーの次の言葉の許に立ち止まらざるをえない。芸術作品の「始まり Ursprung……、創造する人々と保存する人々、いってみれば民族の歴史的現存在の始まり、それが芸術である。それは芸術がその本質において、始まりともいうべく、そしてそれ以外の何ものでもないからである。つまり芸術は、常に真理が存在しており、真理が歴史的になることの、一つの格別の様態 eine... ausgezeichnete Weise なのである」(*HW*, S. 64f.)。この言葉をハイデッガーの思想に即して敷衍すると、こんな風になるだろうか。人間の様々な“Kunst”——芸術もその一つである——が“Wirken”することの〈根拠 Grund〉、様々な人間が様々な仕方で〈生起しつつ現にあること geschehendes Dasein〉の根拠は、人間現存在の在り方、〈存在可能への存在 Sein-zum-seinkönnen〉である。この“Können”が、本質的に一切の人間的営為の「始まり Ursprung」であり「根拠 Grund」である。かくて人間現存在にとって、存在論的構造である自らの“Sein-können”から、芸術としての“Kunst”が分節されてくる。それ故に、かかる“Kunst”である「芸術」を通じて、存在者全体の“Unverborgenheit = ἀλήθεια”という意味での存在の《真理 Wahrheit》が〈出来事になる sich Ereigen〉のである。こう理解することによって、ハイデッガーが「芸術史」の語を使用する際の、彼のおよその考え方を想定することができる。彼は“Kunstgeschichte”を“Kunst”の“Geschehen”——“Kunst”の生起——と捉え、差しあたり思索をこの水準に留めた。芸術作品を特別扱いすることを控えたのである。

## 第2節の三

それにしてもハイデッガーの芸術理解は、美学の一般的な理解に較べて、あまりにも偏っている。述べられた〝Kunst〟は、人間現存在の総ての営為の根底に存するべきものである。かかる〝Kunst〟と通常理解されている意味での「芸術」との間に、あまりにも懸隔がある。これでは、〝Kunst〟が取り分け《芸術》である理由は少しも見えてこないではないか。芸術と根源的な〝Kunst = τέχνη〟とを「一緒くた」に解析する遣り方こそ、美学的に見れば、かえって芸術に対してハイデッガーの思想が食わせた「不意打ち」ではないのか。

これらの異議申し立てに、彼は答えねばならないだろう。そして勿論、その答えが美学と共有できるものでなければ、答えたことにはならない……、と《美学》はいうだろう。いかにも、彼の場合、根源的な〝Kunst〟と「芸術」との区別は画然たるものではない。あらためてハイデッガーの芸術思索を反復してみる。

ハイデッガーに与《くみ》していえば、〝Kunst〟と芸術の間が判然としないのも、まずはやむをえなかった。区別を明確にするためには、芸術を一特殊領域として論じる方が、はるかに好都合で、ハイデッガーもそれを承知している。しかしそれには、何らか「指標 Maßstab」のたぐいが必要である。かつて《美学》が芸術的制作の指標を、神の《天地創造》に仰いだように。ハイデッガーの思索は人間的営為の指標を、神に求めることをしないし、できない。

根源的水準での〝Kunst〟は人間現存在が〈存在の真理〉に出遭う可能根拠なのである。だからこの根源的な〝Kunst〟が直ちに《芸術》、という訳ではない。水準が違っている。だがいわゆる「芸術」が根源的な〝Kunst〟の中にあること、また「作品 Werk」、即ち「真理の作動 Werken der Wahrheit」が、この〝Kunst〟を通して生起すること、それは確かである。そこで、ハイデッガーはこう断る。芸術は「真理が出来事になる」一つの様相、しかも傑出した様相であっても、決して唯一の様相という訳ではない、と。彼によれば、「真理の生起は様々に歴史的である」（*HW*, S. 50）。そして彼は「芸術」と並べて、〈真理が真理として在る wesen der Wahrheit〉――ここで“wesen”の語が使われていることに注意――、真理の生起の具体的な様態を幾つも挙示している（*HW*, S. 50）。この挙示はしかし、「芸術」を他から区別して際立たせるためではなかった。ハイデッガーはそれ以上何もいわない。

ここからハイデッガーはいわゆる美学とは別の、彼に独特のいい廻《まわ》しで論を進めることになる。たとえば「作品が創造されるとは、真理が形態 Gestalt へと固定 Feststellen されることである」（*HW*, S. 52）、といったように。或いは、「作品存在 Werksein」の特徴を、〈世界 Welt〉と〈大地 Erde〉の〈闘い Streit〉である、とおよそ哲学的でない語彙で際立たせる。

これら、ハイデッガーの言葉には註解が要りそうである。“Kunst”によって“Werk”が“Werk”になる。美学的に表現すれば、「芸術によって作品が作品になる」、即ち作品の生成を、ハイデッガーは「透かすこと Lichtung と隠すこと Verbergung、世界と大地の闘い」（*HW*, S. 51）、と規定する。「闘い Streit」は、相拮抗する力が真っ向から対立するときに始まる。事象の生成と消滅を、一般に「拮抗するものの対立 Gegensatz des Gegengewichten」と捉えるのは、古代ギリシャ的な世界観であった。芸術作品を考察するとき、ハイデッガーはギリシャ的な存在観に学んだのである。

ハイデッガーが、多くの含みを持たせて――したがって解釈学的というべきか――「世界」と呼び「大地」と呼ぶものを以下のように解しては、端的すぎて味気ないかもしれない。「世界」とは、存在者を「人間的に有意味なもの das Menschlich-bedeutungsvolle」として意味づけられる人間的欲求が具現されたもの、意味づけられた存在者の全体であるという風に。そして「大地」とは、人間の意図的な押しつけに抵抗するべく発揮される存在者の反発力である、という風に。けれどもこう解することで、「形態」が「亀裂」に結びつけられた意味は分かり易くなる。

〈形態 Gestalt〉とは〈闘い Streit〉の徴《しるし》、軌跡のことである。世界と大地との熾烈な闘いにおいて、自と両者の拮抗の線が生じてくる。闘いは自己を主張し合う拮抗の線、〈亀裂 Riß〉となって「……固定され」（*HW*, S. 52）こうして闘いという「形態」が生じたのである。形態は対抗する力と力の境界線が囲むものだから、互いに実力を発揮し合ったフェアな闘いの形態は美しく見事なのである。

闘いの「軌跡 Spur」が、〈自から形態になる sich Gestalten〉という考えは、囲碁を譬えにすれば、分かり易いかもしれない。闘う白石と黒石が彼我の境界線を作り出し、この線から互いの〈地〉――陣地の謂い――を囲む形態が出来する。定石形は美しい。白・黒、互いに有利不利なく、五分の形だからである。「世界」と「大地」の闘いも、この「烏鷺《うろ》も闘い」のような具合である。芸術作品が美しいのは、この闘いが五分の闘いだからである。

「真理は、世界と大地との（互いの）排斥性 Gegenwendigkeit の中に在る west」（*HW*, S. 51. 括弧内筆者が補う）。ここで真理とは、「世界」が「大地」を抑えつけるのでも、「大地」が「世界」を撥ね返してしまうのでもなく、拮抗する互いの力が力のままに現象している、というそのことである。約言すれば、人間の「精神」がその意図を「自然」に強要しようとして適わず、逆に「自然」が「精神」を《因果律》のごときに従属させようとして、ままならない。まさに、斥力同士の拮抗である。闘いを通じて、人間は人間として在り、自然は自然として在る。そう在るのはこの拮抗が「闘い」であり、しかもこの闘いに勝者がいないからである。

『存在と時間』で詳しく分析されたように、〈世界内存在〉である人間は、その存在において、否応なく事物を巻き添えにする。そのとき、事物は〈道具的存在 Zeugsein〉と化してしまうが、このとき事物は、人間のために自らの本質を犠牲にしているのかもしれない。こんな風に考えると、今いった〈闘い Streit〉は、人間のする事物の道具化の〈企て Entwurf〉と、事物に留まろうとする事物の抵抗の闘いである。この闘いとして、存在者全体の

〈在るがまま ἀλήθεια = Unverborgenheit〉が明るみに出てくる。かくて「真理が作品になる Wahrheit-ins-Werk-Setzen」のである。

芸術作品において、この真理が形態へと〈固定 Feststellen〉される。固定する、通常の意味でなら「動けないようにする」ことである。では真理が作品へと封じ込められたのだろうか。ハイデッガーはいう、“Feststellen”の「“Fest-”とは、決して硬直したとか、動かない……という意味ではない。“Fest”とは〈輪郭づけられた umrissen〉、〈境界 πέρας の中にいれられた〉……という意味である。ギリシャ的意味では、境界は〈鎖《とざ》してしまう abriegeln〉のではない。むしろ……現存するものを初めて〈輝かせ zum Scheinen Bringen〉、〈隠れのなさ Unverborgenheit〉へと、〈解き放つ Freigeben〉」（*Der Ursprung des Kunstwerkes*, S. 96. レクラム版）。形態は固定されることで、むしろ解放される。真理は形態へと固定されることによって、かえって真理として作動へと解放されたのである。形態はこの境界に他ならないし、境界を生起させたのが“Kunst”であった。ハイデッガーは、かかる“Kunst”を《芸術 Kunst》と呼ぶだろう。“Sein-können”が独自の“Kunst”へと展開したのである。そしてこの“Kunst”なら、《美学》のいう「芸術 Kunst」とも意味を共有できそうである。

もっとも真理は、形態へ固定されなければ生起していないという訳ではない。真理は様々に生起することができる。だが「固定される」ことによって、真理が生起するという「こと daß」、ハイデッガー特有の意味での、真理の“Ereignis”が初めて顕になるのである。固定されなければ、真理の生起は、他の様々な非本質的なことどもの中へ吸収され、際立たないままに消えてしまう。たとえば「道具」の本質である〈頼りになること Verläßlichkeit〉（*HW*. S. 23）が道具の〈奉仕性 Dienlichkeit〉の中に解消されてしまうように。その場合、人間のためにする事物の「犠牲 sacrificium」は、全く目につくことなく終わる。

ハイデッガーは、「〈真理が作品になる〉と、常でないもの Un-geheure に衝きあたる。尋常と思い込んでいたものが衝き倒される」（*HW*. S. 62）という。作品となって出遭われる「常でないもの」、別段、それは奇想天外なものでも途方もないものでもない。人間が日常的生において、ほとんど閑却しているもののことである。「作品が本質的な仕方で自分を開けば開くほど sich öffnen、それだけ次のことの比類なさ Einzigkeit が輝き渡る、物は在るのであって無いのではない、ということが」（*HW*. S. 53f.）。しかしこれでは、真理が形態へと固定されても、至極当然のことが分かったにすぎないではないか。でも何故、そんなことが「衝撃 Stoß」であり（*HW*. S. 54）、尋常ならざることなのか。

要するにそれは、日常にあって、そのことがあまりに自明だからである。日常、誰もほとんど次のことを疑ってもみない。諸々の事物は、人間の用に供されるべきもの、つまり広い意味での〈道具的存在 Zeugsein〉として、いつも人間の〈手許に zuhanden〉に在ること、事物はそういうものとして〈在庫中 vorhanden〉であることを。こうして観念的にではあるが、事物の「存在」が常に人間のものになっていること、そのことをである。だから実在の水準で、事物が手許から「滑り去っていく Entgleiten」とき、或いはまた、事物の強《したた》かな抵抗が手にあまるようなとき、人間は「不気味な unheimlich」不安に襲われる（*WM*. S. 9）、……こんなはずではない、と。衝撃である。衝撃の齎《もたら》す〈不安 Unruhe〉は、「物が在るのであって、無いのではないこと」、しかも「物は単なる物であって、他の何ものでもないこと」を「通告している sich melden」。ただ日常、そのような不安はたまに兆すにすぎず、そして直ぐに消えてしまう。だから、結局それは何でもないことだったし、衝撃も消えてしまう。人間は再び事物との慣れ親しんだ関係に戻るのである。《芸術》の作品だけがこの衝撃を形態へと固定し、もって衝撃を保存している。

固定されることで境界内へと解放された真理、作品となった「衝撃」は「後に来たってそれを保存するものたち、即ち歴史的人間たちへと投げ渡される。……不当に彼らに押しつけられる訳ではない」（*HW*. S. 62）と、ハイデッガーはいう。歴史的人間、もとより、史実的にいつかの時代を生きる歴史上の個人という意味ではない。〈生起的存在〉である総ての人間現存在である。歴史的存在である人間は、むしろこの「衝撃」を、存在論的意味で「待ち受け Warten」、「迎え入れる Holen」。作品となって固定された「衝撃」が開示するのは、一つ、歴史的人間の〈世界〉――歴史的世界 geschichtliche Welt ――、そして一つ〈大地〉、即ち「歴史的存在……が投げられているあのもの」（*HW*. S. 62）である。〈大地〉は歴史的人間の〈被投的投企〉の場であり支えである。大地は「……倦むことも疲れることもない」（*HW*. S. 35）。「自らを閉ざした sich Verschließend」（*HW*. S. 62）ままで、ひたすら歴史的人間を支える。だからこの「大地の上へ、そして大地へ向けて歴史的人間は世界における居住 Wohnen の基礎を固めてきた」（*HW*. S. 35）。"Bauen" であり "Wohnen" であった。このように〈大地〉の上で〈民族の興亡〉が繰り返されてきたのである。

歴史的世界は生起的人間が「投企しつつ-開示する entwerfend-erschließend」もので、生起的存在の〈実存〉と一において生起する。世界歴史の興亡は大地、この「鎖された根拠の方から迎え入れられる heraufgeholt」（*HW*. S. 63）。迎え入れられるからこそ、諸民族は繰り返し大地の上に居住の基礎を固め、世界を開いてきた。民族の興亡、世界の歴史である。興亡は民族の歴史、叙事詩という「作品」になる。衝撃が作品になることによって、〈大地〉、鎖された根拠が、「支えつつある根拠として、初めて創設 Gründen」される（*HW*. S. 63）。〈大地〉の「在るがまま *ἀλήθεια*」が、あるがままに明るみに出てきたのである。

〈大地〉は、人間が歴史的存在であることを支え続ける「地盤 Boden」として、まずは存在論的な概念である。その「支え Tragen」を欠いては、人間自体「根無し草 bodenlos」である。だから〈大地〉という地盤は「根拠 Grund」であり、而《しか》して人間的営為にとっての第一のもの、最初のもの、つまり「始まり Anfang」である。「始まりは疾《はや》くに、そして少しも目立たないけれども、ずっと準備されている」（*HW*. S 63）。「始まり」としての〈大地〉は、それ自身は非歴史的でも超時間的でもない。"ungeschichtlich"でも"überzeitlich"でもないのである。そもそも〈大地〉は、〈世界〉とともに歴史的である。蓋《けだ》し、大地は世界とともにしか、それも世界との「闘い」としてしか「生起 Geschehen」しない。しかも「闘い」である〈生起〉は、「作品」としてしか保存されない。芸術作品だけが〈世界が世界であること〉、〈大地が大地であること〉を「闘い」として「保存している Bewahren」のである。ハイデッガーは、芸術作品において、〈世界が世界になり、大地が大地になる eine Welt weltet, die Erde erdet〉、と繰り返し指摘する道理である。

ちなみに大地が物理学的、地理学的な範疇——たとえば地球のように——となり、そのかぎりで形相的・無時間的とされるのは、それが範疇化された「大地」だからである。このいわば科学的な「大地」が存在論的な〈大地〉の〈派性的な様相 modi derivativa〉だからである。ついでにいえば、ハイデッガーはいわゆる自然科学的思索は存在論的思索があって、初めて可能になると考えていた。

これまでの論述から、ハイデッガーにおいて《芸術 Kunst》は、「始まり」を「始まり」へと〈開放しつつ保存すること öffnendes Bewahren〉、といえそうである。「芸術が生起する、即ち始まりが在るとき、いつも歴史に衝撃が起こる。そして歴史が初めて、或いは再び始まるのである」(*HW*. S. 64)。《芸術》を通じて、人間現存在が歴史的である「根拠 Grund」が、自と明らかになる。こうして歴史的存在である人間の歴史が新たに、もしくは再び新たに始まるのである。芸術作品によって、歴史に衝撃が起こるまで、人間は誰も、自分が歴史的存在であることを「忘れている in Vergessenheit Sein」。ということは、誤解のないように願いたいが、この忘却において人間は認識論的に、ではなく存在論的意味で「歴史的に生きていること」を意識から「忘失している in Vergessenheit geraten」のである。

文字通りの意味で、《芸術》を通じて歴史が新たに始まる。即ち歴史が歴史であり始める、"die Geschichte sich gründen auf sich"。しかし人間が歴史的存在である以上、そして事実そうなのだから、人間は常に歴史的存在であることの〈根拠〉、即ち〈始まり Ursprung〉を問わねばならない。それは自分の「存在の意味 Sinn des Seins」を問うこと同じである。「問う」ことは、存在論的構造としての〈気掛かり Sorge〉の本質的様相である。問わないかぎり、存在の意味はあまりに自明にすぎて閑却されたままである。あまりに自明のため、存在の意味は殊更に問われこともなく放っておかれる――ハイデッガーは「隠蔽されてしまう sich Verbergen」という――。而《しか》してそれは「差しあたって大抵 zunächst nud zumeist」、「どうでもよい gleichgültig」ことになっているのである。そんなことより、人間の周りには「差し迫った dringend」問題が多いし、それの対応に忙しい。これが人間の日常である。だから《芸術》に出遭ったことが「衝撃」になる。《芸術》が、さながら「啓示 Offenbarung」のように、突如として「人間＝歴史的存在」に歴史的であることの根拠を突きつけてくるからである。

「突如 plötzlich」、これは《美学》が学の立場で規定した、人間と芸術との「出遭い方」ではなかったのか。確かにそうである。ハイデッガーは美学の学的成果を、何もかも括弧にいれる訳ではない。勿論、否定してしまう訳ではない。ハイデッガーがネガティヴな態度を取るのは、「学」としての《美学》の内容に関してというより、斯学が西欧哲学の伝統――ハイデッガーには「非ギリシャ化」の傾向――の中で誕生し、この伝統に適う仕方でしか美や芸術が考察されてこなかった、という学の方向と姿勢に関してなのである。彼が芸術との関連で「衝撃」という言葉を使うとき、美学の成果に十分敬意を払っていることが分かる。

とまれ、自らの存在の根拠を問うべき人間には、不断に、《芸術》を「迎えいれる Holen」べく、「心構え Vorbereitung」が必要である。心構え、それは「待つこと Warten」である。「待つ」といっても、期待し覚悟して待つのではない。そういう実存的意味ではなく、『存在と時間』が詳しく質したように、人間は〈時熟 Zeitigung〉という存在論的構造の故に、「待つことができる」し「待たねばならない」。準備できるし準備しなければならない。

芸術の衝撃に衝撃として出遭える——迎えいれる——ように準備していなければ、芸術は人間の傍を、まるで「何物でもないかのように通り過ぎてしまう Vorbeigehen bei uns wie Nichts」だろう。何しろ、《芸術》との出遭いは不意の訪れだからである。

通り過ぎて行く芸術、美術館や画廊で出遭う芸術は大抵これである。それも「芸術」ではあろうがしかし、それはまだ《芸術》ではないか、もう《芸術》ではないか……、いずれにしても《芸術》ではない。これらはもう制度的に規定された「芸術」でしかないのである。要するにそのような芸術は「月並みなもの Gewöhnliches」、故に「日常的なもの Alltägliches」であって、日々を生きる人間にありきたりの、点景物の一つであるにすぎない。《芸術》を点景物にしてしまう人間の一般的平均的な精神的姿勢、語の最も広い意味での日常——もとより学問も芸術も含まれている——の下で、《芸術》の体験的意味だけに頓着すると、かえって《芸術》は《芸術》でなくなり、月並みなものに転落してしまう。それをハイデッガーは「芸術の死」、といささかドラスティックに表現したのではなかったか。ではあらためて《芸術》とは……? お分かりのように、ハイデッガーの考えは明快である。根源的な"τέχνη"が根源的なままにそれである、そういう総ての制作的営為が《芸術》でありうる。勿論それでは、ほとんど何もいってないに等しい。しかしハイデッガーは、それでよいのである。何しろ、ヘーゲルが語り尽くした後なのだから。

## 結　び

ヘーゲルとハイデッガーの芸術哲学を、両者の哲学的な歴史把握と関連させて見てきた。

ヘーゲルの思索において、「美と芸術の時代」を経過せずして「理性と哲学の時代」が到来することはなかった。

芸術は、《精神》の果たす自己への帰還の道、しかも不可避的で絶対的なこの道程の〈途上〉にある。精神は芸術を通り過ぎていかねばならない。芸術、この宿駅は終点ではなく通過駅である。この駅は道程の「過去 Vergangenheit」である。しかし決して消えてなくなることはない。この駅は、旅程の「記憶 Erinnerung」として、「生き続ける Überbleiben」だけでない。実際、芸術という宿駅は今もそこで「生きている Leben」。だから我々は、精神の旅程を辿るとき、過去を携えて今、現に在る芸術にリアルに出会うことができる。今、ギリシャを訪ねると、過去ともどもリアルにギリシャに出遭えるように。精神の本質から芸術を反省することでヘーゲルは、《芸術》に「過去のもの」という厳しい評価を与えた。この厳しさと裏腹に、彼は芸術の領域的な意味と価値とを規定したのである。逆説的だが、芸術は「過去」となることで、初めて《芸術》になりえたのである。ヘーゲルの「《芸術》哲学」は、この意味で、初めて芸術を芸術にする哲学であった。

一方、後になって自ら『芸術作品の源』に書き加えた「付言」（"Zusatz," *Der Ursprung des Kunstwerkes*, S. 95-101ff. レクラム版）で、ハイデッガーはいう。「《芸術》とは何かについての反省に……決定的なのは、存在への問いだけである。芸術を文化の活動領域と見なしても、精神の一現象と見なしても正しくはない。芸術は "Ereignis" に属するからである。"Ereignis" から初めて、〈存在の意味〉が決定されてくるからである」（レクラム版 S. 99）。ここで "Ereignis" の語は、日本語訳されない。どんな訳語も、ハイデッガーの真意を充《み》たすとは思われないからである。とまれ彼は、存在の問いを別にして芸術を評価することはできない、という立場である。彼の芸術哲学は、従来の美学・芸術哲学が「芸術」と規定してきたものを、「それが果たして《芸術》でありうるのか」ともっぱら反省した。「反省 Besinnung」の方向がヘーゲルへ向いたのは、当然であった。『感覚論 *aesthetica*』としての《美学》はともかく、芸術哲学としての《美学》はヘーゲルが始め、そして《芸術》を規定して芸術哲学を「完成した Vollenden」からである。この《芸術》は彼に続く種々の芸術哲学に「範例 exemplar」となった。

芸術に関する「意味づけ」の違いは、ヘーゲルとハイデッガーの目指す形而上学に由来した。ヘーゲルの場合、求める形而上学的本質＝精神は超歴史的存在であった。超歴史的な水準から見れば、歴史的な水準はすべからく「過去」でなければならない。さもないと、超歴史的なものが超歴史的ではありえないからである。ハイデッガーの場合、形而上学的本質＝存在は歴史的であった。しかもそれは歴史的な"Ereignis"としてしか出遭われない。ハイデッガーの思索において、総てのことが歴史的である、そうでないと、歴史的なものは歴史的ではありえず、超歴史的か非歴史的になってしまうのである。

ハイデッガーの立場を確認して本章を締め括る。歴史的存在である「人間」の「存在の意味」が問い続けられるかぎり、「芸術」という謎は問い続けられねばならないだろう。それ自身歴史的な《芸術＝根源的なτέχνη》を通して「存在の真理」が「性起するsich Ereignen」とすれば、《芸術》という歴史的な「出来事Ereignis」は、歴史的存在にとって、過去になることはないし、むしろなりえないからである。《芸術》は根源的な"τέχνη"を通して、ギリシャ以来ずっと「存在の謎」と結ばれ合ってきた。存在の謎が、《芸術》の衝撃によってその都度新しく歴史的に開示されるのなら、《芸術》はいつも「始まり」である。

ハイデッガーの芸術哲学を、ヘーゲルの判決である《芸術の過去性Vergangencharakter der Kunst》、或いは《芸術終焉論eine Endlehre der Kunst》への、純粋に哲学的な、しかも形而上学的な提言、「別の始まり」からの提言と見なしても大過ないだろう。

**註**

本章は「芸術の過去性をめぐる一考察—ハイデッガーの哲学を中心にして—」（京都哲学会編『哲学研究』第五三七号、一九七五、所収）に補筆修正したものである。原論文は三十有余年以前のもので、当時ドイツでもまだ『ハイデッガー全集 *Gesamtaus-*

*gabe*』の公刊は、やっと緒に就いたばかりであった。

ヘーゲルからの引用は次のものである。

G. W. F. Hegel, *Werke in zwanzig Bänden*, Suhrkamp Verlag

III *Phänomenologie des Geistes*

IX *Enzyklopädie der philosophischen Wissenshaften*, 2

XII *Vorlesungen über die Philosophie der Geschichte*

及びバッサンゲ版の『美学講義 *Vorlesungen über die Ästhetik*』

# 第四章　ハイデッガーの芸術解釈
## ――その哲学史的基礎付け――

### はじめに

ハイデッガーの芸術思想は美学のためのものでも、芸術哲学のためのものでもない。否、或る特殊専門学的なものではなく、それ自体、彼の思想そのものなのである。その意味で、彼の芸術思想に対する美学的・芸術哲学的批判は、ハイデッガーには副次的な意味しかない。そのような特殊専門学的な理解や批判は、かえって、ハイデッガーの思想全体を歪めてしまう虞《おそれ》なしとはしないだろう。

彼の思想から芸術哲学的と目される所だけを抽出して、時代のポストモダン的な傾向、たとえば《エステティジールンク Ästhetisierung》の風潮のごときものの下で解釈し、意味づけ評価する。その解釈や釈義をハイデッガーの思想全体へフィードバックさせて、新しいハイデッガー像のたぐいが思い見られたりする。だがそこに浮かび出てくるのは、美学的・芸術哲学的に潤色されたハイデッガーではあっても、彼自身ではない。彼自身を知るには、彼の思想全体から学ぶ他はない。彼の芸術思想も、思想全体に照らしつつ解読されねばならないだろう。要するに、思想全体に語らせることで、初めて芸術思想の真意も解《ほぐ》れてくるのである。

ハイデッガーの芸術思想に関して、あらかじめ結論めいたいい方をすると、美学的意味では、否、より正確ないい方をすると、美学が期待するような意味では、彼は芸術について何もいってはいないのである。逆説的なようだが、何もいわない、何もいえないことが彼の芸術思想の特徴である。そのような思索を、何かいった、或いは、いったはずだ、と受け止めてその内容を理解しようとするのでは、付会の誹《そし》りを免れない。蓋《けだ》し、彼の芸術思想の根本が閑却されるに等しい。何故何もいわないのか、というハイデッガーの思想の本旨が覆い隠されてしまいかねないからである。それでは結局、美学にとっても望ましいことにはならないだろう。

以下の論述の中で、美学の諸説と最近の美学的動向に言及される。それはもっぱらハイデッガーの芸術思想との問題意識の違いを強調するためであって、それら動向の意味や価値を云々するためではないし、況《いわん》やハイデッガーの芸術思想と優劣を競わせるためでもない。そんなことをすれば、筆者自身がハイデッガーを逸脱してしまう。

## 1

ハイデッガーは「世界像の時代」と題する講演（*Holzwege*, 1938, S. 69-104ff. 所収）、《近代 Neuzeit》の特徴を際立たせるこの講演の冒頭で、「芸術が美学の視圏に退く」、換言すると、芸術が美学の専門的な研究対象になることを、近代に本質的な現象の一つ、と指摘した。美学という学問が成立する、それは優れて近代的な現象だと考えるのである。そして美学において、「芸術は体験 Erlebnis の対象になり、その結果、芸術は人間の生の表出 Ausdruck des Lebens と見なされるのである」（*HW*, S. 69）、と指摘した。このほんの少し前に、同じく *Holzwege* 所収の「芸術作品の始まり」（*HW*, 1935, S. 7-68ff.）の「後書き」の中で次のようにもいっている。「……美学は芸術作品を対象、それもアイステーシス αἴσθησις、この語の最も広い意味での感覚的な知解作用 sinnliches Vernehmen の対象、と捉えている。昨今、この知解作用を体験 Erlebnis と呼んでいる。人間が芸術を体験する仕方は芸術の本質を解明してくれるはずで、それは体験が芸術の享受だけでなく、制作にとっても決定的な源 Quelle だからである。だが、おそらく体験は芸術の死のエレメントかもしれない」（*HW*, S. 66）。「体験」、「生の表出」の語は明らかにいわゆる《生の哲学 Lebensphilosophie》を念頭に置いて使用されている。当時の美学世界の情況を顧慮して、ハイデッガーはこの発言をしたのである。

《生の哲学》の立場に即すると、〈体験 Erlebnis〉は人間存在の根元的な事象である。体験を等閑にふして、人間の解明はありえない。体験は生を生として実現していることに他ならず、しかし〈生 Leben〉とはすべからく「体験 Erleben」である。〈死すべきもの das Sterbliche〉である人間に、「生」の概念が本質的な意味を持つことはもとより自明であるが、取り分け十九世紀の末から、生の哲学的な思潮が台頭してきたのには理由があった。ニーチェの思想から窺えるように、《生の哲学》は「生」を「形式 forma」や「イデア」の対立概念と考えた。人間を「形相的な eidetisch」な水準で把握し規定するのではなく、ヴィヴィッドな、文字通り「生身の存在 das Lebendige」として捉える、少しく乱暴ないい方を許して貰えば、《理性を持った動物 anima rationale》と定義されてきた人間存在を、「動物であること animalis」の方にウエイトを置いて直視する必要がある、とする哲学的な機運が兆したのである。総じて哲学のなしてきた形相的な人間理解の根底には、神学的人間観があった。神を理想に仰ぎ、神との類比や対比で人間を規定してきたのである。だから人間が「理性的な動物」と定義されたとはいいながら、人間考察は当然のように「理性的 rationalis」へ向けて企てられ、「動物的 animalis」へ向けられることはなかった。

ちなみに《生の哲学》にとって、ドイツ語は実に好都合であった。生ける人間を“körperlich”の語で、ではなく“leiblich”の語で理解することができるからである。ドイツ語で「生 Leben」と「身体 Leib」とが語義的に同根であることは、生の哲学的には上手く平仄《ひょうそく》が合っていた。一方「ケルパー Körper」の元はラテン語の“corpus”で、単なる物体や死体の意味だった。そのため、「生」をケルパーの語を用いて論じても、しっくりこない訳である。当然のごとくに、「物体」に「命を吹き込むもの」が人間的思索の対象になる。ケルパーで捉えるかぎり、体験そのものが身近でなくなり、勢い「生」を形相化することになるかもしれない。このように《生の哲学》がドイツを中心に実践されたことに、いわれがない訳ではなかった。ともあれ、生を身体的事象の水準で見るとき、理性や悟性よりも、身体的な能力である「感覚 Empfindung」の方に思索的な関心が向けられる。それも生理学的意味においてではなく、純粋に哲学的意味において。

哲学の「生の哲学的」な思潮は、美学にとってははなはだ時宜に適っていた。十八世紀半ば、美学はバウムガルテンの努力で、西欧形而上学の伝統を後見に哲学的世界へデヴューを果たしたのだが、今、《生の哲学》とともに、ようやく哲学世界の中央へ進み出ることができた。ハイデッガーは、美学が芸術を「アイステーシス αἴσθησις の対象にする」といったが、美学は“αἴσθησις”の学――即ち“aesthetica”――であるから、芸術をアイステーシスの対象と理解し、またそう遇することに、不都合はない。むしろ、斯学の本義に適った扱いというべきではないか。「アイステーシス」、感覚を場に成立する芸術体験は、《生の哲学》には、範例的ともいうべき「生」の実現形式であった。範例的、即ち芸術は単なる「動物の animalis」ではなく、まさに「人間 animal rationale」の生の実現だったからである。

《生の哲学》から《実存哲学 Existenzphilosophie》への学的展開のうちに、キーワードは「生 Leben」から〈実存 Existenz〉や〈現存在 Dasein〉に変わったけれども、芸術体験が人間存在に重要な意味を持つとする考え方に、いささかの変更もなかった。

そもそも実存や現存在、“Existenz”や“Dasein”の語は、概して「生存 Leben」の意味が含んでいたのである。

“Dasein”は上述のバウムガルテンや、当時の哲学者たちによって、中世哲学＝神学の語彙、“existentia”の訳語に採用された。“existentia”は、《創造主 creator》である神の永遠不滅の存在を表す“essentia”に対して、《被造物 ens creatum》の可変的な存在を示すことにも使われた。“existentia”が人間存在に援用されるとき、人間の不変不動の相、生死の水準を超越した理念的形相的な在り方を意味するのではなく、この語“existentia”は具体的で実際の在り方、人間が生成・消滅の相、「実在的 realis」の相にあることを示している。スピノザのいうように、唯一、神の存在にあってのみ「essentia と existentia は同一」だが、被造物である存在者にあって、“essentia”と“existentia”は一つにはならない。ドイツ語の“Existenz”や“Dasein”に「生存 Leben」の意味を認めてよいのは、こういう次第であった。神には「生存」は全く関係がない。

ついでながら、ハイデッガーが人間を「現存在 Dasein」と規定したとき、彼が哲学史的な経緯を踏まえていたことが分かるだろう。彼は哲学史的な意味を尊重しつつ、“Dasein”や“Wesen”――この語は“essentia”の訳語に充《あ》てられた――のドイツ語本来の意味を生かして、自分の思想のキーワードにしたのである。

それはさて措き、“Existenz”や“Dasein”がキーワードとなっているかぎりで、《生の哲学》と《実存哲学》との間に、明らかな近縁性があった。いずれも、芸術を論じる際に〈体験美学〉とでも呼ぶような姿勢を採りうるのである。ただ、実存哲学の方が、生の哲学的な美学に較べて、「感覚」の人間的意味を強調する度合いが低いかもしれない。だからといって、実存哲学が感覚や直観を重視しなかった訳ではない。体験は、まず何より感覚的な体験としてしか始まらないからである。

だがハイデッガーは「体験は芸術の死のエレメント」、「芸術の死の始まりかもしれない」――“Doch vielleicht ist das Erleben das Element, in dem die Kunst stirbt.”――という。ここで「死ぬ Sterben」の語が用いられていることに、注意が必要である。“Sterben”は特別の意味を持っている。この語は〈死すべきもの das Sterbliche〉、即ち人間の死を意味している。人間以外の動物、ただのアニマルの死を、ハイデッガーは“Sterben”で表さずに、“Verenden”、「終わった」と表現する。芸術の死は“Verenden”ではなく“Sterben”である、それは芸術の死が、人間にとって何か本質的なものの死だからである。芸術が人間の体験の対象になることによって、人間に本質的なものの死が始まる……、いかにも捻《ひね》りの利いたいい回しである。ハイデッガーは、この表現で、《生の哲学》のアポリアを衝くのである。

生、体験とは、端的にいって存在の〈生起＝出来事 Geschehen〉である。或いはまた、存在者との無前提的な「出遭い Begegnung」である。それを、人間は無媒介的に身体的・精神的な事実として実感しているのだが、体験そのものは前述語的だし、未規定的である。体験は主観や自我にとって、不断に可変的で非分節的なものという他はない。未規定的で可変的だが、体験の内容は決して空虚ではなく、充実そのものである。充実には、もとよりポジティヴな場合とネガティヴな場合がある。ニーチェ風にいえば、心身の高揚と虚脱、別のいい方をすれば、心身にわたる快・不快、好・不調ででもあろうか。一体、体験の水準では、まだ主観や自我がそれとして意識されてはいない。デカルトを顰《ひそみ》にすると、主観も自我も、まだ“ego cogito”の状態にはない。……で、当然、理性や悟性が体験を把捉することはできない。畢竟、生、体験は、生を体験する当の人間にとってさえ不可解で、「その何たるかを知らない nescio quid」のである。

しかし間違いなく、人間は「生」を快・不快と心身的に実感している。差しあたって、「生」はギリシャ語の「アイステーシス」、感じていることそのことである。だがいかんせん、未規定的なので生の充実、体験の充実は、カントの言葉を借りて、「盲目的 blind」である。「感覚」はリアル・タイムに体験しながら、体験の何たるかを知らない。感覚、直観は「なまで」生を見ていながら、生が見えていない。体験の無媒介的現実、人間存在への直接的「作用性 Wirklichkeit」と、体験の概念的に把握された「実在性 Realität」とでは、水準が違う。生、体験はこの差異を知らないし、区別できないから「止揚する Aufheben」することもできない。ここに、生、体験、感覚のアポリアがある。生は端的に充実なのだから、そんなことを知る必要はないのだが、盲目的であるかぎりで、理性や悟性から見れば、「生の充実」には危うさがつき纏う。理性や悟性は、生や体験の“Wirklichkeit”には手が出せないので、「生」を《実在性 Realität》の水準で把捉して《観念性 Idealität》へと止揚する。水準、もしくは次元を跨ぎ越すことで、「生の」体験が孕む危うさを払拭したいのである。

「生は生を知らない」というアポリアは、存在のアポリアと同じである。存在は認識に先行する、これはギリシャ以来の根本的な定款であって、これを覆すことは、神以外の存在者には絶対に不可能である。ちなみに存在論の哲学者N・ハルトマンからすれば、存在のアポリアを学問的に質せば、「存在論 Ontologie は認識論 Erkenntnislehre に先行する」のである。

中世的思索の場合、神の“essentia”と“existentia”は同一なので、存在の思索は《認識論》を必要としない。存在者の総てを神の存在に帰することによって、《造物主》と《被造物》、換言すれば〈作用を及ぼすもの ens agens〉と〈作用を受けたもの ens actu〉との区別は止揚されている。認識論は存在論に含まれるのである。

だがデカルトが《コギト cogito》に注目して以来、人間的思索はようやく“existentia”へ、そしてついにはもっぱら“existentia”へ向かうこととなる。そのため“esse”と“ens”、との差異、《存在論的差異 differentia ontologica》が清算されずに残ってしまった。人間、被造物の方から、この差異を止揚することはできない。そこで、存在論的思索と認識論とを相互的に補完させて、人間はこの差異を追認することになるのである。それもそのはず、《存在論 ontologia》の語は、やっと十七世紀に生まれた。そして《認識論》に至っては、十九世紀の前半にイギリスで、“epistemology”——ギリシャ語の「エピステーメー ἐπιστήμη」からの造語——の語ができたにすぎない。この語は、ドイツではほとんど使用されることはなかった。「認識論 Erkenntnislehre」にあたる術語を考案したのはバウムガルテンで、彼は「グノーシス γνῶσις」――"γνῶσις"と"ἐπιστήμη"の区別は難しい。強いて分ければ、前者が"cognitio"、後者が"scientia"となろうか――を元に、"gnoseologia"と命名した。彼が《感覚論＝美学 aesthetica》を「下級の認識論 gnoseologia inferior」と定義したのは、ご存知の通りである。"gnoseologia"の語も、ほとんど使われることはなかった。

それはともかく、存在のアポリア、存在論的差異の問題は、近代以降、哲学にとっての「スティグマ stigma」とでもいうか、負って逃れられない難題になった。《現象学》でさえ、フッサールが構想したように、それが《本質学 Wesenswissenshaft》、エイドス的な学を標榜するかぎり、この差異そのものを「判断停止 Epoche」、括弧づけして、それに触れることを回避しなくてはならない。回避する、それをフッサールの「現象学」に距離を置くことになるハイデッガーの立場から見ると、「現象学」、このエイドス的な学が、人間の知的営為の何所に位置づけられるべきか、まずそれがはっきりしていないことの表れと映ったのである。これについては、後で一瞥する。

《生の哲学》に戻るが、この哲学が自らのアポリアを解消できないから、次の疑念も容易に払拭されない。即ち《生の哲学》が、「体験」を芸術の謎を解くための要鍵とし、感覚や直観は芸術の本質へ通じる唯一の道だ、と力説しても、それによって芸術の謎の何が解明されたのか、それが判然としないのではないか。それではヘーゲルの美学のように、芸術の理念的な、そしてそれに基づく芸術の世界観的な解明を期待することはできないだろう。これが、体験美学的な芸術考察に向ける、ハイデッガーの基本的な疑問だった。

## 2

あらためてハイデッガーの指摘を顧みると、彼は体験美学を、こう総括していたのである。体験美学のプランでは、芸術が体験の対象になり、体験は芸術にかかる一切の問題が発現する決定的な始まりになる、あたかも体験を論じる以外には、芸術を巡る真っ当な議論がないかのように。体験美学の登場……、これは芸術哲学の創始者であり完成者であるヘーゲルからすれば、思いもよらない、否、何を今さら、の展開だったろう。いうまでもなく、ヘーゲルの芸術哲学に体験の考え方はない。彼の芸術思想の中では、芸術の世界観的な使命は、夙《はや》くギリシャ時代に完了している。いわゆる《芸術の終焉論》である。もっとも、芸術の意義を個々人の体験の水準で認めるなら、芸術の存在意義がなくなることはないし、体験とともに常に今を生きる芸術が過去になることも終焉することもない。ヘーゲルは芸術の体験的価値まで否定するつもりはなかった。彼自身、ギリシャ時代をはるかに下がって生きる、一人の芸術愛好家でもあった。ただ、体験的価値を芸術の絶対的な《存在理由 ratio entis》、と認めなかっただけである。そのことを熟知しているハイデッガーは、わざわざ、「おそらく、体験は芸術の死の始まりかもしれない」といわねばならなかった。

この言葉はヘーゲルの芸術哲学を念頭に置いた上で、直接的には、体験美学へ向けられていた。しかもハイデッガーは慎重に「おそらく vielleicht」といっている。「おそらく」、それは「もしかすると möglicherweise」の謂いだから、あくまでも彼は芸術の死に関して、断定を避けてはいる。しかしすぐその後で、彼は芸術の「死はゆっくり進行するので、何世紀もかかる」ともいっている。このことに鑑みて、そして《生の哲学》のアポリアから推して、「おそらく vielleicht」という婉曲的ないい回しを「きっと notwendigerweise」と読み替えても、大過ないだろう。「おそらく」の意味は、こうではないのか。もし芸術に関する一切を「体験」に帰して、芸術を体験としてしか考量しないなら、そういう条件の下でなら、芸術はきっと死ぬのだ、と。何故なら、芸術のこのような扱いは、芸術の存在的意味と体験的意味とを、無条件に同一視しているからである。中世神学的な“esse = percipi”――存在とは知覚されたということ――の等式が導入されているのである。そして“percipio”に絡む体験のアポリアが、全く不問にふされている。この等式を学問的に保証するものがはっきりしないとあっては、同一視そのものが宙に浮いてしまう。これがハイデッガーの件の言葉の、言外の意味であった。

実際、ハイデッガーの考え方は徹底したもので、ただに美学に関してだけでなく、そもそも同じく現象学の立場を採りながら、師のフッサールと袂を分かつことになる。ハイデッガーは《現象学》を存在論のための方法、それも唯一の方法とし、フッサールのように《本質学》とは考えなかった。現象学を「方法」と捉える、随分、思い切った考え方だった。だがハイデッガーには、一つ、気がかりなことがあったのである。

本質学を標榜して「事象 Sache」に関する「本質的なもの das Wesentliche」へ至るべく、フッサールは〈判断停止〉や〈還元 Reduktion〉を重要な思索的方途として駆使する。駆使することに、次の二つのものを無条件的に前提しているのではないか。一方で、現象の「手前に」現象を目撃する「絶対的な主観」――カントなら《超越論的統覚 transzendentele Apperzeption》――のたぐいの存在を。他方で現象の「向こうに」現象の「本質」のたぐい――《物自体 Ding an sich》――の絶対的実在を。

一体、純粋にエイドス的な学、それは《神学》を措いて他にない。カントはそのことを批判し解析して、人間的水準での《理念》を要請したのである。このように歯止めを利かしておかないと、本質学足らんとする現象学が、どこかでヘーゲルの『精神現象学』、イデア的なもの、絶対的なものの自己啓示の学に連なってしまうのではないのか――これについて、筆者は未発表の論文「美学と現象学」で一考したことがある――。ハイデッガーはどうしてもこの懸念を拭い去ることができず、とうとう彼自身の思索的転回、〈ケーレ Kehre〉まで懸念を持ち続けてしまった。もっとも、これは本章と別の話題である。

話題を「芸術の死」に戻して、ハイデッガーが、「芸術が独りで死んでいく」、などというはずはない。そんな死に方をするものに、彼が“Sterben”の語を充《あ》てることはない。むしろ、学としての美学の対応が、芸術を死に誘うのではないか、と問うたのである。このときまだ、ハイデッガーは「芸術の死」の理由を、美学内部の問題の範囲で探究していたようにも見える。そこがヘーゲルの芸術哲学と、異なる所であった。ヘーゲルは「芸術」を、哲学＝芸術哲学、それも体系的な哲学から見た「芸術」の問題、としていたからである。

ヘーゲルは、芸術が死ぬとも死んだと考えなかった。それどころか、ギリシャ以降、芸術は生き続けて独自の発展を遂げるだろう、と認めている。けれどもヘーゲルからすると、《精神 Geist》の本質に照らして、ギリシャ以降、芸術的生は、畢竟、無為の生を生きながらえるだけだろう。

芸術の〈終焉 Ende〉、なかなか皮肉が利いていて、しかも的確な捉え方であった。「終焉」という日本語には「命の終わり」という意味の他に、「隠居して余生を送る」という意味がある。「芸術の終焉 Ende der Kunst」という表現は、ギリシャ以降の芸術の在り方を見事に言表しているではないか。“Ende”に「終焉」という訳語を充てた我が先賢の知見には、敬意を表さねばならない。芸術の余生、それはヘーゲルのいう《浪漫的芸術》、キリスト教芸術の全体である。したがって、「余生」は近代以降の芸術の在り方にかぎらない。

一方、ハイデッガーはこう考える、即ち、美学の誕生と芸術概念の成立の次第を熟慮して、「近代 Neuzeit」の精神性が芸術の死の土壌を培ったのであり、近代という土壌の上に《美学》が誕生したことが、かえって、「芸術の死」の始まりになるのではないか、と。そのかぎりで、ハイデッガーにとって「芸術の死」は近代以降の現象、というべきだろう。もっとも、近代まで芸術概念はなかったのである。彼がヘーゲルの「芸術終焉論」を括弧にいれておく、理由の一つにもなろうか。

芸術終焉論は、独りヘーゲルの芸術観や趣味の産物ではないし、彼の個人的な哲学的思索から出たものでもない。ヘーゲルによって「完成された vollendete」西欧哲学の伝統のしからしめるところであった。だから「その最高に規定された面からして、芸術は我々にとって、過去のもの ein Vergangenes である」“G. W. F. Hegel, *Vorlesung* über die Ästhetik, S. 57. バッサンゲ版）といったヘーゲルに、ハイデッガーは「この言葉の背後に、ギリシャ以来の西欧的思索が控えている」（HW. S. 67）と指摘する。そして自分の芸術思索に関して、「芸術の謎を見ることが課題」であって、「謎を解けという要求は的が外れている」（HW. S. 66）と念を押したのである。

芸術の謎を前にした一九三五―三六年頃から、ハイデッガーの思索に〈ケーレ Kehre〉が兆したとされる。西欧哲学の伝統に対する自分の思索的姿勢、事象に向き合う自分の思索的位置取り、それを見直さざるをえない、そういう思索的不可避性からケーレが進捗する。ケーレしつつある彼に見えてきたのは、唐突のようだが、ハイデッガーが〈運命 Geschick〉と呼ぶ事態であった。何が運命なのか。ソクラテスに始まるギリシャ以降の西欧哲学の展開が、である。美学の誕生は、この展開の一環である。この展開の延長上で、ヘーゲルの下、美学は必然的に芸術哲学になった。かかる経緯が「運命」だ、というのである。したがって、或る種の美学、体験美学の中でだけ「芸術の死」が出来するのではない。ヘーゲル以降、芸術は体験美学的に考察されるよりなかった――たとえば、作品の存在論的な解明も、美的対象を「存在者一般」における特殊的な存在様相を捉えんとするかぎりで、体験美学に属する――が、そのように考察されざるをえない、という美学の学問的な運命が芸術の死を助長することになった。ハイデッガーに見えてきた西欧哲学の「運命」は、「芸術」を巡る哲学的考察にも、そのまま、反映されていたのである。

話は前後するが、ケーレに芸術の問題が大きく関係していたのではないか、しばしば、このことが話題になる。その通りだと思うが、芸術の問題がハイデッガーにケーレを促したのか、逆に、ケーレが芸術考察を緊要のことにしたのか、速断はできない。彼は芸術の形相的な把握を企てた訳ではなく、〈芸術作品の始まり〉を顧みるだけなのである。というのも、芸術、それは「精々一つの言葉にすぎず、現実的なものは、もう何もその言葉に対応していない」（HW. S. 7）かもしれないからである。

ハイデッガーは作品が「作品であること Werksein」、作品の「エネルゲイア ἐνέργεια」、作品の“Wirklichkeit”を問題にしただけで、芸術に関しては何も解明してはいない。だが彼にとって、《存在の問い Seinsfrage》との聯関で芸術がを「問題になる in Frage kommem」し、ならなければならない。だから「作品の始まり」を問う考察でもって体験美学の向こうを張る、そんな意図は、ハイデッガーにはあるべくもなかった。もう一度いうと、芸術を論じておかないと彼の哲学体系が完璧にならないというレヴェルの問題ではなく、芸術は彼の哲学そのものの根幹にかかる問題だった。

今見たように、ハイデッガーは西欧哲学の「運命」に想到した。しかもハイデッガーは西欧哲学の伝統に連なっているのだから、運命は彼の思索のものでもある。運命が、彼の思索に深刻に迫った。この苦渋の中で、ハイデッガーはヘルダーリンの詩句を借りて、自分を叱咤した。「始まりの近くに住む者は、簡単にその場所を離れられない Schwer verläßt, was nahe dem Ursprung wohnet, den Ort」。ケーレは「哲学することの始まり」へ向き直る思索的な企てであった。〈向き直り Umkehren〉において、芸術の問題が閑却できなくなったのである。

西欧哲学の伝統の中で思索するハイデッガーは、『存在と時間』において、この伝統の〈破壊〉と〈新たな基礎付け〉を企てた。だが結局、伝統を離れることはできなかった。蓋《けだ》し、破壊を企てる彼の思想的な位置取りが、伝統的なものであった。それでは、到底、破壊も新たな基礎付けもなすこと能わず。西欧思想の歴史と自分の思索を顧みる彼に、必然的にケーレが兆したのである（本書第Ⅱ部第三章「ハイデッガーの“Gelassenheit”」を参照）。

ケーレといっても、別の道を採ることではない。もとより、そんな道がある訳はない。〈ケーレ Kehre〉、“umkehren”、字義通り「向き直る」のである。西欧思想の「運命」の来る所以《ゆえん》、そしてその「始まり Ursprung」へ、と。まさに、「始まりを離れることはできない」。ハイデッガーに託《かこつ》けていうと、彼に「始まり」を見るように向き直らせる、そのこと自体、西欧哲学の「運命」だったのだろうか。とまれ、ケーレが余儀ないハイデッガーに、思索的な方途がなくなった訳でも、これまでの思索が無に帰した訳でもない。もう一度、ヘルダーリンの別の詩句を借りて、ハイデッガーは「危険が存するところでは、救うものもまた育っているWo aberGefahr ist, wächst das Rettende auch」と考える。ヘルダーリンの詩句が引用された理由はこうである。危険が危険として正体を現すまで、即ちケーレの不可避性が顕在化してくるまで、「救うもの」の姿は見えてこないことを、ハイデッガーが自覚したのである。危険は危険として露呈してはこない。だから思索家は誰も、思索の危険に気づかず遣り過ごしてきた。この経緯を、ニーチェは《ニヒリズムの歴史》と看破した。思索が孕むニヒリズム、西欧的思想に致命傷になりかねない。ハイデッガーは、危険は常に「目配せWink」をしてくれていたはず、という。だがあまりにも危険に泥《なず》んできたために、目配せに気づくことがなかったとすれば、「救うもの」が育ってくることもなかっただろう。ニヒリズムの助長である。「救うもの」とは、他ならぬ「危険」それ自体だからである。ちなみに、ここでのニヒリズムは、人生に対する気障なポーズのごとき軽佻なものではない。ニーチェ風にいえば、形而上学が重要な問題を思索せずに済ませてきた、思索されるべきを思索せずに遣り過ごしてきた、という意味である。しかしハイデッガーは、そのことを形而上学の運命と見ざるをえなかった。

芸術の死の危険から芸術を救い出すもの……、もとより芸術しかない。芸術の死を通告するもの、それもまた芸術自身であり、そして美学＝芸術哲学である。一体どのような芸術が、どのような美学＝芸術哲学が芸術を救出するのか。しかし美学とは別の遣り方で芸術を考察することはできない。それが学の運命であり芸術の運命である。だから、差しあたり美学には二つのことが考えられる。一つ、「芸術を死に誘う」という自らの原罪に気づくこともなく、美学はひたすらイノセントな芸術考察を実践し続けるのか。一つ、原罪に気づいて、戦《おのの》きながら贖罪の思索というか、芸術の新たな意味づけを探るのか。美学が芸術から離れず芸術の近傍に留まり続けるかぎり、この二つしかないように思われる。

とはいうものの、危険から救出するもの、それは危険を除去するもののことではない。危険の除去に新しい危険を誘発する虞《おそれ》がない訳ではないし、下手をすれば危険を増幅するだけかもしれない。それでは際限がない。したがって逆説的だが、残るのは危険を取り除こうとしないことである。芸術の謎を謎として見、それを受けいれるのである。ギリシャに倣うと、「見ること νόησις」は「考えること」だし、「見られたこと」だけが「知られたこと」である。危険に面して、芸術においても美学においても、なすべきことは、「ノエオー νοέω」と「エイドー εἴδω」を堅持する、それだけである……。

ハイデッガーにとって、芸術思索のまずなすべきは次のことであった。即ち、芸術の死の始まりと見なされる「近代」とはいかなる時代であったのか、「近代」とはいかなる事象であったのか。それを見つつ思索し、この思索を確かな知へ齎《もたら》すのである。「近代」を見詰めるという思索的努力は、ついにハイデッガーを《ソクラテス以前の思索家たち Vorsokratiker》へ、西欧哲学の始まり以前へ連れ戻すことになった。

## 3

近代、一般的には《宗教改革 Reformatio》と《大航海 Navigatio》による「地理上の発見」を契機に、一気に具体化してきた人間の物心両面に及ぶ「大変革」の始まりの時代、とされる。この大変革が哲学の上にどのような影響を及ぼしたか。デカルトの登場が最初の大きな出来事だった。そこから近代的思索が始まる。

近代哲学の展開は次のようである。デカルトによる《コギト》の定位から、この定位に含まれるアポリアへの批判を閲する。スピノザ、ライプニッツらの思索がそれである。もっとも、批判は中世神学の方からの批判という趣きもあった。そこで再びコギトの定位に戻って、この批判を超越論的な立場で見直したカントへ至る。そこでは人間が「思索すること cogito」の権利と範囲の確立が人間中心的になされたのである。この確立の努力、それを近代的思索といっても、大過ないだろう。ハイデッガーの規定を借りれば、中世から近代まで、哲学は〈存在‐神学的 onto-theologisch〉だった。先に一瞥したように、この思索は形而上学的であり、しかして端的に「存在論」であった。この哲学には「認識論」は必要なかった。「認識」が問題になるのは、近代的なことである（拙稿「エティカとアエステティカ」——拙著『カントの函』萌書房、二〇〇九、所収——を参照されたい）。

デカルトからカントに至る近代的思索を閲して、人間のコギトの普遍性を画定するべく《超越論的主観性 transzendentale Subjektivität》が掲げられた。超越論的主観は、世界の構成者である《創造主》とは、全く別の水準のものである。しかしカントが《批判》を通じて質したように、「理念的なもの das Ideelle」、神学からのこの遺産を相続せずしては、人間的思索が思索ではありえない。人間にとって、最も根底的なものは「理念」である。人間的思索は神を理念として戴くのである。デカルトにもカントにも、自明のことであった。デカルト、カントの近代的思索は、神と人間の位置を顛倒させるような、途方もない企てではなかったのである。

だが《宗教改革》を契機に、信仰上、人間は神、この「絶対的な超越者」を人間精神に「内在化」することもできるようになったのである。その結果、人間の精神に《被造物全体＝宇宙》を「見はるかす」神の「眼差し」と、「周り世界を見廻す」人間の「視覚」を混同する、という不届きの生じる虞《おそれ》が兆した。混同したために、人間の見廻しの一様相である「認識」が、世界に対してあたかも決定権を持つかのごとき錯覚も生じかねない。「認識論」が最重要の学問であるかのごとき錯覚も兆しかねない。そのことを重々分かっていたカントは、《認識批判》を通じて、認識論の陥り易い錯覚——認識論的な「構成」を世界そのものの構成、もしくは創成と思い込んでしまう——を丁寧に質したのである。

概念と理念、構成的原理と統制的原理、これらを厳密に峻別したカントの周到な《批判》にもかかわらず、カント以降、錯覚が回避されるどころか、錯覚はむしろ「信じ込み」になり、人間の「思い上がり」にまで増長したのである。これと符合して、世界を考察するとき、人間の経験や体験に即して論じて当然、と信じられるようになる。人間的思索、人間の認識の絶対的ともいうべき決定権、それを保証するのが《超越論的主観》ということになる。あたかも、超越論的主観の神格化である。超越論的主観が、世界をレアールに構成、もしくは創成するかのように。ヘーゲルの提起した《精神》を、その範例と解することもできなくはない。とまれ、いみじくもハイデッガーは近代を〈世界像の時代〉と看破したのである。

ハイデッガーは、近代哲学の現実相の一つとして、《美学＝感覚的認識の学 aesthetica ＝ scientia cognitionis sensitivae》が誕生し、芸術がもっぱらこの学の対象になったことを挙げた。それが芸術の死に繋がるのなら、哲学の展開を辿ることと芸術の謎を見ることとは表裏をなしているだろう。芸術の謎、ハイデッガーにとって、この謎は「芸術が存在する」という「存在」の謎であり、この謎こそが目撃されねばならなかったのである。かかる定位、遡ればそもそもアリストテレスのものであった。

ところで、存在者は「在るが故に在る」、といった考え方ははなはだ素朴なものである。概して人間は、この素朴実在論の立場に立っている。否、立場などという大層なものではない。それはむしろ人間の日常的な生活感覚なのである。往古、ギリシャ人が素朴な実在論から哲学的思索をスタートしたのも、自然な成り行きだった。ハルトマンもハイデッガーもギリシャの実在論を尊重した。アリストテレスから出発し、カントに最大の敬意を払うことも、二人に共通していた。ただし『存在と時間』の頃、ハイデッガーは〈現存在〉の世界経験、〈見廻し的 umsichtig〉、その意味で、幾分か認識論的な視点から「存在」の思索に着手した。しかし、彼の「思索＝目撃 νόεω」の向かう所は、「存在者が存在者であること」、存在者の「事実性 ἐνέργεια」であった。そのために、ついには〈ケーレ〉が不可避的になる。

ハイデッガーとの対比のために、ハルトマンにも、若干触れておきたい。彼は徹底した実在論者であった。近代以降の観念論、主観による「構成」を自明と認める思想には、ハルトマンの明快さはかえって理解でき難いのかもしれない。しょせん、一昔前の思想である……？　取り分け「新しい物好き」の日本思想界では、そう見なされかねないのである。彼は、何故ものが存在するのか、などと問うことはない。「在るが故に在る」、それで十分だからである。彼は認識対象の客観的な存在構造を分析して、対象の客観的な実在と人間的認識の相関性を縷説する。対象の存在構造と認識構造との緊密な相互聯関を質すのである。実在論者だからといって、文字通りの「実在物 das Reale」だけを問題にするのではない。彼の立場だと、純粋に「観念的なもの das Ideale」も端的に「想像上のもの ein Eingebildetes」も、それぞれの水準で存在論的に規定できるのである。たとえば、天駆けるペガソスという空想の産物は、神話の世界に実在している、という風に。空想の産物にすぎないペガソスの実在性を云々するのは滑稽だ、という批判はハルトマンには全くあたらない。彼は現実世界と空想世界を混同している訳ではない。彼は二つの世界をきっぱりと分けていて、二つが決して混交しないようにしているのである。彼に今いったような非難を浴びせるものの方が、かえって二つの世界を混ぜこぜにしているのではないか。ハルトマンは美的対象に関しても、この思索的な態度で臨んで、美的な対象の固有の存在領域と存在構造を確認したのである。

存在者の《層 Schicht》を精密に分けるハルトマンの遣り方は、芸術作品の存在様態を分析する場合にも、実に都合がよい。ご存知の通り、作品存在をレアールな「前景 Vordergrund」とイデアールな「後景 Hintergrund」の重層構造で掴むことができる。作品の実在性、フィジカルな層は確かに現実世界に属する。しかし、作品の意味のたぐい、イデアールな層は観念世界に存在する。芸術作品を体験するとき、人間は知らぬ間に、実在世界と観念世界との往還を繰り返す。この往還のうちに観念世界に「実在する」意味に心打たれて、文字通り、人間はレアールに衝撃を受けることになるのである。「美的体験」において、作品の前景層と後景層との間で、繰り返し「透過現象 transparens」が起こっている。「存在的に ontisch」に二つの層が互いに幾重にも相互浸透し合っている。その次第を「存在論的に ontologisch」に分析して、ハルトマンの仕事は終わりである。

ハルトマンも——も、というのは、ヘーゲルがそうだったからだが——芸術作品の『存在』を、《地上のイエス》を顰《ひそみ》にしていることに贅言は要るまい。ただ、実在論者の彼は芸術作品の「誕生」、芸術的ロゴスの〈受肉 incarnatio〉の奇蹟を語ることはしない。作品の生成、作品の体験、これをどう論じてみても、いささか「奇蹟」を語ることになり、神話を語ることになる。芸術には、必ず何がしかの、ミュートスがつきまとう。否、むしろミュートスこそ、《美学》が芸術作品と他の人工的創作物とを峻別する指標にしてきたのである。その最たるものが《天才》にかかるミュートスだった。

しかしアリストテレス以来、ミュートスを語ることは哲学の任ではない。アリストテレスは、師プラトンの《イデア論》、どうしてもミュートス的雰囲気を払拭できない師の考えを、全面的には肯定できなかった。神話的世界の実在を認めているハルトマン、このアリストテレスの徒も、神話を語りはしなかった。何故実在するのか、どうして実在するに至ったかを論じるなら、既に《実在論》の立場ではなく、《観念論 idealism》である。観念論の思想は、原理から遺漏なく完璧に演繹されたものでないかぎり、ミュートスと背中合わせである。

ハルトマンの素気ない遣り方を、幾分か非難の意味を込めて、美学が批判したこともある。そんなことなら殊更に論じるまでもあるまい、といわんばかりに。芸術は、やはり認識論的に考察されるべきだ、蓋《けだ》し、存在には本質的にアポリアがあるのだ、と。しかし「存在は存在を知らない」というアポリアは、ハルトマンには、「存在それ自体がアポリアである」ことと同義であった。しかも、「存在は常に認識に先行する」のである。だから彼は「存在」に関して、何も論じなかった。存在への言説を幾ら増幅させても、それが存在のアポリアの解消に資することはないし、人間的思索がアポリアから脱出することもできないからである。これをしも、実在論者ハルトマンの合理主義というべく、彼にとって彼の合理主義にそぐわぬ問いは総て、「暇潰しの問い müßige Frage」であった。

ハルトマンの一貫した姿勢から見れば、少なくともハイデッガーの前期思想、〈ケーレ〉以前の思想は、「存在論的」とはいえなかったのかもしれない。ハルトマンは「存在者を存在者として ens qua ens」考察することで、神、この究極的存在者、「実在的にして、同時に観念的 realis et idealis」な存在者を、「特殊にして普遍 singularis et generalis」、或いは「超越的存在者 ens transcendens」と規定することができる。ハルトマンは中世神学的思想――それが方法的に、アリストテレスに準拠しているかぎりで――を十分に尊重していた。ハイデッガーの立場は存在者を〈在りのまま unverborgen〉に見ようとし、神のごとき特別の存在者を思索の水準で捉えることはしないし、できない。結局、ハイデッガーは中世神学、つまり〈存在神学〉を飛び越して一気にギリシャへ、それもソクラテス以前へ遡ることになったのである。

レアールとイデアールの対比を基に、作品存在の特殊性を規定してきた《美学》の中に、この特殊性を一層はっきりさせようと、〈ヴァーチャル virtual〉の語を使う人もあった。S・ランガーあたりが、芸術作品の「象徴的 symbolic」、シンボル的作用に注目してこの語を援用したのである。作品の独特の機能や作用――これについては、フッサールが『論理学研究』の中で、デューラーの版画に即して一考したのが範例的であった――を論じるランガーたちのこの着想は、ハルトマンが素っ気なく済ませた問題、前景層と後景層との「透過関係」、相互浸透関係の謎に光をあてることが可能のように見える。たとえば、「レアール」と「イデアール」との間を「ヴァーチャル」で媒介する、といった風に。実際、ヴァーチャル、この古い言葉はスコラ哲学では "actualis"、ドイツ語の "wirklich" と、ほぼ同義に使われていた。"actualis" はギリシャ語の「エネルゲイア」を元にするから、「ヴァーチャル virtualis」の元は、エネルゲイア、ドイツ語でいえば "am-Werk-sein" である。

「ヴァーチャル」の語の意味、別の箇所でも述べられているが、繰り返しておく。キリスト教の教義的に見ると、

《磔刑《たっけい》 cricifixio》の後に予言通りに一度《復活 resurrectio》し、あらためて真に《昇天 ascentio》したイエスの存在様態である。復活と昇天、即ち「神の子」が「神自身である」ことを証した後、人間世界へ遺した《福音 evangelium》、神の愛の「威力 vis」が、「ヴァーチャル」なのである。蓋《けだ》し“virutualis”は“vis”に発している。神にあって、レアールもイデアールもヴァーチャルも全く区別はない。要するに神の《位相 persona》に他ならない。

だが芸術作品はそうはいかない。実在層と観念層が同一である訳がない。存在水準が違っている。当然、作品の実在的水準が齎《もたら》す作用と、観念的水準のそれとは別種のものである。別種のものが、さながら一に融合している。一に融合している、この存在論的な構造が、芸術作品の独特の作用となって現れる。まさにここに芸術作品の奇蹟が存するのである。作品の「作用」の面から分析してみても、作品誕生の神秘が明らかになる訳ではない。大体、その種の分析が不可能なのである。作用とは存在であり、存在とは作用だから――“Sein ist Wirken”――である。それは夙《つと》に、アリストテレスが“ἐνέργεια”の概念で示したことだった。

もとより、作品の「作用」を、人間は体験として「実感する。wirklich erleben」。ランガーたちの着目したヴァーチャルという視点は、畢竟、広い意味で体験美学のものだった。ランガーが「ヴァーチャル」の哲学的神学的意味をきちんと踏まえて芸術作品の「存在」に援用したのに対し、最近のこの語の、我が国での使われ方――「仮想的」の訳語が充《あ》てられたりするが、ヴァーチャルの語に、そのような意味は全くない――はあまりにも解し難い。神学的概念だったのだから、そもそも神にしか妥当しない、そのような概念を無反省に人間に適用することの危なっかしさ。あたかも、人間が神に成り上がったかのごとき専横。その弊をカントは《批判》を通じて論じ尽くしたはずだったのに。

ヴァーチャルを「作用」の水準に適用するのはよい。ただ、その「作用」に何の実在的な裏づけがなくてもよく、「作用」だけを問題にするというのなら、その場合、“virtual”の語は神よりも、むしろ幽霊や妖怪にこそ相応しいことだろう。英語で「怪しのもの」を「アピアランス appearance」というそうである。いいえて妙、今、そやつが「It appears! 出たーっ」。このとき、「もの thing」の作用ではなく「ものの気=ものの怪」、即ち“it”、得体の知れない“it”の作用だけが際立っている。「ヴァーチャル」の語を「映像」――それ自体は人間の頭で構成された「像 Bild=image」であって、別段、実体に裏づけられる必要はない――の説明などに使ううちに、訳の分からないことになったのである。最近の、「ヴァーチャル」の語による映像論、まさか「ものの怪」を論じている訳ではあるまい。実在の“virtuality”を論じるのなら、フッサールの「中和変様」や「エポケー」を閑却できないだろう。

真っ当な「ヴァーチャル論」を展開するのであれば、“virtual image”と“real image”、“imaginary number”と“real number”の哲学的・数学的意味に戻ることから再出発した方が、多分、実りが多いように思われる。そのときには“virtual reality”に「仮想的現実」といった意味不明の訳語を充当することはなくなるだろう。それはともかく、ヴァーチャルの語によるこの頃の芸術論義に、おそらくランガーたちも加わることはできまい。

# 4

さて、ハイデッガーの芸術思索は芸術の救済を目論むものではないし、そう理解することもできない。そもそも、そういう思想ではないのである。芸術を死の危機から救うものは芸術自身である。絶対に思索ではない。

ハイデッガーは救済の方途など知るべくもない。だからといって、彼の芸術思索が無力な訳ではない。彼の思索は芸術の謎を「見ること νόησις」に留まるし、それに尽きるのである。どのような視点が芸術の「本質 Wesen」に届くのか。本質に届くなら、その視点から芸術の救済の可能性が見えてくるのか。ハイデッガーは何もいわない。それが見通せるのなら、ヘーゲルのように、直接的に芸術の謎の解明に着手すればよいのだから。そうはいかないので、彼は芸術作品の「本質」――彼の場合、この語を「存在」と同義と見てよいだろう――の由来する所、彼が"Ursprung"とか"Quelle"と呼ぶ所へ眼差しを戻したのである。本質の「出所 Herkunft」、即ち「存在そのこと」が出所である。ハイデッガーは作品存在の由来する所、"Ursprung"へ眼を向け直した。ヘルダーリンのいうように、「始まり Ursprung」の近傍に住むものは、その場を離れ去ることができないからである。

「源」といい「始まり」というも、ハイデッガー的意味での"Ursprung"は、そこから全てが由来する、或いは全てがそこから演繹可能である、そういう超越的なトポスではない。そうではなく、「始まり」、「源 Quelle」とは「在るものが在る Anwesen der Anwesenden」、という当たり前の事実である。この厳然たる事実を前にして、人間はその事実を〈在りのまま〉に受けいれる、つまり目撃しつつ記述する他はない。ハイデッガーの思索は現象学的である。この記述から何らかの意味を汲み取ろう＝読み取ろうとしても、「記述」と「読み取り」とが別の水準に属することを、現象学の徒である彼は知っている。だからハイデッガーの思索に倣うものは、彼の記述にしたがい、記述の言葉を聴くしかない。そして聴き取れたことを、そのままに了解するに如くはない。ドイツ語で「聴く Vernehmen」とは、即ち「理解する Verstehen」という意味でもある。差しあたり、否、徹頭徹尾、この「了解 Verstehen」が記述の意味を「汲み取ること Schöpfen」なのである。

"Schöpfen"はハイデッガーに特有の語彙の一つだが、美学世界ではこの語は、しばしば、"Schaffen"と同等の意味、即ち「創造」の意味で使われている。勿論、ハイデッガーはそれを心得た上で、"Schöpfen"の語を使うのである。孔子は「述而不作」といった。きちんと聴き取り、きちんと理解してきちんと語ることができれば、それでもう十分に「創造的 schöpferisch」なのである。こう考える点では、洋の東西、時代の古今を越えて、孔子、プラトン、ハイデッガーは共通している。

それはさて措いて、ハイデッガーはいう、「始まりとは、かのもののことである、即ちそこからして、そしてそれの故に事象Sacheが事象であり、どのような事象なのかという、事象の所以《ゆえん》のことである」（HW. S. 1）。続けて、彼は事象が何でありどのように在るかを、事象の本質という。「何ものかの始まりUrsprungとは、そのものの本質の出所Herkunftのことである」ともいう。彼の晦渋ないい回しは晦渋なのも道理、言葉がぐるぐる回っているのである。「本質」は「存在」の事実性であり、「源」がまたこの事実性に他ならないから、しかして「本質」は「源＝始まり」ということになる。ハイデッガーの表現をそのまま借用すると、彼のいい回し自体が一つの「堂々廻りKreisgang」なのである。だが、“Kreisgang”の語には、存在への思索の道、この難路を歩み出すための十分の足拵《こしら》え、いわばゲートルをぐるぐる巻きつける、という顰《ひそみ》があったのかもしれない。ハイデッガーはいうのである、「敢えて堂々廻りをしなくてはならない。それは応急の手段でも、他に打つ手がないからでもない。堂々廻りへと踏み入り、そこに踏み止まることが、思索することの喜びdas Festである」（HW. S. 2）。急がず慌てず、職人の「手仕事Handwerk」のように、堂々廻りの中で存在者の事実性を見続ける、それが「思索の喜びdas Fest des Denkens」だ、とハイデッガーはいう。蓋《けだ》し、「堂々廻り」こそ、思索の困窮でも遅疑逡巡でもなく、むしろ彼自身の堅実で着実な足取りだった。

そのことを顧慮すれば、ハイデッガーの芸術思索に「存在論的美学」のレッテルを貼りつけ、その名の下に総括することが、早計であることが分かる。レッテルを貼って、そういう思想だと納得する、それでは彼の思想から、表面的な美学的意味以上の何かを「汲み取る」努力を放棄することになりかねない。その手の思考が「創造的schöpferisch」な訳がない。この手の思想が、えてして、ハイデッガーの芸術思索を「干上がったerschöpft」、「汲み尽くされた」ので、もう《美学》が読むに値すべきテキストではない、水涸れた「水源Quelle」のようだ、と判定してしまう。しかし誰が、何をもって「水涸れ」と断定できるのか。それができるのは、ハイデッガーのように、水源、始まりを見続けているものだけだろう。

翻って思うに、およそ学たるもの、その営為が必ずや当該の事象の本質に届くと信じて実践される。美学的営為、それは芸術の本質の解明であり、よって「芸術の存在」の謎の解明のはずである。しかもかかる解明の企てであるかぎり、広い意味でだが、美学的考察は形而上学的、もしくは存在論的ということになろう。その範囲でなら、ハルトマン、ハイデッガーの芸術思想を「存在論的美学」と呼んでも、さしたる不都合はない。存在や本質の問題を反復しないなら、どんな芸術哲学も、厳密には「哲学的」とはいえないからである。芸術哲学的な解明と芸術の表層的な説明とでは、明らかに次元が違う。いうまでもないことだろう。

だが往々にして、時代の芸術現象を追うに急のあまり、表層的な説明に忙しい芸術論は、真に哲学的な美学を、「時代遅れ」だの「水涸れ」だのと決めつけて無視したり、或いは適当に「摘み食い」したりする。こんな表層的な説明がもっともらしく芸術の動向を煽るとき、芸術の死は免れないだろう。それも"Sterben"ではない。"Verenden"という衰滅を。しかも《ミネルヴァの梟《ふくろう》》が飛び立つ暇もないうちに気忙《ぜわ》しく、である。

十九世紀には、「偉大な芸術家」はいてももう「偉大な芸術」は存在しない。二十世紀初めに、こう慨嘆したのは、卓越した哲学史家のA・ボイムラーであった。「偉大な芸術」とは、人間的思索が全能を傾注してその意味の解明に臨まねばならないような芸術、ヘーゲルが真っ向から対峙しなければならなかったような芸術のことである。ハルトマンやハイデッガーが「芸術」というとき、偉大な芸術だけを念頭に置いていることに贅言は要るまい。だが偉大な芸術どころか、偉大な芸術家さえいなくなりそうな趨勢だからでもあろう、二十世紀の終わり頃から、「芸術」に代わって「アート」の語が重宝がられるようになってきた。「芸術」は時代を画するような人間の「文化的現象」ではなく、個人的・私的な制作行為になってしまったのだろうか。

アートの語をどう理解すべきなのか、正直にいってよく分からない。「芸術」、"freie Kunst"であり"schöne Kunst"と定義された或る種の「制作技術」の意味を、もう一度中世的な「機械的技術 artes mechanicae」へ戻って理解し直すということなのか。それとも逆に、今日、芸術家が自由な制作の極みに至ったので、芸術にはもう余分な定義づけは要らない、端的に“art”、要するに「制作術」で十分だということか。どうやら後者であるらしい。そのせいか、「芸術」と呼ばれてきたものが、自分を律しきれなくなり自分を支えきれなくなっている、と感じる人たちもいるらしい。確かに、最近の実に多岐にわたる「制作＝アート？」を、「感覚」や「直観」の人間的意味に結びつけて理解しようとすると、《芸術》、この近代的な概念では、かえって窮屈なのかもしれない。近代的とはいいながら、芸術概念自体、神の《天地創造》や《受肉》という神学的な考えをバックにして拵《こしら》えられたものだったのである。しかし端的に人間的営為となったものを人間的に意味づけるのに、神の助けは要らない。

神なき芸術、神なき時代の芸術、それがアートだとすると、このアートなるものは、ハイデッガーが「芸術の死」と予感したことと、関係があるのだろうか。このアートは、ヘルダーリンが「救うもの das Rettende」と呼んだものと同じなのか違うのか。要は、「アート」の作品が「偉大」であるかどうか、にかかっているようである。しかし「偉大」という自明のことさえ自明でなくなったとすれば——我々はアドルノを思わずにはいられない——、この問題に関して、これ以上の言及はまだ控えておくべきなのだろう。

芸術的営為を例に挙げて人間の感覚や直観の意味を質す、それはニーチェやベルグソンが試みたことだった。もっとも、彼らが眼のあたりにした「芸術」に較べて、近頃の「アート」の有体は、おそらく彼らを唖然とさせることだろう。それにもかかわらず、この「生の哲学的」な問題意識は、今日もなお、特に「感性論」などを掲げる美学の中に、一つのスキームとして継承されているようである。この反・形而上学的な、しかして反・存在神学的な美学的スキームは、余程慎重に、よほど巧妙に西欧哲学の読み換えをしないと——たとえば、メルロ＝ポンティが時代の心理学、生理学の成果を取り込みつつ人間の行動や知覚を解析したように——、反旗を掲げたはずの相手、美学の伝統に足元を掬われかねない。というのも、「生の哲学」が体験のアポリアを清算できないように、このスキームも感覚や直観のアポリアを清算できそうにないからである。

カントは人間的思索が感覚や直観のアポリアに嵌り込まないようにと、したがってこれらの能力にあまり多くのことを期待しないようにと、『判断力批判』を「目的論的判断力の批判」で閉じたのである。カントは「直観的判断力の批判」でこの書物を閉じることはできなかった。蓋《けだ》し直観のアポリアとは、人間的思索にとって、感覚や直観が絶対的他者とでもいうか、文字通り“nescio quid”だからである。だから感覚や直観に関して何かいっても、それが何をいっているのか、いわれているのか。思索にも感覚や直観にもよく分からないのである。そこで、ギリシャ的な考え方に戻って、カントは感覚や直観に「受動的 rezeptiv」という規定しか与えることはできなかったのである。そしてそこに留まって、一歩も進まなかった。感覚の規定を拡大したのは、ドイツ観念論の思索家たちであった。

まさにカントのこの規定は、プラトン以来の「感覚 αἴσθησις」の規定を一歩も出てはいない。ただしご存知のように、カントは次のように考えている。感覚と思惟、これは全く別種の能力だが、これら二つの「協同 Zusammenspiel」なしに、人間の「存在経験」は成立しない、と。カント以前、ライプニッツ・ヴォルフの思索に端的なように、存在者に接近する真の在り方は、畢竟、「理性＝悟性」以外にはないとされていた。彼らに較べると、カントは「感覚」の株を大いに上げてやったのである。しかし彼の『人間学』から察するに、カントは彼の時代に、感覚や直観の人間的意味に注目され始めていることを承知していたようである。もっとも、カントの『人間学』は純粋に批判哲学的な思想ではなく、幾分、実学的な啓蒙思想の趣を持っていた。「感覚」の過大な意味づけに、カントの《批判哲学》はきわめて慎重であった（拙著『カントの函』萌書房、二〇〇九）。

感覚や直観への思いいれ、期待は西欧哲学と別の文脈から、フィードラーの独特の「芸術論」や《生の哲学》のような反形而上学的な哲学的傾向、いずれにせよ、それは十九世紀後半から二十世紀にかけて高まったのである。

この傾向は感覚に関するカントの規定、西欧哲学の伝統に疑義を呈し、これらの能力の人間的役割を確かめようとした。そして、これらの能力の役割の意味を拡張しようとした。感覚の機能や役割の拡張、これを西欧哲学史に照らしてみると、必ずしも突飛な思いつきではない。ライプニッツ、バウムガルテンのいう《理性の類同物 analogon rationis》、このものの機能が何らかのヒントになったかもしれない。ライプニッツは、「理性類同物」を感覚と理性＝悟性との間にある特有の中間的能力と考えていた。もとより理性的ではないが、しかし決して感覚的ではなくむしろ「理性のような」働きをする能力と捉えたのである。ちなみに、「理性類同物」の機能に関しては、まず動物の行動を見ているうちに気づかれ、それが段々人間の営為へ敷衍されていったようである。

この能力について、カントは《批判》の中では隻言も弄してはいないが、『人間学』の中で、その種々相に言及している。「理性類同物」の齎《もたら》す実際的な意味に関して、カントは、『判断力批判』における「気の利いた」とか「溌剌とした」の謂い、“geistreich”の語――この語は、元々のフランス風の「エスプリに富んだ avoir de l'esprit」という意味だったらしい――で認めていた。“geistreich”の語で表される精神性や一種の雰囲気、当時、それが日常的な生活感覚の水準で話題になり始めていたのだろう。

「理性類同物 analogon rationis」の諸機能は、今見た日常的意味も含めて、《批判》の中では《構想力 Einbildungskraft》の能力に収斂した。エスプリに富んだ、それは悟性と構想力との「覚え目出度い glücklich」相互関係のうちに生じるのである。構想力を「直観の能力」としながら、ただに感覚と同じ「受動性」としなかったのは、構想力が直観的所与を、「一つの像にする ins Bild bringen」からである（これについては、拙著『カントの凾』所収の「図式と像」を参照されたい）。構想力は、それ自身で感覚的・受動的でありながら、そのままで「自発的 spontan」である悟性と自由に＝無条件的に結合できる。この不思議な能力は、当時、「理性類同物」の働きに帰されていた「記憶力 memoria」や「想像力 imaginatio」、「連想作用 associatio」と重なり合っていた。そしてさらに「機知

Witz」や「当意即妙の才 Takt」もこの能力の働きとされた。

「理性類同物」は、或る意味ですぐれて人間的能力であった。感覚と悟性が常に「現に在るもの praesens」に関係するのに比して、「理性類同物」は「不在のもの absens」を「現前させる repraesentare」能力に仕立て上げられたのである。カントは「理性類同物」の機能を「構想力」、——即ち感覚と悟性の「両性具有的 amphibolisch な能力」——のア・プリオリの機能に統合したのである。理性類同物ではなく構想力の機能が、人間の精神的能産性の拠点へ拡大解釈されていくとき、ついに構想力は「芸術」、人間的自由の範例的な実現形態の一つのための、格好の「動因 Agent」と見なされる。実際、カントは構想力を「直観的理念 ästhetische Idee」の能力であるとした。直観的理念、これを「感覚的になった観念的なもの」と解釈すれば、直観的理念は、ヘーゲルによる《芸術》の定義“sinnliches Scheinen der Idee”と、どこか通じ合ってくるように思える。それあらぬか、直観的理念は後の芸術哲学の展開に資するキーワードになった。構想力が「観念を実在化する能力」、芸術的「ロゴスを受肉させる能力」のように見えてくるのである。勿論、理念の実在化といった解釈は、カントの「批判主義」の枠を踏み出していて、美学的・芸術哲学的で恣意的、とさえいえそうな拡大解釈、美学的なストラテジーの嫌いがない訳ではなかった。「美学」が神の所産である自然を相手にしていたときはともかく、人間の所産である芸術を相手にするようになると、それも余儀ないことであった。

ついでにいうと、ハルトマンは「直観的理念」を芸術作品の本質にかかるものと考えていた。上述のように、彼にとって、直観的理念は「地上の出現した神＝イエス」のアレゴリーである。この点で、ハルトマンの美学はヘーゲルの芸術哲学に一致するところがある。彼らの思想の淵源はキリスト教神学にあった。

ハルトマンが、そしてハイデッガーが「存在論的美学」であるが故に、もし今日の美学世界で時代遅れのように映るなら、それは今日の美学、「芸術批評」にせよ「感性論」にせよ、そういう試みが押し並べて、自分たちの出自を閑却している証拠だろう。《美学》の成立の経緯を顧みれば、「始まりの近傍に住む Wohnen もの」がその場を「捨て去る Verlassen」はずはない。「住む Wohnen」とは、ハイデッガーによると“Schonen”、つまり「その場所を慈しみ、大切に扱うこと」である。自らの学の「出自 Herkunft」を大切にしなくてもよい……？ そんな道理のあるはずがないだろう。

今日の美学は従来のそれとは全く別種の学問であって、西欧哲学との血脈を絶っても格別の痛痒はない、ということなのだろうか。そうなら、その種の「新美学 aesthetica nova」は「芸術の死」の懸念と何の関係もなく、当代の芸術、否、むしろ「アート」の作品の周りに集まっている「取り巻き」であり、さながら酒神ディオニソスの遍歴の後を追って酒宴の恍惚に酔い痴れる、かのマイナデスたちのようである。それをニーチェ的意味で、「生の恍惚」を体感し「陶酔 Rausch」を生きている、というなら、それはそれで「エステティジールンク Ästhetisierung」の時代ならではの、芸術的「祝祭性 Festlichkeit」——この語の意味は、H・クーンのいう“Festlichkeit”とは大分異なるけれども——の表れでもあろうか。しかしニーチェは「生のアポリア」、その意味で「存在のアポリア」を「生」の水準で思索的に受け止めようとして、ついに果たせなかった。ニーチェはこのアポリアの解消を、「芸術の祝祭」——多分、クーン的意味での——に求めたのかもしれない。でも彼にとって、「生」の“ästhetisch”な祝祭はそのまま、「生」の仮借のない酷烈さを“pathetisch”に通告される所以《ゆえん》のことでもあったのである。現在、日本のあちこちで催される芸術的イベントやアートによる「街興し」などを見ると、催しの祝祭性には、別段、切実さも深刻さもないようである。

ニーチェは西欧哲学の歴史そのものを、自らの思索のそして「生」のパトスとした思索者であった。

# 結び

本章を閉じるには、ハイデッガーの簡潔にして的確な文章（*HW*. S. 68）を借りるのがよいだろう。実に見事な哲学史的叙述になっているからである。内容を補足しながら引用する。

ギリシャ時代に、「存在はエイドスとして出来事になった sich ereignen」。「出来事 Ereignis」の語義からして、そのとき「存在」が「思索」の「目の前に、自らを齎《もたら》した」のである。エイドス、「見られたもの」すなわち「知られたもの」である。ギリシャ時代に、存在は人間の「思索＝見ること νόησις」の前に現れ、思索を通じて「知 ἐπιστήμη」になった。しかしプラトンはエイドス、「イデア ἰδέα」の語に二重の意味を持たせた。見られた「形」と見えない「形」との。そして見えない形の方を本質的・根底的と意味づけたために、イデアは、あらためて「見える形 νόητα ＝ μορφή」へと、自らを「適合 Verfügen ＝繫ぎをつける Fügen」しなければならないことになる。適合、イデアが「質料 ὕλη」と合体する、の謂いである。かくて、存在は“ὕλη”と“μορφή”との「全体 σύνολον」となった。合体した「全体」を、アリストテレスは「エルゴン ἔργον」と呼んだ。ギリシャ哲学において、「存在」は「エルゴン」になったのである。

エルゴン、存在、「在るものが在ること Anwesenheit des Anwesenden」はしかし、決して不動の「静的な状態 das Statische」ではない。常に「エネルゲイア ἐνέργεια: ἐν ἔργον」の状態にある。存在は常に「動的な状態 das Dynamische」であり、しかして何らかの「作用性 Wirklichkeit」なのである。ちなみにこの作用性の存在論的根拠を、ハイデッガーは存在者が周り世界に「開かれている」という意味で“Offenheit”と捉えている。とまれエネルゲイアの作用性に鑑み、中世神学において、この語は“actualitas”とラテン語訳された。“agere”、「動かす」に由来する言葉に、である。「動かす」、神学では第一義的には「創造する creare」ことである。而《しか》して存在者は神の「作用を受けたもの ens actu」である。存在者の「存在」は「作用を受けていること actualitas」であり、存在者相互的に「作用し合うこと actualitas」と解釈される。こうして、この“actualitas”が「存在者が存在者であること」、存在者の「実在 realitas」となる。かくて存在者は「もの res」、文字通り“ens reale”として「創造された creatum est」。近代以降、被造物の「実在性」が人間的思索の「対象 objectum」として論じられることになった。対象の相関者として「主観 subjectum の観念」が際立ってき、思索一般の主体として「超越論的主観性」が中心的位置を占めるのである。十九世紀末に、超越論的主観が個別化して、《生の哲学》の下、対象性が「体験」になった。「存在」がついに「体験」になったのである。

ギリシャから現代に至る西欧哲学の迂遠な道程を、ハイデッガーは思索することの〈運命 Geschick〉、存在から人間に「遣わされ teiruge-schickt sein」という他はなかった。ケーレ以降のハイデッガー、西欧哲学の「運命」を負った彼は、運命の「始まり Ursprung」、形而上学的思索の「始まる所」、つまり「存在という出来事」へ思索を向け直した。出来事、“Ereignis”の語はケーレ以降の彼の思想の最重要の語彙である。しかし、この語の含意を理解するのは容易ではない。“Ereignis”は「存在が思索される」という形而上学の始まり、思索の根源的な出来事を意味しているからである。この出来事以来、「存在」はその折々の「見え方 ἰδέα」となって、人間的思索の規定を受けてきた。この規定の変遷、それが西欧哲学史だったのである。

本章は二〇〇四年の拙稿「ハイデッガーの芸術思索――その基礎付け――」(『兵庫教育大学研究紀要』第二四巻、第二分冊、所収)に必要な加筆をし、若干の修正を加えたものである。

# 第五章　芸術と世界

## はじめに

ハイデッガーの世界概念の展開を辿るのが本章の目的である。本章は拙稿「芸術と真理」〈〈芸術学フォーラム〉2、勁草書房、一九九五、所収〉との関連の下に起稿された。

本章を「芸術と世界」と題した理由、それはハイデッガーの世界概念の展開の重要な節目に、《芸術》の問題が介在しているからである。〈世界〉と〈大地〉の〈闘い Streit〉は「芸術作品の始まり」において、作品存在の「存在」に即して注目された。〈世界＝現存するものの現存性 Anwesenheit der Anwesenden〉は酒壺、民家、石橋などの「制作物 das Werk der Kunst」の「存在」に即して論じられる。世界概念の展開は、「テクネー τέχνη」の「所産 Werk、エルゴン ἔργον」の意味づけの展開と相即的であった。〈世界内存在 das In-der-Welt-Sein〉、即ち《人間現存在 Dasein》の〈現 da〉と規定された『存在と時間』の世界概念以来、「闘い Streit」、存在者間の〈透かし Lichtung〉——この訳語に関して、本書所収の第一章「ハイデッガーの芸術哲学」の註を参照

――、そして最終的に〈ゲフィールト Geviert〉へと展開するハイデッガーの世界概念は、そのまま、彼の思索の深まりの表れであった。彼の終生の思索的課題は《存在の問い Seinsfrage》をきちんと立てること、その意味で形而上学の確立だったのである。この課題を遂行する上で、「世界概念」は「真理概念」とともに、彼の思索を導く車の両輪をなしている。文字通り、それらは彼の思索の基礎概念だった。

## 1

さて、基礎概念は思想という精神的構築物の礎石であるから、基礎概念の展開は次のことを意味する。常に思想が最も根底的な水準で吟味され続けてきたことを。勿論、このようないい分もなくはない。即ち、基礎概念が礎石であるなら、それは不動磐石であるべきである。さもないと、思想的構築物が不安定極まりないではないか、と。確かにそうなのだが、礎石が固定されてしまうと、その上に建つべき構築物の規模も自から定まってしまう。逆にいうと、完成された思想にあって、初めて礎石も不動でありうるのではないか。完成された思想、そこでは思索のための根本的な立問が完璧になされ、かつ、この問いに遺漏ない解答がなされている。たとえば、自らの使命を全うした《絶対精神》が再び出発点、自らの〈ゴルゴダ〉へ従容として赴くことで完結する、ヘーゲルの『精神現象学』のように。

だがハイデッガーではいささか事情が異なっている。彼自身の言葉を借りると、思索は常に「存在の問い」への途上、“unterwegs”であった。途上的といっても、ガウディの大聖堂のような具合ではない。確たる設計図と盤石の基礎ができ建設も半ば進行したが、自分の手で完成させられなかった、というのではないのである。基礎をどう据えるか、礎石としてどのような世界概念、真理概念が適格なのか、いわば「基礎作り Begründung」の途上だった。だから、ハイデッガーの思想が安定か不安定か、それは問題にはならない。不安定にも何も、生涯、ハイデッガーは「完成された構築物」という意味での思想を建設したことはなかった。そればかりか、基礎作りの段階で《ケーレ Kehre》と呼ばれる思索の大転回が余儀なかった。完結した思想を構築しないということは、しかし彼の思索的怠慢ではなく、かえって思索的良心、立問の真摯さの表れに他ならなかったのである。

全体として眺めると、ハイデッガーの思想は「存在の問い」への周到な準備、真正の《存在論》のための予備的考察ともいうべきものだった。存在論はアリストテレスの規定、「存在者を存在者として考察すること」を受けて、学として形成されてきた。術語 "ontologia" が造語されたのは十七世紀になってのことである。N・ハルトマン——ハイデッガーとは別の意味で卓越した「存在」の哲学者——は、アリストテレスの定義に関してこういっている。「問いは存在へ向けられているのではなく存在者へ、存在者としての存在者……存在者そのものへ、である。この古典的規定は……確かに存在者を問うている……が、この規定は存在者に関し……最も普遍的なことに照準を合わせているから、間接的に——存在者を超えてその向こうで——存在に逢着するのである。蓋《けだ》し……存在こそおよそ存在者一般に唯一共通することである」(N. Hartmann, *Zur Grundlegung der Ontologie*, S. 38. そして彼のするハイデッガー批判は同著 S. 40ff.)。キリスト教神学の影響もあって、一般に存在論は存在者からそれを超えて存在へ、という方向を取った。ハルトマンの立場はあくまでも、「存在者としての存在者」に思索を留めるものだった。存在者から存在へという進みはアリストテレスを逸脱する、これがハルトマンの見識だったのである。

だがハイデッガーによると、〈存在者 ὄν〉、そもそもこの語が両義的なのである。一つの意味は「存在者であること ὄντα・entia」、今一つの意味は「存在すること εἶναι・esse」である。したがって、「存在者を存在者として考察する」という規定には、最初から本質的な曖昧さがあったことになる。考察されるべきは、「存在」か「存在者」か。ハルトマンとは反対に、ハイデッガーは「存在」を思索することを存在論の本旨と考えた。ハイデッガーからすれば、「存在」を問わない存在論は、〈存在忘却 Seinsvergessenheit〉の存在論である。この考えは一貫していたが、存在論の本務を遂行する思索の方向に関して、彼の思想に一種のペリペティア（急転回）が生じたのである。これが彼の思想を「前期」・「後期」と分かつ所以《ゆえん》になった。そして後期思想において存在論の語はほとんど使われず、概して《形而上学》の語が使われるのである。そして形而上学はハイデッガーの場合、「存在」として〈在るがまま ἀλήθεια〉に明るみに出す思索的営為の謂いとなった。

前期思想のハイデッガーは確かに「存在者」から「存在」へ、そのかぎりで存在論の伝統に適う方向を取っていた。存在論に関して彼のつけたクレームは、いかなる存在者に即して存在が問われてきたのか、というものだった。彼の要求はこうである、存在を問いつつあるこの存在者、人間という存在者に即して存在が問われるべきではないか。しかもその際、人間に他の存在者に比してどんな特権も認めてはいけない。だから他の存在者に伍して「そこにある da sein」、という規定だけしか与えられない。人間も、その存在を先入見なしに見れば、他の諸々の存在者と同様に、間断ない生成と消滅の繰り返しである。生成・消滅が不可避的である、しかして人間はかぎりある存在、〈死に至る存在 das Sein-zum-Tode〉である。死が不可避的である人間には、自らの存在、自らの「生 Leben」への〈気掛かり Sorge〉は消えることがない。表明的にせよ非表明的にせよ、人間には自分の〈生存 Existenz〉が常に気掛かりである。かかる人間現存在の「存在」に関して詳述する、それが真正の存在論の第一段階、基礎になるという意味で、ハイデッガーは《基礎的存在論 fundamentale Ontologie》と呼んだ。

基礎的存在論において、人間現存在の「在るがまま」を目撃し記述するべく《現象学》の方法が採用された。順調に進捗するはずのハイデッガーの思索は、一九三〇年代半ばに、にわかに頓挫を来した。その時期、ハイデッガーはいっている、「存在」、「それは……もう存在者から思索することはできない、存在そのものから考え抜かれねばならない」（『全集 *Gesamt Ausgabe*』65. S. 7. ここでは "Sein" が "Seyn" と表記されている）。「存在」を思索するにあたり、「存在そのこと＝在るということ」から出発し、「在るということ」そのことを熟慮推敲すべきである。それを現象学の立場から、存在そのものを直に目撃記述するという方法で遂行するのである。ハイデッガーのこの行き方は、おそらく哲学史上に類例がなかっただろう。ここから、彼は前人未到の思索世界へ入っていった。こうして彼は「存在の問い」の〈始まりUrsprung〉へ、存在の不思議へ、要するに「存在者は在るのであって、無いのではない」という、あたり前のようだが、かぎりなく謎めいた事態へと戻っていくのである。「存在者」から「存在」へ、ではなく端的に「存在」そのものを思索する、哲学史的に類例のないこの遣り方を、ハイデッガーは西欧哲学の伝統に比して、自ら《別の始まり der andere Anfang》と呼んだ。

## 2

さて、《世界》とは何の謂いか。この問いに到底答えられるものではないが、たとえばカントは「世界」を「一切の現象の総括 Inbegriff」とし、それは「宇宙論 cosmologia の対象である」という（I. Kant, *Kritik der reinen Vernunft*. B39ff.）。《宇宙論》はキリスト教を基にする存在者間の区別によって画定された一つの存在領域、〈被造物 ens creatum〉の中の〈人間〉を除く〈万有 universum〉を論じる学として、《特殊形而上学 metaphysica specialis》に属している。宇宙論で扱われる「世界 mundus」、それが「被造物全体」であるにもかかわらず、そこに人間は含まれない。その理由は「自分の魂の救済と永遠の生とが何より重要なので、人間は或る特別の位置を占めている」（M. Heidegger. *Kant und das Problem der Metaphysik*. S. 19）からである。この理由づけはなかなか示唆的である。特殊形而上学的に見ると、人間は「世界の内にいない」。「世界の外にいる」のである。

ギリシャに「世界」という概念はなかったが、比較的意味の近い語は「ピュシス φύσις」である。後に「自然

natura」とラテン訳されるこの語は、人間も動物も、有機物も無機物も、およそ森羅万象を包括していた。"φύσις"に含意される存在者は、その存在に関して一切無差別、平等であった。かかる平等性があればこそ、アリストテレスは「存在者を存在者として考察する」ことができた。彼の規定に則るかぎり、「形而上学」の任務は存在者を階層的に分類することではない。存在者一般の水準を考量することだった。そこで別の観点からの形而上学として、「存在者一般 ens commune」を対象とする《一般形而上学 metaphysica generalis》も、特殊形而上学と対等の意義を主張しうるのである。だが一般形而上学――ハイデッガーはこれを「存在論」という場合もあった（*Kant, op. cit., a. a. O.*）――も、視点が存在者一般に限定されて存在そのものへ向かわないなら、それは存在者の学であって存在の学とはいえない。特殊形而上学の存在階層で第一位を占めていた存在者、人間に即して、ハイデッガーは「存在一般」の問いの構築を企てたのである。《基礎的存在論》の立場であった。

絶対者である《神》をいささかも考量せずに、「存在」を問うのである。彼の企図は「神なき思想」、と呼ばれかねない。神を括弧にいれてしまうことと一において、人間からも総ての特権が剥奪された。特権が奪われると、人間には赤裸な「存在 Sein」しか残らない。この水準で見れば、人間は他の諸々の存在者ともども"universum"へ総括される。そしてそのかぎりで、人間も"universum"としての世界の「外」にいるのではない。かくて初めて、人間に「世界内存在」の規定が与えられるのである。

世界内存在の構造は、二つの〈射影 Abschattung〉でもって現象学的に記述される。現象学で問題になるのは世界の「事実性 Sachlichkeit」であるから、この水準では、カントのいうような「世界」を巡る〈アンチノミー Antinomie〉、世界の時間的始原や空間的限界に関するアンチノミー（*KdrV*, B454ff.）は議論の対象にはならない。それはともかく、射影の一つは人間現存在の方から、そして一つは存在者全体としての世界の方からである。人間は〈存在しつつ－世界を開示しつつ－在る〉。

第一の射影が捉えているのは、人間現存在の〈世界投企 Weltentwurf〉と〈世界開示 Welterschließung〉である。第二の射影からすると、人間は常にすでに世界へと「投げられている geworfen」。この射影で人間の〈被投性 Geworfenheit〉と世界の〈既在性 Gewesenheit〉が捉えられている。既在性、それを世界の客観的実在性ともいえようか。既在性はそのまま、世界の〈開放性 Offenheit〉、現に在る世界が常に人間を迎え入れるべく開いていることを意味している。「世界開示」では、その都度人間が存在しつつ開くものとしての「新しい世界」、その意味で「私の世界」として表示するという風に、世界の主観的被構成性に注目されている。今述べた世界の世界性＝世界が世界であること、たとえばこれをコロンブスの大陸発見に即して見ると、こうである。アメリカ大陸はコロンブスの発見によって開示された「新世界」だが、元々この大陸があってコロンブスに対して「開いていた offen」から、彼はそれを「発見 Entdecken」できたのである。実在論的にいえば、そういうことになる。

人間にとって、世界はいつも二通り、主観的と客観的の両面から把握される。「私の世界」及び「そこにある世界＝周り世界 Umwelt」である。「私の世界」は同時に「周り世界」であり、逆でもある。こんな具合である……、旅路の車窓から眺める世界、周り世界という存在者の客観的な実在が、往路、目的地への期待や憧憬の下では、点景の山並みまでが活き活きと意味深い聯関をなしていたのに、帰路の疲労と倦厭の下では、往路に眼を瞠《みは》らせた景色が一様で無差別な非聯関へと沈降してしまう。私の世界であるにもかかわらず、周り世界は別様に映るのである。

私の世界、それが開示可能、開発可能と表象される世界であるかぎり、観念的には「世界」は広くも狭くもありうる。世界は伸縮自在である。また世界は重層的で幾重にも複合しうるし、世界の中に幾つもの別の世界を内包することもできる。一方、「そこにある da ist」という世界の実在性に注目すれば、世界は存在者全体の切れ目のない聯関である。二通りの世界、或いは世界の主客の両側面を一つに纏《まと》めてみると、カントとともに「世界」は「およそ経験可能なすべての対象 Insbegriff der möglichen Erfahrung」ということができる（Kant, *KdrV*, B633）。しかしカントのこの定義にしたがえば、人間は世界の「外に」いることになる。

人間は存在論的には世界内存在で、実在的には世界の外へは出られない。だが、観念的には世界の外に立って世界を対象化しうるし、実践的に世界そのものを自分の意思の下に統括しようとさえする。人間と世界との関わりに本質的な二重性、「世界内存在」と「世界の外へ出ること」、実在的不可能性と観念的可能性、このことがハイデッガーの世界概念を困難に導く。実在的に「世界内存在」であることと、観念的に「世界の外へ出ること」、人間にとって、いずれがより根底的であるのか。当然、夙《と》くに決着しているはずのことが、現象学的に世界を記述するという彼の思索的立場に、深刻な影を落とすことになったのである。

ハイデッガーの《ケーレ》の由来を知るべく、しばらく西欧哲学史へと寄り道をする。

いうまでもなく神は時空を超越している。神＝創造主は、「被造物全体」としての「世界」をはるかに下に睥睨《へいげい》して、世界の外にいる。時空を超越したものには、次の二つのいずれも自在である。一つ、普遍の特殊化。一切の時空的現象を、時空的現象として「特殊的に」捉えること。その故に、神はマリアの胎内に降臨することができる。一つ、普遍の把持。一切の時空的現象を形相的に、「観念 forma」として「精神の内に in mente」に保持すること。

『プリンキピア *philosophiae naturalis principia mathematica*』のニュートンは一切の存在者＝被造物の出来事、即ち時空的な存在現象そのものを、一つの統一的な〈運動的体系 motus〉と捉えた。そのとき、理想的観察者として、ニュートンは運動の系の外にいる。ニュートンは、神の眼差しで存在現象を観察した。彼は自らの《自然学 physica》を《自然哲学 philosophia naturalis》と呼んだ。自然学＝物理学は純粋にイデア的＝形相的な学問であり、《神学》と密に関聯していた。この学は、あらゆる特殊性を止揚した普遍相で「運動」の本質を観察し、把捉する。そして運動の形相的本質は、物理法則の数式になって保持される。数式、この端的に抽象的な「形式 forma」は神の保持する「観念 idea」の代わり、人間的な「写し exemplar」であった。

カントが《批判主義 Kritizismus》の立場で、「世界」を「経験可能な全ての対象」と規定するとき、彼がニュートンを念頭に置いていたことは間違いない。それどころか、カントが自分をニュートンの立場に置いたのは当然であった。そうでないと、《批判》が「純粋」の水準に届かないのである。認識を「批判する」カントは自身認識する人ではなく、ニュートンのように、理想的観察者である。ニュートンの《自然哲学》がそうであるように、カントの《批判》も純粋形相的思惟の所産であった。「批判」の可能根拠は、批判者が人間と世界との関係、要するに「世界経験」の全体を純粋な状態で眺望する、〈純粋綜合〉という水準で捉える、そういう位置に立てることである。「批判」の便として〈超越論的主観性 transzendentale Subjektivität〉を定立する。それは同時に、「世界」を「対象一般」として措定することである。こうして「世界」は、超越論的主観に一気に対象一般として対置され、「世界経験」は「認識一般」として捉えられる。認識の主‐客が純粋な形で定立されるとき、具体的な認識経験に纏わる諸々の特殊事情は、完全に抽象される。事象から時空的な夾雑物＝偶然的なものが排除され、超時空的な本質＝必然的なものだけが捉えられるのである。だからカントにも、ニュートンの立場が肝要だった。

人間に具わる思惟の能力は〈悟性〉である。右に見たように、複雑難解な「運動」の本質を、見事に簡明な数式にまで純化する思惟の手際――カントによれば〈知性的綜合 synthesis intellectualis〉の成果――に、悟性の真骨頂を見る。悟性がこれだけのことを成就できるのは、思惟そのものが純粋に形式的に機能するからである。悟性には、「思惟一般」の範型である〈カテゴリー〉が具わっている。

純粋形相的思惟の学的支柱は《論理学 Logik》である。では「論理学」とは？　人間という「有限な」存在者の一面、即ち純粋形式的思惟という意味での「無限的な」側面を表す学、〈死に至る存在〉である人間が「不死性 Unsterblichkeit」を標榜する学、それが「論理学」である。ヘーゲルはいみじくも、自著『論理学』において、「この学の内容は神の叙述である。即ち、自然と有限な精神とを創造する前、神がその本質においていかにあったかの叙述である」、と述べた（G. W. F. Hegel, *Werke in zwanzig*, Banden 5. S. 44）。神をその本質において叙述できる、それは神自身だけである。神の側からすれば、《論理学》は端的に《神学》である。

神による神の叙述は、人間にとって、純粋形相的である。神は純粋に「ロゴス的存在」なのだから、神の叙述は「ロゴス的 logisch」である。神の実在を無媒介的に見ることは、誰にもできない。この意味で、人間の側からいえば「論理学」は、あたかも人間を神に準《なぞら》えて成立する学問である。

人間を神に擬する、それはどこまでいっても比喩にすぎないだろう。ヘーゲルの『論理学』は、それが実在の論理でもある以上、——彼にとってはそうでなければならなかったけれども——当然付会的であり象徴的でもあった。人間の神的部分、ロゴス的＝理性的部分だけを論じて、それで人間全体を論じ尽くしたとするなら、半分を全体といい立てる強弁である。後に、《生の哲学》から批判が出たのは周知の通りである。

とまれ、ハイデッガーのカント理解はこうである。「認識批判」の企てが本来の形而上学、真正の存在論のための不可欠の基礎作りであり、カントはそれを試みたのだ、と。だからカントの進んだ道を辿ることが、自分の《形而上学》の確立を可能にする、と確信してハイデッガーはカント解釈に着手した。『存在と時間』から『カントと形而上学の問題』、この頃ハイデッガーは、その確信の下で思索した。

《批判》は人間から総ての特権を排除して、人間をその「存在」を根底的水準で規定する、換言すれば、繰り返し人間の有限性を質す作業である。カントが『純粋理性批判』のA版で試みたのはそれであった。だがカントはB版で——改訂版であるべきなのに——A版の立場から大幅に後退した、とハイデッガーは考えたのである。両版において、カントが「批判」の方法を採っていることに、もとより変わりはない。〈綜合〉の根拠を、ア・プリオリに規定しようとしていることも不変である。だが「批判」の鉾先の向かうところが変わったのである。A版とB版では、「綜合」の可能根拠を別々の認識能力に帰することになった。A版では〈超越論的構想力 Einbildungskraft〉だったのが、B版では〈超越論的統覚 Apperzeption〉になる。結果B版において、人間の有限性への定位、そしてそれへの配慮に徹底性を欠くことになり、カントの思索の中で、人間の有限性への意識が希釈されてしまったのではないか。ハイデッガーには、それが後退と映ったのである。カントの後退、折角「批判」という方法で外した人間への特権と先入見を、カントが再び呼び戻したのでは……、そこで、ハイデッガーはこう問い直す。「『純粋理性批判』のB版で、カントは悟性に支配権を与え直しはしなかったか？　その結果ヘーゲルの下で、形而上学はかつてなかったほどに論理学になったのではないのか?」（*Kant, op. cit.* S. 220）、と。形而上学が論理学になる、即ち存在論が神学になる、それでは、完全に中世への逆戻りである。

ハイデッガーはこう考えた……、悟性、純粋思惟という超時間的――或いは無時間的――側面にイニシアティヴを与え直すこと、それは「人間の有限性」への思索的配慮が手薄くなった証拠ではなかったのか。「純粋思惟」を人間存在の根本規定とすれば、人間存在を思索する形而上学、つまり「人間の存在論」が《論理学》になるのは必然である。ヘーゲルの『論理学』は、カントの思索的後退が引き出したのではなかったのか。

翻って思うに、「批判」の遂行は理想的観察者の立場だけがよくなしうるものであった。「批判的思索」は、畢竟、形相的である他はない。したがって、「論理学」、思惟を思惟として構成し規定する学が「批判」に枢要の役割を果たす、それは当然のことだったのである。〈綜合〉にかかる根本的な論述をカントが書き改めた、即ち〈超越論的構想力〉による時間的綜合――『純粋理性批判』A版――から〈超越論的統覚〉による無時間的綜合――同著B版――へという転換も、カントには決して故のないことではなかった。この転換を「後退」と見るか「改訂」と見るか、それは哲学的な視点のいかんによる。伝統的な哲学史に即すれば――この哲学はキリスト教神学にウエイトを置くのだから――、確かにそれは改訂だった。しかし、ハイデッガーは独自の形而上学理解から、それをカントの後退と考えた。ハイデッガーの捉え方は、彼の思索的展望からして必然的で、付会でも曲解でもなかったのである。

だがカント解釈を中心にするハイデッガーの前期の思索は頓挫した。カントがA版からB版へと進んだ方向を、ハイデッガーは決して採ることができなかった。しかしA版に留まることもできなかったからである。彼の頓挫、それは自らの思索的方向の適切さを哲学史に照らして確かめる、という真に大がかりな企てに臨む呻吟と準備でもあった。そして後期の思想へと転向していくのである。

彼の頓挫に、もう一つ、思索的方法、《現象学》に関する深刻な問題があった。「存在」に関して目撃記述するハイデッガー自身、存在現象、つまり〈世界〉の「内にいるのか、外にいるのか」。学としての《現象学》の「位置取り Einstellung」の問題だった。記述者が「世界の内に」いれば、彼の記述は否応なく“progressus ad infinitum”にならざるをえない。世界全体を見霽《はるか》すことができない以上、世界記述は繰り返し〈判断停止 Epoche〉して、終わることがない。記述者が「世界の外に」いれば、世界記述は形相的になる。直角三角形を例にしていうと、世界の内から「直角三角形の世界」をみれば、無数の三角形があって、とても記述し尽くせない。世界の外からその世界を見れば、要するに全ては「ピュタゴラスの定理」一つで片がつく。ただしその場合、個々の三角形の存在の意味、違いの意味は捨象されてしまう。存在の「水平化 Nivelieren」である。

頓挫の時期、現象学を方法とするハイデッガーは、方法論的なディレンマに陥っていたのである。現象学の方法において難渋すること、『存在と時間』の説明にしたがうかぎり（*SuZ*, §7, S. 27-34ff.）、それはハイデッガーの「存在の思索」の座礁を意味するのだから、由々しい事態である。一体、世界を全体として眺め渡すことはできるのか、できないのか。

3

人間に何の特権も与えることなく、たった一度でも人間が「世界の外に」いることが可能なら、困難に陥った現象学的思惟の道に、光明が見えてくるだろう。そういう例外的なケースが、一つだけある。芸術作品に対してである。作品はそれ自体、一個の完結した世界であって、なおかつ閉じている。〈窓のないモナド〉に擬される個々の「作品」は、他の「作品」を知らない。ひたすら、自分自身である。互いに「無関心 Indifferenz」の中に沈潜しつつ、互いに屹立し並立している。展覧会場へ行くとすぐに分かることだが、作品というモナドの全体＝芸術的世界“indifferentia”であって、しかもその中に“differentia”を、一般という無差別の中に個別という差別を内包している。そのような世界は作品の世界だけである。そして一般に、〈美的観照 contemplatio aesthetica〉において、人間はとことん「作品世界」の外にある。さながら被造物の世界を見霽す神のように。作品というモナドを全体として眺め渡し、また自由に個々のモナドを、個別的な作品として隈なく眺め、玩味し尽くすことができるのである。

しかし芸術的世界だけが自己完結的というのは、言葉の文《あや》にすぎないのではないか。家庭、学校、会社、国家……、広い意味での精神的構築物は総て、見方によっては「閉じた世界」、世界の中の世界である。あたかも箱根細工のように、何重もの「入れ子構造」をなしている。一般に精神的構築物に関して、次のようにいえるだろう。或る見方によって捕まえられる側面と、別の見方によるそれとは、常に同等である。たとえば「学校」、これを「自由な勉学の場」と見ても、「格子のない牢獄」と見ても、「公共的な遊戯施設」と見ても、最終的に学校であることの自己同一性は決して失われない。「学校」という世界は幾つもの相貌を持っているし、どの相貌もそれぞれに学校の「存在」の様相なのである。学校を一つの見方でしか捉えてはならぬというなら、それはこういうに等しい。世界もしくは社会の中で、「学校」が世界的機能、社会的機能を持っている必要はない、と。「社会 society」という言葉が“socius”、人と人との「結びつき」に由来することを思うと、学校が社会的機能を持たなくてもよい、などというのは論外だろう。制度的構築物が社会的機能を果たす、それはいうまでもない。それら構築物は、万人に「開放的 öffentlich」でなければ存在理由はない。ただし存在理由は決して一義的ではない。故に構築物は多くの顔を持ちうる。

それは芸術作品も同様ではないのか。芸術は文化的制度の中で承認されて初めて「芸術」なのだから、芸術を取り囲む世界の中で自から社会的機能を果たしているし、当然、様々な処遇を受ける。芸術作品も世界の中の世界、一つのミクロコスモスである。芸術的世界が「完結している」といっても、結局、他の諸々の世界と同じく見方によるのではないか。

確かにそうなのだが、「芸術的世界」に関しては、たった一つの見方だけが、芸術的世界を「芸術的世界」として遇するのである。いわゆる〈美的な ästhetisch〉見方以外のどんな見方も、芸術作品を「非芸術的に」見ている。たとえば、商品や道具、或いは単なる物……として。「世界内存在」としての芸術作品はミクロコスモスだが、「芸術作品」と認められているとき、このミクロコスモスは他から完全に自分を遮蔽している。芸術的世界は芸術的に「閉じている」。そして非芸術的に「開いている」。「本質的に wesentlich」に閉じていて、「非本質的に unwesentlich」開いているのである。かくて、こう認めることができる、芸術作品は精神的 - 歴史的存在として見れば、他の精神的形成物と同様、決して閉じてはいない。〈美的観照 ästhetische Betrachtung〉のために、常に開いていなければならない。

芸術作品も、それが一つの世界をなしている以上、世界一般の定款にしたがっていなければならない。作品存在は「開放的 offentlich」である。作品は既在的開放的だが、閉じるべく開いている。そして作品のこの「開け」を

「鎖《とざ》す」のが「美的観照」なのである。このような芸術的世界の規定、それは美学の成果であった。

　芸術作品の世界、その一種独特の世界構造の故に、人間＝美的観照者は「世界の外に」いることができる。芸術的世界に固有の「自己完結性」と「自己開放性」は、「世界」を現象学的に目撃し記述するものに一つのヒントを与え、記述を督励する。だが優れて美学的な問題、芸術的世界の特殊性の解析、美的観照の内的構造の分析、芸術的世界の成立と美的観照との相関性を吟味検討する……、こういう作業にハイデッガーの興味はない。むしろ、芸術への美学的な特殊的関心を彼は批判するのである。美的観照を範例的とする芸術体験は「芸術享受にとってのみか、芸術創造にとっても出発点である。だが体験は芸術の死のエレメントかもしれない。死への歩みは遅々たるものなので何世紀もかかる」と、彼はいう（*HW*, S. 66）。ハイデッガーには、いわゆる美学的考察は芸術的世界を特別扱いし、結果的に芸術を死に至らしめる、と映った。何故なら、作品存在への「たった一つの見方」しか美学的には意味がないからで、これではかえって「存在」差別になりかねない。だから彼は「作品が在る Werksein」ということ、この当たり前で、しかも根源的なこと――これを彼は「始まり Ursprung」という――から芸術思索を始めねばならなかったのである。

　「芸術の起源への問いは芸術作品の本質を……確定するというよりも……美学を克服するという課題と密に関係している。……美学の克服は形而上学そのものとの……対決の必然的な帰結だった」、とハイデッガーは述懐している（*GA*, S. 503f.）。芸術への彼の関心は美学的‐芸術哲学的ではなく、形而上学的‐存在論的である。そして形而上学が《第一哲学 prima philosohia》なら、ハイデッガーの関心は芸術哲学的、もっといえば「芸術形而上学的」であった（この聞き慣れない表現について、拙稿「芸術の形而上学」――拙著『芸術の理論と歴史』思文閣出版、一九九〇、所収――参照）。かかる関心の下、ハイデッガーの思索は作品の「存在」に集中した。「芸術作品は一個の物だが、物に何ものか（譬えていえば、芸術的というような）が付着している、そのような物なのか。それとも作品は別のものであって、単なる物ではない、ということなのか」（*HW.* S. 10. 括弧内筆者が補う）。彼はこの問いかけから出発した。

ハイデッガーは、芸術作品が一つの「世界」として存立していることを、こんな風に表現する、作品は「一つの世界を立てる eine Welt aufstellen」、と。ここで“Aufstellen”の語が使用されていることは意味深長である。この語には、計画を立てる、意見を具申する、学問の体系などを樹立する……といった具合に、人間の精神活動、つまり内面的な精神活動を外へ表す、「見えるようにする」という意味がある。「世界を立てる」という表現で、ハイデッガーは「芸術的世界」が精神的意味合いのものであることを示唆する。精神的意味、それは制作者の意図や構想のことか、また観照者の体験内容のことか。狭義にそう理解してもよいだろう。広義には、作品が有意味存在であることをいっている、と解することができる。いずれにせよ、作品は人為的制作物である。何らかの精神的な意味が表出されていない訳がない。

芸術作品が人為的制作物である以上、「世界」は作品における「主観的なもの」と見なされる。人間は何の意図もなく「技術 τέχνη」を揮うことはない。だが世界は独りでは存立しえない。相棒が必要である。「世界を立てること」は、「大地を据えること die Erde herstellen」と一つになっている。“Herstellen”も“Aufstellen”に劣らず意味深い言葉である。「何かを作る」、「設える」の謂いとともに、“Wiederherstellen”の意味から、「元の状態へ戻す」、即ち、復元、修復、治療……などの意味がある。ハイデッガーは“Stellen”を根基とする動詞の系列――Vorstellen, Bestellen, Aufstellen, Herstellen, ……等々――を、まるで「懸詞」のように操って論を展開することがある（特に“Ge-stell”に関して、拙稿「技術・危険・芸術」――米澤他編『美・芸術・真理』昭和堂、一九八七、所収――）。ドイツ語の語感を大事にして思索するからである。

さて、世界と大地、“Welt”と“Erde”は全く対照的である。「世界」の精神性に対し、「大地」は非精神的なもの、その意味で「物質的なもの」を含意する。これを芸術に限定すれば、「素材＝マティエール」である。「世界」が主観的なものなら、「大地」は客観的なものになるだろう。広義には、「大地」は「水や土、植物や禽獣…」（M. Heidegger, *Vorträge und Aufsätze*, 2. S. 23）、要するに往時のギリシャ人が“φύσις”と呼んでいたものの一切である。「大地」は寡黙にじっと身を潜めて「耐え Ertragen」、身を尽くして「支える Tragen」。「大地」の一徹な自己閉鎖は、「世界」の本質的な自己開放と対極的である。何から何まで対照的な二つが、見事な名コンビなのである。「大地」の支えなしに、「世界」は立つことはできない。しかし「世界」なしに、「大地」が姿を現すことはない。「大地」は「世界」の犠牲になっている訳ではない。無言で支えつつ、「大地」は存分に自己を主張しているのである。

芸術という事象において、事象を存立させている二つの相反する本質、そのいずれがいずれを支配するのでもいずれがいずれに屈従するのでもなく両立している。文字通り、対蹠的なものの拮抗である。「芸術作品」の「存在」はこの拮抗そのものである。種々熟慮をした上で、ハイデッガーは拮抗を〈世界と大地の闘い Streit〉と表現した。「闘い」は作品の事実性である。だから作品が作品であるかぎり、この闘いが平定されることはない。それどころか、闘いが熾烈であればあるほど、それだけ一層、作品の「存在」が輝いている。「闘い」の終息、それはもう作品が作品ではなくなって、単なる物と化したことを意味しているのである。

ハイデッガーが「世界と大地の闘い」と呼んだ事態の淵源を辿ると、精神と自然との「対決 Auseinandersetsung」に戻る。さらに遡ると、ギリシャ人のあの対概念“φύσις”と“τέχνη”に還り着く。ハイデッガーの奇異で唐突な用語法は、ギリシャ以来の西欧思想の系譜を外れるものではない。だが彼が伝統的な概念＝術語をそのまま踏襲しないことには、勿論、積極的な意味がある。一般に西欧の哲学的語彙はラテン語からの翻訳であり、ラテン語の哲学的語彙はキリスト教神学の中で彫琢されたのである。しかし、そもそも神学的語彙はギリシャ語からの翻訳であった。ハイデッガーの用語法は、ギリシャ語の意味を尊重してのものだった。ケーレ以降、彼は主にギリシャ語とドイツ語で思索する。彼の思索は中世的神学を跳び越して、一気にギリシャへ遡及するのである。

それはともかく、ギリシャにあって、“φύσις”と“τέχνη”とは本質的に異質であって、かつ最も親密であった。“τέχνη”が“φυσις”を意のままに制御したり、蹂躙したりする……、そういうことには思いもよらなかった。況《いわん》や“τέχνη”にとって、“φύσις”は目的のための材料を無尽蔵に供給する「倉庫 Bestand」である、などとは。むしろ、“φύσις”は“τέχνη”の最良の伴侶であり、最良の師であった。アリストテレスが分類したように、“τέχνη”が人間の「知 ἐπιστήμη」の一様相であるなら、この知はほとんど全てを“φύσις”から学ばねばならなかった。“φύσις”は“τέχνη”に厳しくも優しくも接したであろう。“φύσις”と“τέχνη”は両立的関係にあって、元来、対立的関係ではなかった。両立、それは一方が他を支配したり凌駕したり、要するに優劣の下にあることではない。互いに自己を主張しつつ、互いに相手の「在りのまま」を認め合うことで、初めて対等に両立できるのである。

「世界」と「大地」も例に漏れず、互いに相手を駆逐するためにではなく、相手を際立たせるために闘う。互いに相手を立てるとき、一方が卑下しても徒《いたずら》に謙《へりくだ》っても、かえって相手に非礼である。己の持ち前を発揮し本分を尽くして闘うことによって、相手もそれに相応しく闘うことができる。芸術作品の「存在」とは、今‐ここで、「世界」と「大地」ののっぴきならない「闘いが闘われている」ということである。したがって、作品の「存在」とは、互いの尾を噛み合って縺《もつ》れる二匹の蛇の戦いが∞の記号となるように、或る永遠的なものを指示している。損傷の著しい作品や廃墟を見て、人間は胸を衝かれることがある（D. Frei, “Das Zeitproblem in der bildenden Kunst”（「造形芸術における時間の問題」）―― *Bausteine zu einer Philosophie der Kunst* 所収――に見事な叙述がある）。それは「世界」と「大地」の熾烈極まりなかった「闘い」、「存在」の輝きの微かな残照に触れているからなのか。それとも永遠なるべきものの忘失への痛惜であろうか。輝きの大きかったものの消失ほど、一入《ひとしお》、悲哀の情を喚起するものである。

「世界」と「大地」の関係は“φύσις”が“natura”へ、“τέχνη”が“ars”へラテン語訳されたことから、少しずつギリシャにおけるのとは別のように理解されることになる。そしてついにキリスト教的世界観の下で、全く別の意味に解されるようになった。

キリスト教的世界観において、神は絶対である。神は「無から ex nihilo」万有を生ぜしめる。神は純粋に精神的存在で、しかも無制限に素材＝質料を作り出せるのである。当然、精神と質料との上下関係も、一義的絶対的である。既述のように、キリスト教的世界観の中では、人間に特別の地位が割り当てられている。人間は神に準ずるものと位置づけられる。そして制作術、広義の“τέχνη”は人間のする精神的活動である。かくて、人間は「神のように」制作する。だがしかし、人間は「無から」は何も作れない。素材が不可欠な訳だが、制作することの絶対権さえ認知されれば――蓋《けだ》し、人間は神に準じるのである――、素材は無尽蔵に供給されてしかるべきで、素材は一方的に制作に奉仕すべきなのである。こうして“τέχνη”と“φύσις”との間に主従関係のようなものが認められることになる。“φύσις”は一纏めに「自然 natura」と総括されて「精神」に従属させられる。「技術 ars」を持ち技術を自らの「存在理由 raison d'être」のごとく――何しろ、無から「万有」を作り出す神に準ずるのである――に、縦横に駆使する人間存在に、絶対的服従を強いられるのである。「精神」と「自然」はもう決して対概念ではなく、優劣関係を徴標している。優劣が一度定着すると、両者の間で「闘い Streit」など起こりうるべくもないだろう。「闘い Streit」、この語は周到に選ばれている。“Streit”の原義は「真剣な努力」の謂いで、そこから実力の等しいもの同士が「真剣に闘う」という意味になったのである。優劣のあるものの間には、闘う前に帰趨は定まっているのだから、“Streit”など起こる訳もない。ちなみに、ギリシャ人は事物の「存在」を「弁証法的 dialektisch」と考えていた。即ち事物は「対蹠的なもの Gegenwendiges」を構成要素にし、その要素の互いの「均衡 Gleichgewicht」を求めて、生成と消滅を繰り返している、と考えていた。ハイデッガーが“Streit”というとき、このギリシャ的な考え方が無関係だったとは思えない。

今述べた“ars”と“natura”の関係の中で――決して“τέχνη”と“φύσις”の関係ではない――、芸術制作だけが唯一例外的なケースである。芸術制作、この「技術 ars」の実践において、技術に奉仕すべき「自然 natura = 素材的なもの」が、堂々と「技術 = 精神的なもの」に抵抗する、否、対等に闘うことができる。芸術制作において、「素材的なもの = 大地」はかつての自分、「ピュシス φύσις」として「テクネー τέχνη」と拮抗していた自分に戻っている。ハイデッガーが“die Erde herstellen”といっていたことを想起しなければならない。芸術制作は、「大地」を「元の状態に戻すこと」でもある。

ハイデッガーは「世界と大地の闘い」という言葉で、次の二つのことを示唆したかったように思われる。小さくは、芸術作品の「存在」をなす「意図的なもの」と「素材的なもの」との拮抗、大きくは、ギリシャ的世界観とキリスト教的世界観との対立である。キリスト教的世界観の浸透と徹底化につれて、「芸術」は技術制作一般の中で、特別扱いされてしかるべきものになる。芸術は「神」の〈創造〉を顰《ひそみ》に規定されたからである。だが芸術を特別扱いすること、ハイデッガーは、それを「芸術の死」の始まり考える。そこで彼はもう一度「芸術」を、“τέχνη”と“φύσις”との根源的な関係の中に見直そうとした。

芸術の死はゆっくり進行するので何世紀もかかる、と彼はいったが、《美学 = 芸術哲学》に即して見ると、ハイデッガーのいうこの「何世紀か」は、美学が「芸術」をもっぱら特殊的、もしくは特権的営為として理論的に意味づける、その年月であったように思われなくもない。実際、バウムガルテンの『美学 *aesthetica*』からハイデッガーの「芸術作品の源」まで、ほぼ三世紀を閲したのである。

## 4

「芸術」を近代的概念とするハイデッガーにとって、存在を慈《いつく》しみつつ制作する技術、"τέχνη"を考量するとき、いわゆる「芸術」と「実用的技術」、"schöne Kunst"と"praktische Kunst"を区分する必要はなかった。ハイデッガーは、《美学》以前の視点から"τέχνη"を見ていたのである。だが芸術を特別扱いしないハイデッガーにとって、芸術作品を「世界と大地の闘い」と規定するのでは、まだ自分の思索的姿勢が貫徹されていなかった。作品の「世界」というとき、どうしてもそこに「主観的なもの」を認めなくてはならない。これを認めると、彼が告発したはずの《体験美学》(この経緯について、本書第I部第四章「ハイデッガーの芸術解釈」参照)を容認することになる。

通常、芸術の経験は主観的、内容的なものに即して、美的ないし芸術的体験として成立するとされている。それは観照でも制作でも、本質的に変わらない。主観の体験性が考察の眼目となるから、芸術の問題が「美的」と呼ばれる体験の特殊性に集約され固定されるのである。体験は必ず「何かEtwas」の体験である。「無Nichts」の体験、これは形容矛盾だろう。体験において、「存在」は自明の前提であるし、「対象」が無条件的に前提されているのである。「存在」の問題が「対象性一般」の問題と同等のことになっている訳である。このように、存在の自明性の上に展開する美学的考察は、存在の「不思議」——これをも"Wunder"というべきか——、「もの」は「在るのであって、無いのではない」ことの不思議を一顧だにしていない。ハイデッガーは、美学が西欧哲学の伝統の中で誕生してきた必然的経緯を、十分承知していた。だがこの伝統において、神の創造の「奇蹟Wunder」に較べると、存在の「不思議」は格別驚くにあたらなかった。神の存在に、存在にかかる全ての問題が含まれている。だから「神学=神の存在を考察すること」それ自体、存在の不思議を考察することだったのである。

あらためて「現存するものの現存性 Anwesenheit der Anwesenden」、存在の不思議を思索し始めたハイデッガーにとって、芸術作品が「芸術作品」であることと、芸術作品も「単なるもの」であることとは、「存在」という水準に照らして平等である。芸術作品を「作品」と見るが「物」とは見ない、それは芸術の特別扱いである。芸術考察において、彼が実例として採用するものには、美学的には必ずしも好例とはいえないものが多い。これは周知のことだが、むしろ彼の実例選択に思索的な矜持が現れていた。

それにしても、ハイデッガーの挙示する例は、自説を開陳する上で、あまりにも都合のいいものばかりではないのか。事例のかかる選択は、「事象を先入見なしに見る」現象学の建前に徴すると、恣意的にすぎはしないか。こういう非難はありうるだろう。いかにも、彼の提示する実例は付会的である。しかし《現象学》を方法として採用する、このことにしてからが、すでに大いに恣意的選択である。あらゆることに「完璧に公平無私であれ」という期待や要求は、「神になれ」と命じるに大差ないように思われる。神のようであれ、という期待や要求も恣意的であることに変わりない。批判するものは批判するが故に批判される、これは人間世界では是非もないことなのである。

さて「芸術作品の始まり」における世界概念と、芸術作品の「存在論的分析」に即して注目された自然概念、世界概念と自然概念は「世界の開放性 Offenheit、Erschließbarkeit」と「大地の閉鎖性 Geschlossenheit」に均等に意味を認め、両者が「闘っている streitig」、という表現で把握された。「闘い Streit」、この存在理解に留まるべく、ハイデッガーは「物」を「物」として、「道具」を「道具」として、それぞれの存在論的構造を分析した。物、道具、作品、各々の存在構造を分析することは、畢竟、一つのことに帰着する。「現存するものの現存性 Anwesenheit des Anwesenden」、要するに、「ものが在る es west an」ということである。

ハイデッガーは、「物」の規定を西欧哲学の伝統に尋ねることから始めた。それらの規定の中で、最も有力なのが次のそれ、アリストテレスの〈生成 γένεσις〉概念に関連する「質料 ὕλη」と「形式 μορφή」による「物＝存在者」の規定である。「形式と質料が一つに綜合されて、ついに自然物にも使用物にも等しく適合するもの概念が見出された」(*HW*, S. 16)。だが彼は、必ずしもこの「物概念」を信用していないのである(*HW*, S. 16)。理由はこう。この物概念が道具の本質、つまり人工物の本質を根拠にしている(*HW*, S. 17)のであって、物の本質に、ではなかったからである。

道具は「明らかに、利便や慣習 Gebrauch や Brauch を意図して制作された物である」(*HW*, S. 18)。もっとも、利便を広く人間的有用性に適うためと考えると、芸術作品も一種の道具である。“τέχνη”の所産は全て、道具たりうる訳である。人間の所産という特殊的な存在者を基準にして作られた「物概念」に照らすと、かえって「単なる物」の方が特殊的例外的のように見えてくる。そのような「物概念」が存在者の『在るがまま』の全体、ギリシャ的な“φύσις”に妥当しないのも道理である。アリストテレスにおいて、形式と質料は“φύσις”にも“τέχνη”の所産にも妥当したのに、“μορφή-ὕλη”が“forma-materia”へとラテン語訳されて理解されるうちに、アリストテレスの対概念は、“φύσις”が“natura”になったのと同じ事情で、もっぱら“ars”の所産にしか妥当しなくなった。この「物概念」では、肝心の「物が物であること」が忘れられている。それどころかハイデッガーの言葉でいえば、「物」に「概念の不意打ち Überfall des Begriffs」を食わせてまで、「物」をこの物概念に適合させようとするのである。物そのものより、その物がどんな物か、の方に人間的関心が向いているのである。物が物であることを閑却した「物概念」が、規範的な物概念として罷り通ってきた、とハイデッガーは考える。彼はあらためて、「物」を根本的に問い直す。その意味で「芸術作品の始まり」の問いは、彼の「物」への問い直しの入口だったのである。

「物」への根本的な問い直しには、一〇年余を要したようである。そしてその成果は、『在るものへと見入ること *Einblick in das, was ist*』と題されたブレーメンでの連続講演——“das Ding”、“die Gestell”、“die Gefahr”、“die

Kehre”の四部からなっている——で公にされた。この連続講演は、ハイデッガーの思想の転回を語り出したものとして、よく知られている。その口火を切ったのが、講演「物 das Ding」である。そこで彼は、自家薬籠中のもの、ともいうべき語源学的な深い造詣を巧みに織り交ぜながら、持論を展開する。

ドイツ語の「物 Ding」は英語の“thing”と語系を同じくしていて、元々の意味は「取り集めること Versammeln」であるという（『講演・論文集』2、S. 46→ *VuA2*）。物が物である、物の「存在」とは、次のようである。物の周りに様々な物が「取り集め Versammeln」られる、即ち物と物との間で、相互的な「聯関 Zusammenhang」が成立しているのである、と。ハイデッガーはこの「聯関」を、〈存在の星座 Konstellation des Seins〉と呼んでもいる（*VuA2*, S52. 存在聯関を星座に準《なぞら》える考え方に関して、前掲、拙稿「技術・危険・芸術」の中で若干論じておいた）。

では具体的に、その聯関とは何か。それが「世界」、即ち「現存するものの現存性」だというのである。現存性を、ハイデッガーは“Geviert”「四つで一つ」のものという。四つで一つをなすのは「天 Himmel」と「大地 Erde」、「神的なもの die Göttliche」と「死すべきもの die Sterbliche」、二つの互いに「対蹠的なもの」の対である。「物が物である」とは、物がその周りにこの四つ取り集めて存在者の「聯関」を生ぜしめ、この聯関として「世界」を開いているのである。四つで一つ、伝統的な哲学用語に習えば「多様の統一 Einheit des Mannigfältigen」だろうか。だがハイデッガーは「統一 Einheit」という言葉を使わない。多くのものが「一つに折り畳まれているEinfalt」という。“Einfalt”、簡素、シンプルという意味でもある。もとより、「物」が意図的に「世界を開く」はずはない。物はただ「在るだけ」である。そこでハイデッガーは、「物が在る」ことと一において「世界が世界になる eine Welt weltet」という。

どうして四つのものが一つに取り集められているのか。ハイデッガーは「酒壺 Krug」を例にして説明する（*VuA2*, S. 37-55ff.）。酒壺の「存在」についての彼の解釈学的な叙述は、例のゴッホの絵——「農婦の靴」——を手掛かりにしてなされた農民世界の叙述や、ギリシャ神殿を例にして展開されるギリシャの風土的精神的世界の叙述の延長上にあり、しかもひときわ練達し大規模になっている。

少し長いが、ハイデッガーの叙述を適度に要訳すると、以下のようである。

壺は酒を貯えるために、土を水で捏《こ》ね、風で乾かし、火で焼いて作られる。酒を貯えるのは「注ぐ」ためである。酒を注ぐのは感謝のためである。「感謝 Dank」、存在への感謝、存在者全体とともに在ることへの感謝である。存在への感謝、それは何かしら「神的なもの」へ捧げられる。神的なもの、それは人間が仰ぎ見つつ自らを写す鏡である。したがって、酒は「供物 Geschenk」なのである。「注ぐこと」は「捧げる Schenken」ことである。御神酒を上げることとは、時代と地域とを問わず、人間に普遍的な「習わし Brauch」である。酒壺は習わしのために、「地・水・火・風」の助けを忝《かたじけな》くして、人間の技の巧みでもって制作される。この意味で、酒壺は紛れもなく道具である。今いったように、酒壺を作るのは "τέχνη"、そして "τέχνη" は存在と存在者全体への感謝のための技術である。そういえばつい先頃まで、芸術作品は感謝や祈りのための制作物、つまり「感謝のための道具」であった。何故人間は感謝するのか。〈世界内存在 das In-der-Welt-sein〉だからである。〈死に至る存在 das Sein-zum-Tode〉だからである。このように、『存在と時間』で人間に与えられた二つの根本規定――いうなれば空間的存在性と時間的存在性――が、ここで「感謝」という視点から見直されている。「死に至る存在」、端的に「死すべきもの θνητός」、これが人間である。「死すべきもの」であるが故に、人間は「存在」を「慈しみ Schonen」("Bauen. Wohnen. Denken." *VuA2*. S. 19-36ff. の中の言葉)、自らの対極に「不死なるもの ἀθάνατος」、「神的なるもの θεότης」を戴かねばならない。"θνητός" と "ἀθάνατος"、死と不死という絶対的懸隔にもかかわらず、人間と神々とは勿論対立関係にあるのではない。人間の分際が、神々と対立できる訳がない。神々は人間と戯れ、人間を喜びへと伴い、また災厄へと突き落とす。神々は近くて遠い、しかしまた遠くて近い存在であった。人間＝死すべきものは「地上に auf der Erde」に「住む Wohnen」。地上にとは、即ち「天の下に unter dem Himmel」である。地上的存在にとって、「天」は尊崇の念を以て仰ぐ憧憬のところである。そここそが神々が坐《おわ》すに相応しい。「天」から「大地」へ恵みの雨が齎《もたら》され地味を肥沃にし、「天」から「大地」へ陽光が降り注いで、収穫を約束する。酒壺が収穫物から醸された「感謝」の酒で満たされるとき、「天」と「大地」、「神的なるもの」と「死すべきもの」、この互いに対極的なものが「自から一つに畳み込まれている sich einfalten」。このように「酒壺」という一個の「物」の存在において、「四つのもの Geviert」が一つに取り集められ、「世界が世界になる eine Welt weltet」のである。

ハイデッガーは常に「世界」を“eine Welt”と不定冠詞で表す。しかし「世界」が「ゲフィールト Geviert」として現象することと理解される場合、現象となって出来するこの「世界」は“die Welt”と定冠詞で表記されるべきかもしれない。とまれ彼が“Geviert”の語で把捉したことは、四つのものの密なる交わり、存在者全体の「聯関」である。「世界内存在」であるとは、ゲフィールトの一員ということである。

ご存知の通り『存在と時間』において、ハイデッガーは存在者全体の繋がりを〈道具聯関 Zeugzusammen-hang〉と規定していた。「世界」を、人間現存在を中心にする目的論的な聯関と捉えていたのである。ケーレを閲してハイデッガーは、講演「物」において「世界」を、人間をも一個の成員として内へ含む「物の聯関＝ゲフィールト」と理解することになる。道具聯関と規定されていた存在者全体、この在る物全体はまさに「斯《カ》クノ如《ゴト》シ」。

後期思想に至って、かつてハイデッガーの思想を停滞させた一つの要因は消去されたように思われる。即ち、世界を現象学的に目撃し記述するものの「位置 Stellung」の問題である。記述者は「死すべきもの」でゲフィールトの一員だから、徹頭徹尾「世界内存在」である。記述者であるハイデッガーは、「世界」の外へ——権利的にも実質的にも——出ることはできない。記述者は、自分の〈周り世界 Umwelt〉を〈見廻しつつ配慮する umsichtiges Besorgen〉だけである。記述も思索も、見廻し的配慮の様相に他ならない。見廻し的配慮が人間的現存在に固有の「実存疇 Existenzial だったことを思うと、ハイデッガーの現象学的立場は、後期思想を通じて初めて、彼自身の納得のいく学的な保証を得た、といえそうである。そして、後期思想が決して前期思想と断絶していない、否、むしろ前者の基礎付けを試みていた、とする彼の考え方の真意も分かってくるのである。

だが後期のハイデッガーの少しく詩的・直観的な用語法、ソクラテス以前の賢人たちの世界観を思わせるような理解に、同意し難い人もあるだろう。たとえば「天」と「大地」という表現の意味は分かるけれども、地球も一個の天体だから、しょせん、天と大地の関係は相対的でしかないだろう。「神的なるもの」と「死すべきもの」の対照をもっともだと思うが、往古のギリシャ時代はさて措き、今日なら、「死すべきもの mortalis-animalis」の対極は、むしろ「無生物 inanimus」ではないだろうか。それぞれにもっともな申し立てである。

「天」と「大地」の関係について、多分、ハイデッガーはこんな風に答えるだろう。天と大地という「関係」が存在することは絶対的である、と。幾重にも相対化できる「関係」の存在、それは絶対的である。「世界内存在」である人間は、常に世界の何所かに位置を占めている。その位置によって方位が定まり、物理的・精神的な空間が規定される。だが物理学的に規定される前に、人間は存在者間の〈開け Offenheit〉の中にいる。空間的に位置を占めることができるのは、「開け」の中にいるからである。人間の周りを「開け」が取り巻き、而《しか》して人間は空間に包まれている。そこで昔、そこは《エーテル》で充たされている、と考えられたりしたものであった。空間性、「開けが在ること」、このことは絶対的である。それは空間の規定の仕方による方位性、物理学的な次元論の議論の対象にはならない。それは存在論的に規定されるべき水準の事柄なのである。

「死すべきもの」の対極に関して。「神的なるもの」でハイデッガーは決して具体的な神、或る特定の宗教神のごときを考えているのではない。彼は“das Göttliche”を“einer Gott”といういい方もしている。特定の宗教神なら、当然、“der Gott”であるべきだろう。“einer Gott”、それは宗教神として個別化、特殊化される以前の神である。

とまれ生物─無生物という対比は、一つの宗教的な世界観の産物である。それに対して、生物と無生物を同一水準のものと見る、そのような世界観があっても構わないだろう。生物─無生物の区別を「存在」の平等性で超えてしまうことが、果たして乱暴であろうか。ギリシャの“φύσις”、それを受けたハイデッガーの“Erde”は、そのような世界観の表れである。形而上学の伝統は「人間」を「死すべきもの」と捉えずに、「動物 animal」、「生き物 Lebewesen」と表象してきた、とハイデッガーはいう。その形而上学的思索においては、「理性 ratio が動物性 animalitas を完全に統御しているときでさえ、人間存在はずっと、生と体験の方から規定されたままだった。理性的な生き物が、死すべきものにならねばならなかったのである」（*VuA2*, S. 51）。「人間＝死すべきもの」が、ではなくて「理性を持った生き物 animal rationale」が「人間」になる……、これはロゴスの「受肉 incarnatio」である。しかし理性を具えているとはいえ、「生き物 animal」である「人間」が純粋に理性的存在、「神」になれるかどうかが。“animalitas”を克服できるかどうか。キリスト教神学では、重要な哲学的な問題とされたのである。「被造物」であるかぎりでの「人間」は、一貫して「生物」と扱われねばならなかった。こうして畢竟、人間は「理性的なもの」と「死すべきもの」との合成物のように見なされざるをえなかったのである。

今見たような、シミュレーション的な質疑応答、就中《なかんずく》、後期のハイデッガー思想に関して予想される異議申し立てと想定される彼の応答。それはどちらが正しいか正しくないか、つまり思索の当・不当を論じるためのものではない。どのような立場から問いが立てられ、どのような立場から答えられるのか。伝統的な形而上学に則る思索とハイデッガーのそれ――ついには自ら「別の始まり」と呼んだ思索――、それぞれの立問の真摯さと解答の誠実さをいいたいための想定問答であった。

存在の「不思議」を思索するハイデッガーには、形而上学が「不思議」をもっぱら神の超絶性に帰してきたように見える。もし彼が「キリスト教的世界」よりも往古の「ギリシャ的世界」に親しみを覚え、いささか懐古的にギリシャを追慕しているというなら、それはそうだろう。それは彼の眼に、往古のギリシャ人たちが「存在」の「不思議Wunder」が不思議として「慈しみSchonen」、素直な「驚きWunder」の対象として「護っていたBewahren」、と映るからだろう。

## 結び

ハイデッガーにとって、《芸術》とは何だったのか。あらためて問うと、難問である。しかし美学が扱う意味での《芸術》の問題が彼の思索の経歴に何がしかの、否、相当のインパクトを与えたことは間違いないだろう。どんな風に、か。ハイデッガー自身が具体的に語ってない以上、どんな論述も推論の域を出ない。小論も、もとより御多分に漏れない。

ところで「芸術作品の始まり」の中に、何とも分かり難い一文がある。彼独特の語彙で語られているからである。その文章では、二つのことに注意が必要である。一つ、「在る」に“ist”でも“es gibt”でもなく、“west”——或いは“wesen”——の語が使われていること。一つ、“Lichtung”といわれていること。“west”も“Lichtung”も、後期のハイデッガーの術語である。“west”の語によって「存在」という以上に、端的に「在ること」——「無いのではない」——、「存在」の事実性が強調される。たとえば、“das Sein west”、このいい方は、“eine Welt weltet”、“die Erde erdet”、“der Streit streitet”と同様の筆法である。存在は何によって「存在するSein」のでもなく、他ならぬこのように「在るwest」だけなのだ、と。

その文章で、間伐を意味する“Lichtung”の語を用いるハイデッガーは、〈存在者全体＝世界〉を森林に準《なぞら》えているように見える。だが、必ずしもそうでもないらしい。だから分かり難いのである。とまれ、ハイデッガーはいう

「……存在者全体の真ん中に、一つの開かれた箇所 offene Stelle が在る west。（それは森林の間伐によるかのごとき）透かし Lichtung である。透かしは存在者の方から考えられると、存在者以上に存在しているのである。だからこの開かれた真ん中は、存在者によって包み込まれている Umschlossen のではない。透かしなどないかのようで、ほとんどそれに気づかれることはないけれども、透かしの方が存在者全体をぐるりと取り囲んでいる Umkreisen のである」（*HW*. S. 41. 括弧内筆者が補う）。

存在者が「在る」ことと一において、存在者全体、「世界」の中に「開かれた箇所 offene Stelle」が「在る west」。間伐や間引きによって樹木の密集した森に「透かし」が入るように、存在者全体である「世界」に、「透かし」が「在る」。「開かれた箇所」が「在る west」……、それが“Lichten”である。“Lichtung”には色も形も何もなく、それ自体として際立つことはない。あくまでも存在者を通して見えてくるだけである。人間的関心は存在者の存在に向くだけなので、“Lichtung”に気づかれることはない。“Lichtung”はあたかも「無のように」存在するだけである。

でも一体、存在者の真直中の「透かし Lichtung」とは何の謂いか。“Lichtung”を従来の神学的存在論で説明しようとすれば、次のようになろうか。神が創造した被造物の全体である「世界」に鑑みて、まず存在者が在って、そして“Lichtung”がある。神（の「天地創造」）が“Lichtung”を出来させるのである。“Lichtung”は存在者ではないが、非存在でもない。神は非存在＝無を作ることはできない、“Lichtung”を作ることはできないのである。

存在者の「開け」は誰が作ったのでもない。「存在 west」という水準で考えれば、存在者と“Lichtung”との間で、いずれにも先議権はない。ただ存在者の方からはこんな風に見える。確かに存在者は常に“Lichtung”とともに「在る west」のだが、まず“Lichting”があって、故に“das Sein west”“eine Lichtung west”であるかのように見えるのである。

存在と“Lichtung”は相即的である。存在者が「在る west」と……、そこに自ずと「開け＝透かし」が「在る」。“Lichtung”によって、ハイデッガーは「存在者がある、無いのではない」こと、存在者の〈事実性〉をいっているのである。“Lichtung”は“Ereignis”とともに、ハイデッガーの後期思想のキーになる難解な概念である。前期思想に留まれば、“Lichtung”を次のことと理解できそうである。存在者の事実性、それは存在者全体が自から「存在聯関」をなしていることである。それが可能なのは存在者が互いに自分を開いているからである。存在するかぎりで「開いている offen」という存在者の「事実性 Faktizität」、“das Sein west”、ハイデッガーは、それを“Lichten”と呼んだのではないか。

存在者全体の事実性は、多分、個々の存在者が「存在する」というより以上に、存在的であるだろう。存在者全体の事実性があって、初めて、存在者の考察が始まる。「存在は認識に先行する」。“ontologisch”である前に、“ontisch”な事態がある。

とまれ存在者全体の中の「開いた箇所」、或いは「透かし Lichtung」、が芸術作品という「存在者」、存在者全体の中にある一個の人工的な存在者に即して注目されたことは間違いないだろう。ゴッホの描く「農婦の靴」はドイツ農民の世界と大地を、ギリシャの「石造神殿」はギリシャ人たちの世界と大地を「取り集めつつ開示している versammelndes Aufschließen」。存在者の中にあって、しかも個々に独立性を保持しつつ存在者の聯関を「取り集めて保存する versammelndes Bewahren」、それが芸術作品の「存在」なのである。まさに作品存在として“Lichtung”が「在る west」、とハイデッガーは考えたのだろう。

作品の「開け」は芸術家によって「作られた」のではないのか。《美学》は、それを「制作」とか「創造」といっているのではないか。その通りだが、忘れてはいけないのは、芸術作品という「開け」があるのではなく、存在者全体の「開け」が芸術作品という「開け」を可能にすることである。芸術作品の「存在」を芸術体験――制作にせよ、享受にせよ――という人間の主観的な経験へ特定せずに、「存在」を〈在りのまま〉に見ること、ハイデッガーにとって、それは前期思想の「行き止まり *ἀπορία*」から思索の隘路を抜けて後期思想へ通じる思索への「開け」だったのではないか。その意味で、彼の芸術思索は、文字通りエポック・メーキングなものであった。とはいうものの、“Lichtung”、このドイツ語独特の語感や語義の含む微妙なニュアンスまでは、到底、ドイツ語以外の言語で捕捉できるものではない。ここでは、差しあたり「透かし」と訳されているにすぎない。

蛇足を付す。「芸術」に関して、ハイデッガーには美学的な関心はなかった。道具に関して彼の問題は、「道具」が「道具」であるとは何の謂いか、それを現象学的な道具記述によって質すことであった。道具の「道具性」を記述するには「……道具に直接的に迫る記述が大事で、具体的なイメージを浮かべ易いものが好適である。道具を絵画的に表現したものがそのことに資する」（*HW. S.* 22）ので、ゴッホのあの絵が選ばれた。描かれた道具、使えない道具は磨滅することも消滅することもない。道具が道具であることを、じっと証言し続けているからである。

**註**

本章は「芸術と世界」（『兵庫教育大学研究紀要』第一一巻、一九九一）に加筆修正したものである。訳文訳語を改めたところもある。ローマ字表記のギリシャ語は総てギリシャ文字表記にした。

〈存在の星座 Konstellation des Seins〉に関して、付言しておきたい。ハイデッガーは人間と存在者、存在者と存在者との関係を、しばしば、「近さ Nähe」の語で説明する。近さ、それは存在者が互いに密なる関係として「在る」ことをいう。存在者相互の関係の疎密、これは存在者間の物理的な距離の遠近とは、全く別のことである。「近さ」とは、時間的な長短、空間的な遠近で計られるものではない。互いに遠く離れていても幾つかの星々は、独特の有意味な「聯関 Zusammenhang」を形成しうる。古《いにしえ》の人間たちは、この「聯関」を「星座」に見立てたのである。星座、“Konstellation”、「星々が一緒に在ること cum stella esse」である。まるでモナドのように、存在者は個々に離れて存在しながらも、物理的な「距離 Abstand」として均一化され水平化されることなく、互いにいつも有意味な「近さ Nähe」として「在る west」。存在の星座である。

ゴッホの描いた「農婦の靴」の絵に関して、種々、議論がなされている。あの靴の出所が何所であるか、どういう境遇の中にあの靴が置かれていたのか……。そのことに関する吟味検討が、ハイデッガーの芸術思索にとっていかなる意味を持つのか。美術史学的・芸術学的に看過できないのかもしれないが、芸術哲学的には、文字通り「どうでもよい問い」のように思えてならない。

# 第Ⅱ部　ハイデッガーの思索的世界

# 第一章　頽落と好奇心

## はじめに

　この章は、拙稿「非日常性と芸術」（『芸術を哲学する』世界思想社、一九九七、所収）との関連の下に書かれた。ここでは、「芸術」はいささかも議論の俎上に上らない。もっぱら、ハイデッガーの『存在と時間』の論述——就中《なかんずく》第二七、三五—三八、六六節——の釈義に終始する。その理由はこれらの節において、ハイデッガーが人間の日常性を〈頽落 Verfallen〉の概念を元にして記述し尽くしているからである。一九三〇年前後の頃、《実存論的美学》などが特殊的存在に仕立てた芸術家像といえども、まずは彼が人間であり、そして徹頭徹尾人間であることからしか見えてはこない。ハイデッガーは自身の哲学的課題の遂行のために、人間的「存在」に〈実存 Existenz〉の語を充当し、この語で「生存」——《生の哲学 Lebensphilosophie》のキーワードであった——に注目しなければならなかった。ともあれ、実存哲学的に標榜される芸術的生、もしくは芸術的実存の人間的特殊性は、人間であること一般からしか際立ってこないだろう。その意味で小論は美学的考察の一環をなしていると見なされてよい。

以下の論述に際し、必要に応じて筆者が少しく踏み込んだ場合もある。とはいえ、それはハイデッガーを強引に筆者の土俵に引きずり込むためではない。ハイデッガーの考えを敷衍するためのものであることを、あらかじめ断っておきたい。

## 1

『存在と時間』で、ハイデッガーは「人間存在」にたった一つの規定しか与えなかった。人間にとって、「今、このように自分が存在していること sein Sein」が常に問題なのである、と。かかる存在者である人間を、その「存在 Sein」に関して現象学的に目撃・記述すること、それがこの大著の公刊されている第一部の仕事であった。

人間は、根本的ともいうべき二つの存在論的構造に即して、詳細に記述される。一つ〈世界内存在 das In-der-Welt-Sein〉、一つ〈死への存在 das Sein-zum-Tode〉である。この二つは、人間の空間的・時間的な在り方を徴標している。空間的な在り方、そして時間的な在り方という記述の順序は、カントの『純粋理性批判』に準拠している。さらに遡れば、アリストテレスである。カントが人間の認識一般の第一要件、「直観のア・プリオリの形式」として提起した「空間・時間」は、ハイデッガーの許で存在論的に吟味検討され、あらためて人間の存在論的構造と基礎付けられた。認識の形式が存在の形式として捉え直されたのである。

この思索的手続きの中で、空間・時間の観念に、カントにおいてきわめて濃厚であった自然科学的な、より正確にはニュートンの意味での自然哲学的なニュアンスはすっかり希薄になった。むしろハイデッガーからすると、自然科学的な空間・時間概念自体、人間の存在的‐存在論的な空間性・時間性から導出されるべきなのである。そこに根拠を認めないかぎり、これらの概念にはより所がない。根拠を持たない空間・時間概念を、ハイデッガーは

「通俗的 vulgär」と呼んでいる。もとより、通俗的な理解が間違っているとか、悪いというのではない。人間が日頃それに慣れ親しんでいる、という意味で日常的通俗的であり、民草の時間観、“vulgus”の時間観というだけのことである。この空間・時間意識は人間にこう考えさせる、即ち空間・時間が「即自的に an sich」に在って、人間はその「中にいる」のだ、と。時・空を容器のように思っているのである。

さて「世界内存在」が言表するのは次のこと、人間は常に他の諸々の存在者と「ともに」あり、それらに「伍して」ある、要するに“Mit-sein”であること。そして「本質上 wesentlich」決して世界の外へは出られないということである。勿論、観念的には世界は無限に拡大可能である（本書第Ⅰ部第五章「芸術と世界」を参照）。しかしこの拡大も、世界の内側からする「拡張」のたぐいであって、それによって人間が世界の外へ出られる訳ではない。観念的にどれほど拡大できても、実在的には「世界」は常に有限と体験されている。たとえば人間はしばしば「彼らとは住む世界が違う」などという。このとき、そのような世界の存在を観念的に認めることはできるが、実在的には共有できかねる、つまりそれは「別世界」だ、といっているのである。しかして人間にとっての実在世界は〈周り世界 Umwelt〉だけである。

世界内存在は三つの「相 Phäsen」から眺められる。〈情態 Befindlichkeit〉、〈了解 Verstand〉、〈話 Rede〉である。「情態」は人間が世界の中に〈在ること sich Befinden〉であり、同時に、古いいい方を借りると、そのような存在者として「自分を見出している sich Befinden」ことをいう。自分自身の「見出し Befinden」は常に或る限定的な状態、「周り世界」との或る関わりの中で「生起する Geschehen」。人間が周り世界と常に特定の関係にあることを、周り世界との「適合 Passung」という意味で、ハイデッガーは〈気分 Stimmung〉と術語づける。「気分」とは、第一義的には、人間と周り世界と「調子が合うこと Stimmen」の諸相、一致・不一致の諸状態である。即ち「ぴったり合う Übereinstimmen」、「調子を合わせる Abstimmen」、「上手く合わない Verstimmen」……という状態である。かくて〈情態〉は人間が不断に「気分づけられていること Gestimmt-sein」を意味し、人間は自分を常に「気分的状態にある」という風に「見出していること Befinden」を意味する。生理的に、人間が「今日は調子がよい」とか「悪い」と感じる。この「感じること Fühlen」が「気分づけられていること」の表れである。「感じること」も「自己の見出し」であり、自己の〈了解 Verstehen〉である。人間の〈了解〉は、常に「気分づけられた了解」なのである。人間は、文字通りニュートラルな状態では、自分にも他の存在者にも出遭うことはできない。

「気分づけられている」という言葉でハイデッガーが力説するのは、カント的な術語の存在論的な基礎付けである。人間存在は、カントの規定する〈純粋統覚 reine Apperzeption〉や〈超越論的主観 das transzendentale Subjekt〉としてエイドス化される人間一般、周り世界を跨ぎ越して一気に「世界」全体を対象化できるような観念上の人間である前に、自分と自分の周囲に拘泥し、いつもそれに束縛されている。人間とはそういう生の具体的な人間なのである。そのような人間であって、初めてこの人間のエイドス化が可能になる。

〈話〉は〈了解〉の分節である。「世界内存在」である人間は、自らの「了解」を「話」として分節することで、初めて「了解」を自分のものにすることができる。その際、「話」が独り言であっても他人との対話であっても、「了解」の分節である「話」の存在論的特質が損なわれることはない。要するに、《世界内存在》とはこう、人間が他の諸々の存在者――対自化された「自分」という他者を含めて――との関わりの中に自分を見出しつつ、この自分を分節しつつある、という人間の在り方なのである。

「情態＝気分づけられて在ること」として、人間は常に周りの存在者に関わりつつあるのだが、関わりと一において新たに気分づけられ、気分づけられつつ、また新たに自分を見出す。このように、人間は不断に「周り世界」を新しく開きつつある。だから《世界内存在》とは、特定の周り世界へと幽閉されているがごとき「閉鎖的 verschließend」な情況ではない。常に新しい世界の「開示可能性 Erschließbarkeit」である。どんな別の世界へも自在に接近できる、という存在論的な〈開放性 Offenheit〉に他ならないのである。かかる存在論的事情の故に、人間は新しく開かれてくる世界を、当然のように、「私の世界」と理解している。

だが世界と「不調 verstimmt」では、違和感があってその世界を十全に「私の世界」とはいえない。そこで人間はこの新しい世界を「解釈しつつ‐了解しつつ‐我がものとし」、それを分節するのである。「解釈しつつ‐分節する」ことは〈陳述 Aussage〉と呼ばれる。〈解釈 Auslegung〉は、いみじくもハイデッガーがいうように、何かを「何々として」、要するに何かを「私のものとして」把捉することであり、解釈には〈……として＝構造 Als-Struktur〉が本質的である。〈解釈〉とその分節である〈陳述〉は、それ自体表面に出る、言語的に表明されることのない場合でも、〈了解〉と〈話〉の存立条件なのである。

ところで世界の開示可能性を人間の方から、「能動的に」見ると、確かに人間が世界を常に新たに開くことである。しかしそれを、やはり人間の方から「受動的に」見ると、人間が常に新たに世界へと〈投げ渡されていること Geworfenheit〉になる。人間が「無から ex nihilo」世界を作り出せる訳はないし、人間が「無から」作られた訳でもない以上、人間と世界の関係は能動的・受動的の両側面から見られて当然である。人間が世界を開示することと一においてその世界へと投げ渡されていることは、〈被投的投企 geworfener Entwurf〉と術語化された。

人間が不断に開示しつつある世界、したがって常に新たに投げ渡されている世界、それは当の人間にとっては「常に‐今‐ここ」であるけれども、現象学的に見ると「今‐ここ」は「いつも‐そこ」である。現象学的に見れば、人間は「いつも‐そこ」に在って、不断に新たに「そこ」を開示しつつその「そこ」へと投げ渡されているのである。ハイデッガーはこのことを指して、人間は端的に「そこにいる da sein」、“Dasein”であるという。ちなみに“Dasein”、この伝統的な哲学用語――“essentia”に対する“existentia”の謂い――は「現実存在」、〈現存在〉

と訳すのが習いなのでそれにしたがう。人間は「現存在」を自らの「存在」として了解しつつ－分節し、解釈しつつ－陳述する。人間のこの存在様態を伝統的な哲学的語彙でたとえてみると――無論ハイデッガーを逸脱しているのだが――、人間は「そこ」へと超越しつつ－新たに「そこ」を内在化し、「そこ」を内在化しつつ－新たにまた別の「そこ」へと超越しているのである。ここで「超越 Transzendenz」や「内在 Immanenz」といっても、キリスト教神学やヘーゲル的意味でのそれではない。即ち絶対者である〈精神 Geist〉の「自己外化 Entäußerung」と外化の「記憶＝内化 Erinnerung」、つまり世界全体を超越しかつ内在化することとは、全然水準が違うのである。蓋《けだ》し絶対者の外化と内化には「初め」と「終わり」がある。一方人間の超越と内在は単なるプロセスにすぎず、そもそも「初め」も「終わり」も定かではない。常に「途上 unterwegs」である。念のために注意しておくと、個人としての人間には誕生と死、初めと終わりがある。しかしここで比較されているのは、個々の人間ではなく「人間一般」と絶対者である。

ここまで述べてきたことを、人間存在の時間的構造に即して整理することができる。世界の開示可能性、空間的な「開放性 Offenheit」は、人間存在の〈未来 Zukunft〉を示している。周り世界を「今－開示しつつ－ある」人間は、「今－現在」に在って未来を開き、未来へと開かれている。だが世界が「今－開示可能で－ある」のは、すでに今の世界へと「開かれていた」から、「過去」が「現在」へと「開いている」からである。世界の開示可能性において、「過去－現在－未来」の時間的位相が一つに「融合している Verschmelzen」ことが分かる。この融合に照らして、ハイデッガーは「人間存在は時間的 zeitlich である」といい、存在構造を〈時間性 Zeitlichkeit〉と術語づける。人間は、「すでにあった gewesen」が故に「今あり gegenwärtig」、「今在ること」において未来に「在りうる sein-können」。この時間的全体、時間的位相の融合を、ハイデッガーは〈時熟 Zeitigung〉という。実《げ》にも、人間の「存在＝時間性」とは、時熟構造に他ならない。

世界の開示可能性、被投的投企を時間的に見るとこうなる。人間は「すでに」世界へと「投げられていた」から、「今」世界を開くことが「できる」。〈被投性〉という人間存在の「過去」、〈投企〉という『未来』、そして「今」の不断の〈被投的投企〉において、「時熟」という時間構造が現象しているのである。世界の開示可能性、空間的意味での世界の拡大可能性は、そっくりそのまま、人間存在の時間的構造なのである。要するに、〈存在可能への存在 das Sein-zum-Sein-können〉を意味している。「存在可能への存在」と「世界内存在」は人間存在の時・空的構造を存在論的に把握したものであった。

人間、この「存在可能への存在」は、畢竟、不条理に終末を迎えねばならない。〈死 Tod〉である。死は人間存在に具わる「本質的 wesentlich」な可能性である。しかも、死は究極的で決して追い抜くことはできない。人間存在に具わる様々な可能性の中で、この可能性だけは、実在的にはもとより観念的にさえ、それに「先駆すること Vorlaufen」も「先回りして具えること Zuvorkommen」もできない。この不可避性の故に、人間は〈有限 endlich〉である。時間的と有限、それらは同じ意味なのである。

実在的に死に先駆できないのは当然だが、観念的にもそうである、その理由を確かめておく。死は絶対的に自己的なもので、全く代替不可能である。「死そのもの Tod」と「人が死ぬ Man stirbt」という事実に関する「経験的な知」とは、まるで別のことである。死に関する知識の中では、ただ「人が死ぬ」だけのことである。自分の「死」をどれだけ厳粛に受け止めて考量し、それへ向けて覚悟を決めたとしても、それによっていささかも死に「先回り」したことにはならない。要するに、死への覚悟があっても、覚悟において「死ぬ」のは自分という「人」であって、自分自身が死ぬのではないからである。「存在可能への存在」は、このように、不断に「死」という不条理極まりない、しかも何の手立ても講じられない可能性へ向けて直進している。まさしく、人間は〈死への存在〉である。死は不条理な終末というよりない訳だから、結局、〈人間の存在〉は「救済なき終末論 eine Eschatologie ohne das Heil」のたぐいを体しているのだろうか。

それについてのハイデッガーの考えは、これから少しずつ明らかになる。勿論、彼は思索家であって宗教者ではない。だからあくまでも思索家の立場からのものである。

## 2

人間の存在論的な二つの根本構造について一瞥した。「世界内存在」の三つの位相は、人間が「普段そうである gewöhnlich」在り方に即して、あらためて論じられる。人間をエイドス的に見るだけでなく、むしろ「生《なま》の lebendig」の水準で見たいからである。

「普段そうである」在り方、それは人間の〈日常的 alltäglich〉な在り方である。人間の日常をハイデッガーは、何はともあれ「まず大抵そうである」在り方だという。「まず zunächst」と「大抵 zumeist」、この二つの副詞が、人間の日々の在り方——昨日、かくてありけり、明日もまた、かくてありなん——を捉えてあます所がない。これらの副詞は、人間誰も皆そうなのだ、といっているのである。〈日常性 Alltäglichkeit〉は格別誰のものでもない。皆のものである。誰もが生きているかぎり、喜び、悲しみ、怒り、悩み、苦しみ、愛し合い憎しみ合い、助け合い背を向け合う。それが人間の日常なのである。

世界内存在である人間は、存在論的にいうと、世界を開示しつつ - この世界へと投げ渡されつつ - 在る。この在り方を「日常性」という水準で見ると、次のようである。人間は誰も皆、ともに相互的であり〈お互い様 Miteinander〉である。誰も皆「某氏《なにがし》」——学生、主婦、サラリーマン……などといわれはするが——という〈匿名性 Anonymität〉、人皆同じという〈平均性 Durchschnittlichkeit〉へと、自分を投げ渡している。だから日常的世界では、「私」や「貴方」が取り立てて目立つことも際立つこともない。世界内存在である人間は、日常、必然「何所か」の世界に「所属している Gehören」。会社や学校のように制度的に存立する世界であれ、家庭のように私的なそれであれ。そしてホームレスの状態――住所不定・無職――であっても、人間は何所にも所属していない訳ではない。所属する、それは誰も皆、どこかの世界へと「身売り sich Überlassen」しているのである。しかし誰も皆例外なくそうなので、身売りはお互い様である。或る世界で誰かがいなくなれば、誰かが身売りしてきて入れ替わる。いなくなった誰かは、何所か別の世界へ身売りしていったのだろう。このように、日常、人間は「お互い様」の世界に属している。「お互い様」であることを拒否して、それぞれが執拗にそして声高に「私」を主張し立てると、主張したものがその世界から排除されるか、その世界の方が崩壊して消失するかのいずれかである。一言でいうと、「世界内存在」である人間は、日常、「人」や「世界」の〈開けっぴろげ Öffentlichkeit〉の中にいる。辞書が教えてくれる通り、“öffentlich”の語は「万人に妥当する」、「誰でも自由に参加できる」といった意味を持っている。即ちこの語は、「秘密の geheim」とか「私的な privat」とは、対照的な語なのである。

日常の「お互い様」、厳密にいえば、それは必ずしも「いつもいつも」という訳ではないが、「概して誰にとってもあ」、「均《ひと》し並に、ほとんど」そうである。日常、人間は総じて自己を喪失している。日常、人間は皆、誰でもあってそして誰でもない。そのような人間的状態を、ハイデッガーは〈人 das Man〉と術語づけた。日常の「お互い様」にあって、人間は〈人〉という「開けっぴろげさ」、〈人〉という「平均性」へと投げ渡されている。人という「自己喪失 Sich-verlorenheit」の姿こそ、日常的人間の存在論的「特質 Eigenart」である。だから日常において、人間は「差しあたって大抵」、「均し並に」、「概して、ほとんどそのように在る」のである。ハイデッガーは、人間が〈人〉という「開けっぴろげさ」へ投げ渡されていることに、〈頽落《たいらく》 Verfallen〉の語を充当した。

日常における自己喪失、それは世界への「頽落」である。頽落は確かに人間にとって〈本来的ではない uneigentlich〉。蓋《けだ》し、自己を喪失して自分がない。だがハイデッガーは注意を促している、「非本来的、それはしかし本来そうではないような在り方をしている、という意味ではない」（SuZ. S. 176）と。日常的人間が「非本来的だ」といわれるとしても、人間に日常的でない在り方があるべくもないのだから。実存哲学的には非本来的かもしれないけれども、存在論的には日常的な在り方が、それでも本来的なのである。〈人〉である人間は、常に「自分ではない」という「自分」なのである。或る世界に所属していて、その「世界内存在」に不平不満を託《かこ》つ〈人〉は、「本当の自分は……」とか「世が世であれば……」などと、別のところに本来の自分があるように思うらしい。だがそんな場所は〈ユートピア Nirgend-wo〉にすぎない。何所にもありはしない。

さて〈頽落〉、壊れる、崩れ落ちるといった意味を持つこの語に、ハイデッガーの用語法では、倫理的、道徳的意味合いは全く含まれていない。頽落は「人間崩壊」や「人間失格」といったことを決して意味してはいないのである。ハイデッガーはいう、この語に、より純粋な、或いはより高次の《元の状態 Urstand》から堕ちた、堕落した……という意味は全然ない、と。通常、"Urstand"という言葉は《楽園追放 Verbannung aus dem Paradies》の前の、アダムとイヴの精神的な状態、《原罪 Erbsünde》を知ってしまった「今」に比されるべき「無垢さ」"innocentia"を指す。だが「高次の元の状態なるものに関して、存在的 ontisch に、我々がそれを経験できないことはもとより、存在論的 ontologisch にも、そのような状態を解釈する可能性も手がかりも、我々は持ってはいないのである」（SuZ. S. 176）。そしてもとより「頽落」には、人間の陶冶が進むとやがて克服されるであろう、精神的な「未開状態 ungebildet」――シラーのいう"wild"を惟《おも》われたい――の意味もない。そもそもハイデッガーにおいて、"Verfallen"、即ち「頽落」という言葉と、西欧哲学的な倫理的＝道徳的な価値意識、不道徳や堕落とは結びつかない。頽落は、徹頭徹尾、存在論的概念なのである。

自己喪失や「誰でもあり誰でもない」という表現は、いかにも近代以降の《倫理学》や「自覚的存在論」の含みを期待させる。『存在と時間』の全体をそういう風に読もうとする考え方があっても、必ずしも不思議ではなかっただろう。実際、〈人 das Man〉という在り方が、人間にとって「非本来的」ともいわれている。非本来的といわれている以上、どこかに〈本来的 eigentlich〉な在り方、〈人〉ではない在り方が標榜されていないことには、首尾一貫しないように思われるのである。だが右に見た通りで、ハイデッガーの叙述の中に、本来的な在り方なるものはついに見あたらない。ハイデッガーの《現象学》、人間現存の事実性の記述では、「本来的なるもの」、このいわば「理念的なるもの das Ideelle」は〈エポケー〉されねばならない。理念的なものか、そのままに現象することはないからである。理念的なものの記述は、何所までいっても理念的である。レアールにはなりえない。かかるものへの言及は、形而上学的な議論になるか、実践哲学的な価値論の展開になるか、いずれにしてもハイデッガーの問題意識――現象学的方法による《存在論》の新たな基礎付け――とは別のことになるからである。端的にいって、ハイデッガーにとって人間の存在論的考察は倫理学的なそれに先行すべきものであった。

人間は「人という開けっぴろげ Öffentlichkeit」、「人という平均性 Durchschnittlichkeit」において、いつも何となく不安である。〈不安 Angst〉は、何かに脅かされている、という漠然とした「感じ Fühlen」である。ただ、この感じの原因も理由も一向にはっきりとはしない。そこが不安と恐怖との本質的な相違である。おそらく不安は、「自分を喪失しているのではないか」、「どうも自分であって自分でないようだ」という、自分への何とはない懸念なのだろう。〈不安〉は、存在的には、周り世界と「しっくりいかない verstimmt」という風に実感される。不安は、自分を確信できないままに、周り世界とただ何となく「調子を合わせている Abstim men」という空虚感のようなものである。不安が兆す以上、人間は「人の開けっぴろげ」の中に安住はしていない。「居心地の悪さ Un-heimlichkeit」を実感している証拠である。居心地が悪いという〈気分〉――周り世界との「不調」――が〈不安〉となって、「誰でもあり誰でもない」という「自分」に「自分」を衝きつける。『根本的気分』ともいわれる

〈不安〉にあって、人間は自分自身に「出遭わされる sich-Begegnen-lassen」のである。

不安の内実を、現象学の定款を逸脱しない範囲で少し穿《うが》って見る。「人の開けっぴろげ」に身を置くとき、人間は「自分の死」という絶対的に自己的で、しかも決して逃れられない可能性に、ずっと目を瞑《つむ》っている。目を瞑って頑《かたくな》に見ないようにしている。しかしそのことは、一層深刻な仕方で死の不可避性に直面しているに同じなのである。人間は「死」、この最も自己的なことにおいて、しかしもう絶対に自己ではなくなってしまう。そこに至ると、自己的であるも何も、「存在そのもの」が消滅する。となると、人間の「存在」は自分ではないこと、“Nicht-sein”においてこそ自分なのである。どうやら、〈不安〉という根本気分は、自分であることと自分でないこと、“Sein”と“Nicht-sein”との「間 das Zwischen」から湧出するらしい。だから不安の源を突き詰めることは容易ではない。私は「間」を考えるとき、いつも、水木しげるの漫画『ゲゲゲの鬼太郎』の中の「だるま」の一篇を思い浮かべる。妖怪であるだるまは、商売を始めるために、オフィスにしようと古いアパートの一室を借りにくる。だが縁起を担いでいる古いアパートには、死に通じる四階がない。三階の上は五階、五階の下は三階である。だるまはない部屋、四階の一室を借りて商売を始める。看板の出たその部屋は下から見ると五階に、上から見ると三階にある。即ち「間」にあるのである。この「間」を内からも外からも捉えることはできない……。

それはともかく、不安が全く自己的なものである、このことは確からしい。その理由は以下の通り。外へ原因を探せば探すほど、不安は奥深くへ潜り込んで、「内側から」人間を呼ぶ、「今の状態で、それでよいのか」と。内側から呼ぶ不安、それは文字通り「内なる声 innere Stimme」、つまり〈良心 Gewissen〉の声であるらしい。それどころか、不安と良心は一つなのである。もっとも、「良心」の声を聞いたからといって、その声に随順すれば、自己を「本来的なもの」として確保でき自覚的に生きられる、だから「不安」はなくなる……？　否、そう単純なものではない。たとえば「出世する」、これは良心の声を聞いた人間の一つの〈決断＝覚悟 Entschlossenheit〉である。だが真の意味で「出世間」を貫くというのであれば、文字通り世界の「外へ出る」、つまり死を辞さぬ覚悟でなければならないだろう。人間は「世界内存在」である。出世間の先でも、やはり人間は世界内存在である。確かに一つの世界、一つの世間から遁世はしたが、出た先に別の世間、要するに次なる日常がある。〈良心の声〉が聞こえても、人間が〈人〉であることに、何の変わりはないのである。

では「不安」の源を内へ訪ねたらどうだろうか。不安は「内なる声」だからである。だが極端に内省的になって自分を世界から隔絶しようとすると、今度は反転、「不安」は「人々の声 vox populi」となって、「外側から」人間を呼ぶ、「今の状態で、それでよいのか」、と。極端に自分に閉じこもる、これも自分を世界から引き離して、周り世界の外へ出ようとするに等しい。世界内存在には適わぬ望みである。不安は「外から」呼び戻すのである。「人々の声」は世界内存在の声であり、日常の「常識 sensus communis」の声である。この声は、良心の声とは逆に、〈人〉である人間に、〈人〉であることの「深淵 Abgrund を覗くな」と戒める。

〈人〉である人間は〈人〉であることにおいて、二つの相反する声、その実、一つの声に呼ばれている。二つの声――内から、と外から――が聞こえている。この声に耳を塞ぐことはできない。聞こえてしまう、それは《世界内存在》である人間の存在的＝存在論的な構造だからである。もう一度確かめておこう。〈不安〉は常に兆すし、兆すと同時に、〈良心〉となり〈常識〉となって、内から外から人間を〈呼ぶ Rufen〉。人間の本来性と非本来性との関係は、「弁証法的」である。たとい日常が非本来的であっても、そこから不安が良心になり常識になって人間を呼ぶのだから、非本来的であることが、そのまま本来的である。とはいえ呼びかけの声を聞いても、人間が日常という非本来性から脱却できる訳はない。本来的と思しいことが、直ぐさま非本来性へと反転する。非本来性と本来性との間の絶えざる往還、止揚されざる弁証法、それが人間の「存在」なのである。

存在の弁証法、そこに人間の本質的な悲劇性を看取することも、逆に本質的な喜劇性を看取することも、均しく可能である。悲劇性といい喜劇性といった。この悲劇性を癒し超克するいかなる方途も、存在的‐存在論的にはありえない。またこの喜劇性をどれほど哄笑してみても、後に残る虚しさを癒す手立ては、存在的‐存在論的にありはしない。人間がこの二重の不可能性の間にあり、そしてこのことが存在論的に「不可避 unausweichlich」であるかぎりで、ハイデッガーの思索が倫理学や道徳哲学の方へ進むことはできない。勿論、非本来性と本来性との止むことのない往還を〈アウフヘーベン Aufheben〉する、それを人間存在の究極の課題――キリスト教的には《贖罪 Sühne》であろうか――と謳《うた》うことはできる。だが課題を課題と指摘するだけで、課題を成就するためのいささかの方途も挙示しないのなら、実践哲学とはいえない。殊更に倫理学や道徳的人間学を標榜するいわれはないだろう。ハイデッガーは、まず人間の存在論的構造を正確に目撃し記述し、倫理的道徳的水準の問題が人間的課題である、というその所以《ゆえん》を質したのである。

ハイデッガーにいわゆる《実践哲学》のないことは周知の通りである。実践哲学がないのだから、当然《理論哲学》もなかった。彼の哲学は徹底的な目撃と記述であった。しかしそれは、一切の実践哲学と理論哲学への必須の《予備学 Propädeutik》だったのである。

## 3

さて〈頽落〉を特徴づける三つの位相、それは「世界内存在」の三つの位相の変様形態なのだが、〈人 das Man〉、〈好奇心 Neugier と曖昧さ Zweideutigkeit〉、〈無駄話 Gerede〉である。

見てきたように、日常性において「見出される」自分は常に〈人〉であった。だから〈情態 Befindlichkeit〉に対応するのは〈人〉である。〈人〉という「誰でもあり誰でもないもの」のする〈了解〉は、しょせん、〈曖昧さ〉

の域を出ない。曖昧なことを分節して見ても、どの道「どうでもよい gleichgültig」のだから、結局、〈人〉のする〈話〉は〈無駄話〉に終始するだけである。日常という自己喪失において、〈情態－了解－話〉は〈人－曖昧さ－無駄話〉へと変様してしまう。変様した三つの相を繋ぐのは、〈いわゆる vermeintlich〉ということである。「いわゆる」、それは特に誰がいうのでもない。〈人〉がいうのである。「いわゆる」、“Man sagt”である。その話は「話す」どの人間にも何の責任もないし、話された事柄に格別の根拠もない。何故なら、〈人〉は既に自分を喪失していて、〈人〉の話には「足場がない bodenlos」のである。「床屋政談」が〈無駄話〉の典型である。「いわゆる」の水準で興味が集中するのは事柄の表層であって、深層まで「話」が進むことはない。「一斑を見て全豹をトする」ことで、それで結構である。誰も、それを咎めはしないしできもしない。それが〈無駄話〉の特徴である。日常における〈了解〉と〈話〉、即ち〈曖昧さ〉と〈無駄話〉の特徴を〈好奇心〉に顕著に窺うことができる。

〈好奇心〉、ここに〈頽落〉の自己喪失の有体が見事に現象している。「好奇心」に入る前に、もう少し確認しておきたい。

〈人〉という自己喪失における「不安」を、人間は決して解消できない。意図すると否とを問わず、普段、人間はむしろこの不安を覆蔽し糊塗しようと努めているのである。あまり適切な表現ではないけれども、人間は「本能的 naturalis」ともいうべき水準で、次のことを知っているらしい。〈人〉という在り方から湧出する〈不安〉、これは不図《ふと》消えることはあっても、絶対に解消し尽くされることはないのだ、と。「不安」自体、存在という「解消されざる矛盾 ein unlösbare Widerspruch」――何しろ、存在の成就が非存在＝死である――の表れなのだから。実はこの知、いかにしても分析も解明もし尽くせない「前述語的な」知が、〈良心 Gewissen〉となり、また「人々の声」となって、「人」である人間を呼んだのである。だがそれを聞いてどうなるものでもないことも、人間は前述語的に直感しているようなのである。

だから「不安」に対して、二様の対応しかない。一つ、不安が消えるのをじっと待つ。ただし、不安は不図湧き不図消えるので、「待つ」ことに積極的な意味はない。「待つ」、それは精々「一時しのぎ」にすぎず、手を拱《こまぬ》くことに大差ないだろう。一つ、殊更に「不安」に気づかないように努める。これも徒《いたずら》な努力である。努めるのは、気づかない振りをするため、したがって切実に不安を感じている証拠だからである。とまれ不安は内側から兆すので、気づかない振りをするために、内へ向くことはできず、人間の興味はもっぱら外へ外へと向く。もっぱら外へ向くという人間的関心、〈好奇心〉である。

人間には、本質的に〈人〉へ〈頽落 Verfallen〉しようとする傾向性のようなものがある。それは自分の死、この絶対的に自己的なものを少しでも遠ざけておきたい、という無意識的な「意思 Wille」なのか、或いは自己保全の「本能 Trieb」なのか。よく分からないが、頽落への傾向性にハイデッガーが “versucherisch” の語を充てたのは、実に卓見であった。“Versucher” が人間を唆す悪魔、誘惑者であることに贅言は要るまい。自己喪失への傾向は、あたかもメフィストフィレス、あの「光を嫌う者」のように、人間の精神の奥深く――文字通り「心の闇」というべきか――に巣くっていて、人間を唆す、「人へ堕《お》ちよ」と。不安は、ときに〈良心〉となって「人」を本来性へと「呼び Rufen」、ときに頽落への傾向性となって「人間」を非本来性へと「誘う Verführen」。

こう唆すものが他ならぬ自分自身なので、人間は「唆し」に抗うことはできず、知らぬ間に「人」へと堕ちる。だが内なる「誘い」に乗ることと一において、「人」という「寄る辺ない bodenlos」身は、どこかに「安らぎ Beruhigung」を索《もと》めるのである。堕ちて行きつつ、人間は自己喪失という「不安定 Bodenlosigkeit = Unruhe」に耐えられないのである。だからといって、自己へと帰還して「自らの死」と対峙することはできない。それが可能なら、最初から「人」へ堕ちることはない。死は「世界内存在」であるという人間の「深淵 Abgrund」、自己自身の「存在」の「ギリギリ abgründig」である。したがって、「死」、ここにおける「自分」は何とも得体が知れない。

それは、周り世界から隔絶された純粋超越状態の「自分」、もしくはただ自らの内に希求されるべき純粋内在状態の「自分」、要するに理念的な「自己」のようでもある。しかしやはりなお「人」としての自己喪失的な「自分」のようでもある。「死」の寸前まで、死は自分という〈人〉の死であって、自分の死ではないのではないか。そこがはっきりしない、まさしく〈死〉が存在の「深淵」たる所以《ゆえん》だろう。

はっきりしないのも道理、それはこうだからである。仮初《かりそめ》に、死における自己を「理念的なもの」に見立ててそれとの架橋を図るといっても、この企てが精々高級な「比喩 Allegorie」にすぎぬことが分かるだけである。「死を賭して……」とか、「死中に活を求める」、などといわれる。しかし架橋の企てに、決してレアールな意味はない。生と死の間に深淵がある。「死」は人間が《存在の比例 analogia entis》に則って、はるかに垣間見つつ自覚的に帰一できるようなものではない。「死」における自分と、今 - 架橋しつつある自分との間に、かつて中世神学的に望まれた、神と人間との《存在の比例》を期待することはできない。存在と死の間は断絶していて、互いに比例関係ではありえないからである。だからたとえば――というのは、そんな言葉はないからだが――存在と死の間の媒介を、“allegoria entis”とでもいうしかない。比例的に媒介できず、比喩的に媒介できるだけなのである。この媒介に、実質的、実在的な意味は全くない。

人間から見て“allegoria entis”、いってみれば「自分の死」が「人の死」のように遠く、しかし「人の死」がかえって「自分の死」以上に近いこと、ここに人間存在の悲劇性と喜劇性が存する。だから、人間は〈人〉という匿名性に自分を委ねて「安らごう Beruhigen」とするのである。そうすることで、人間はいつも「自分の死」との無媒介的な対峙の道を迂回しつつ、しかし死へと直進している。

「いわゆる」という非人称性の中で、「自分の死」が「人は死ぬ」、いわゆる「死」という一般性の中に吸収され、死が世界の中の一つの「出来事 Geschehen」へと水平化される。新聞の死亡欄がそのことをよく示している。いわゆる死において、「人」である人間は、「自分の死」を一つの興味深い出来事という位までに遠ざけることができる。しかし迂回したことによって、当面問題が先送りされただけだから、何も解決されてはいない。「自分の死」は、むしろ前よりも痛烈に人間を衝く。人間は再び三度と、否、間断なくこの衝撃をかわさねばならない。自分から目を逸らし忙《せわ》しなく「周り世界」へ眼を遣ることで、益々自己を喪失するが、そこに「人」としての暫時の安らぎを求めているのである。

自己喪失への傾向に身を委ねつつ、同時に〈人〉であることに安らごうとする。畢竟、それは〈自己疎外 Entfremdung〉、文字通り「自分を自分から遠ざけている sich von sich Entfernen」のである。自己喪失への傾向の表れである自己疎外、自分に目を瞑《つむ》って知らない振りをする、この何とも身勝手な態度、まさに「不安」の変様である。〈人〉の匿名性に安らぐべく、人間は絶えず〈周り世界 Umwelt〉の〈人〉の出来事に「何か新しいもの etwas Neues」を探し求める。自分のことから目を逸らし、その分だけ人間は他人のことに眼がいくのである。この「貪欲さ Gier」、それが〈好奇心 Neugier〉である。好奇心の典型である「覗き見趣味」は自己疎外と表裏をなしている。覗き見、全くの主観になることで、かえって誰でもない〈人〉になっている。

好奇心は止め処なさ、〈抑制の利かなさ Hemmungslosigkeit〉となって、人間を駆り立てる。安らぎのために求めるものが「気休め」にもならないことの証拠である。〈人〉の匿名性へ安らごうとしても、それは〈頽落〉へといや増して拍車を駆《か》るだけで、人間に休む暇を与えない。「人」である人間は、日常、このような循環を生きている。これを悪循環というのは全くあたらない。この循環は、〈人〉の存在的 - 実存的な姿なのである。

ついでにいうと、自己疎外の傾向が、自分への利害関心を凌駕して何事にも動じることのない「達観 Gelassenheit」――必ずしもハイデッガーのいう「ゲラッセンハイト Gelassenheit」と同義ではない――の境地、無我や無私へ通じることは、まずありえない。「達観」は仮借のない自己探究、倦むことのない自己との「対峙 Auseinandersetzung」の向こうに望まれるのだろう。自己との対峙は狂おしいまでの自己への拘り、我執や妄執であろう。達観、いうなれば、それは生死を賭した執着を潜り抜けて、ようやく至るのである。〈人〉への頽落は、このような物狂い的な我執を最も恐れている。しかしもとより〈人〉への頽落は自分に関心がない訳ではなく、むしろ大いにあるのだから、無私でも無我でもない。他人のことを知りたいのは、自分のことを知りたいから、他人と較べて自分がどうであるか、他人の口に自分がどう上っているかを知りたいのである。〈人〉へと頽落し、「誰でもあり誰でもないもの」へ自分を譲り渡すことによって、自分を〈人〉の水準で客観化できるし、〈人〉の〈話〉というフィルターを通して、自分のことを他人事のように聞くことができる。こうして自分自身を、好奇心の対象にまで「疎隔 Entfremden」できるのである。

好奇心の水準にある〈人〉の〈話〉はしょせん〈無駄話〉なので、聞き捨てにしておけばよい。自分を平均的なものへと疎隔することで、人間は存在の深淵、絶対に逃げ場がないという「崖っ淵 Abgrund」に立たなくて済む。他人のことが気にかかる、それは他人をフィルターにし、安全弁にして自分のことを知りたい、要するに、それだけ強く〈自分に囚われている sich Verfangen〉からである。だから〈人〉の話を聞き捨てにできない。一般的にいって、〈人〉への頽落は自己自身への執着がありながら、それでいて自分の深淵は覗きたくないという、人間の手前勝手な狡智であり巧知といえるだろう。それはともかく、自己喪失への傾向も自己への囚われも、人間には常に〈自分が存在していることが問題である Es geht immer im seinen Sein um seines Sein〉という根本定義の日常的な表れなのである。

自分の存在へのこの常なる興味・関心、それをハイデッガーは〈気掛かり Sorge〉と術語化した。"versuche-risch"、"Beruhigung"、"Entfremdung"、"Verfängnis"……などの〈好奇心〉の特徴は、人間存在の〈気掛かり〉という存在論的な根本規定の〈日常〉に現れる《射影》である。したがってこれらの諸特徴の間に弁証法的な関係がある訳でもないし、それらが互いに層構造をなしている訳でもない。

好奇心に関して、若干のことを補足しておく。〈人〉の「話」には基盤がなく、いつも「いわゆる」の水準で展開するから、事柄に関して、噂や伝聞は真実は否かの弁別はできないし、弁別することにさして意味もない。真実を知る者が「これは真実だ」と力説しても、この力説がそのまま「噂」へと希釈され、事柄ともども、「いわゆる」の水準へと平均化されるだけである。「人と人との話」にあって、真実を語る者と伝聞を語る者との間に区別はできない。真実と虚偽の差でさえ、絶対的ではなく相対的である。〈人〉の求めるのは「真実 Wahrheit」ではなく、むしろ「真実らしさ Wahrscheinlichkeit」の方である。唯一の真実に比して、「真実らしきもの」は無数でありうる。これが〈人〉には、好都合である。真実らしさの水準では、「ここだけの話だが……」、「本当のことをいうと……」、等々の「ただし書き」のついた「もっともらしい」話で十分である。そしてついに、事柄そのものはどうでもよくなり、「話」だけが自己増殖し「実《まこと》しやかに」伝搬される。話に「尾鰭がつく」のである。

一般に〈人〉の話は、それが世間を一回りするうちに、概して、最初よりも面白くなっているとしたものだろう。話自身に、自己増殖の種が含まれているらしい。「話」が成長の種を持っていなければ、その話題は〈人〉を引きつけることはないし、どこかで立ち消えてしまう。しかしどれほどの種を持った「話」でさえ、結局、「人の噂も七十五日」。〈人〉の興味を繋ぎ続けることはない。何もかもが、噂や伝聞として分節され了解されるのである。「曖昧さ」が信条とはいえ、事柄とあまりにかけ離れてくると、つまりそれ以上話に「尾鰭がつ」けられなくなると、「話」はそこまでで、雪達磨《だるま》が融けるように自然に消えてしまうものなのである。それに加えて、〈人〉の世界では、好奇心の食欲をそそるような話が目白押しである。〈人〉の好奇心はハングリーで食欲旺盛な分、それだけまた、はなはだ飽食的で「飽きっぽい überdrüssig」のである。

余談だが、プラトンでさえ、人間世界の真実を語ろうとするとき、「譬え話」や「伝聞」という形式を採ったものである。ソクラテスとソフィストとの「問答 Gespräche」も、結局、〈人〉と〈人〉との間の「話 Dialogue」であることに変わりない。話が「無駄話」にならないように、大事なことはソクラテス自身が語るより、「もっと偉い」と思しい存在者の口に乗せると説得力が増す、と考えられたのだろうか。

それはともかく、〈無駄話〉の内容は何でもよい。興に乗れて、しばらく我を忘れることができれば、それでよい。だから〈好奇心〉という日常的な「知」は、常に何か新しいものを渇望しているのである。好奇心、この慢性的な「知」の飢餓状態には、絶えず新鮮な話題が必要である。あたかも、吸血鬼のドラキュラが、常に新鮮な血を求めるがごとくに。好奇心は人間的知の、「日常」における一様相である。もとより、日常における知の在り方は好奇心だけではない。好奇心の知が、日常的な知の際立った姿、というだけのことである。

## 4

さて、「知 Wissen」は存在論的には、〈了解 Verstand〉の範疇に入る。「知る」とは、対象――事物であれ事柄であれ――を対象として規定しつつ、了解することである。人間の存在論的な根本規定に鑑みて、詰まる所、「了解」は自己了解であるから、人間の総ての知は「自己知 Selbstwissen」へと収斂し、そこに総括・統一されねばならない。好奇心も、知である以上、例外ではありえない。

ところで、知は人間と存在者を「出遭わせる begegnen lassen」一つの仕方である。何かを知る、それは何かを「手許へ引き寄せる」、ハイデッガーの言葉でいうと、「前に在るもの」を「手許へ」持ってきて、それを仔細に見極め、「然々《しかじか》である」と規定して了解する。もって「我がもの」にするのである。〈前に在るもの das Vorhandenes〉を〈手許に在るもの das Zuhandenes〉へと引き寄せることを、ハイデッガーは〈配慮 Besorgen〉と術語化した。“Besorgen”の語は「気掛かりSorge」の語に留意して択ばれている。とまれ、知は配慮の様態である。
通常、「知」において人間は、存在者を手許に引き寄せて、そのものの傍らに「留まるVerweilen」。存在者を十二分に見る必要があるからである。というのも、存在者はすべからく「世界内存在」であって、個々の存在者は「周り世界」という重畳たる存在聯関の中に身を潜めているからである。それ故、或る存在者を「然々《しかじか》」として規定しつつ、了解するためには、周囲の状況を併せて見なくてはならない。「手許へ引き寄せる」といっても、人間には、個々の存在者を「存在聯関」から捥《も》ぎ離して抽出することなど、できる道理がない。人間自ら、「世界内存在」だからである。「知」とは、存在者を〈周り世界〉ともども、「見廻しつつ - 了解することumsichtiges Verstehen」なのである。見つつ - 了解したものを概念へと抽象化して所有する。つまり「認識Erkenntnis」の根底には、当然とはいえ、人間の存在論的構造がある。

ギリシャ以来、哲学的思索において、存在は常に認識に先行する。ちなみに近代のデカルトの“cogito ergo sum”においても、デカルトの“sum”の前に、神の“esse”あった。だから彼にとって、神の《存在証明》は重要な哲学的問題であった。それがなされて初めて、《コギト》に根拠が与えられるからである。だがカントは、「存在そのもの＝物自体」を、「不可知agnostisch」だとしている。認識は絶対に「存在そのもの」に達することはできない、という意味だった。況《ま》して、物の原因である神の存在証明は不可能だったのである。余談は措いて、ハイデッガーが、認識能力としてのカントの〈直観Anschauung〉——存在者との無媒介的な出遭い——の「ア・プリオリの形式」、空間・時間を、存在論的に吟味する所以《ゆえん》は、人間の認識を存在論的に基礎付けるためであった。

認識が齎《もたら》す概念で、もとより「存在そのもの」が把捉される訳ではない。人間にはそれは不可能である。「概念」は存在者の折々の具体的な存在状況から、状況をも含めて、人間が存在者を抽象化したものである。自分が抽象したので、人間はこの「抽象的なもの」を必要に応じて変更を加えつつ、折々の具体的な状況へと差し戻すことができる。知の活用、概念の適用とはこの意味なのである。

〈好奇心〉も「知」の様相である。だから人間的知にかかる定款は具えているはずである。好奇心も、存在者を見つつ-了解することだろう。だが右に見たことと、事情が少し異なっている。否、好奇心という知は、「知」という分限のものではないのかもしれない。そう思わせるほど、認識経験と好奇心には差がある。

好奇心は存在者を手許へ引き寄せている。ただし、じっと目を凝らして見詰めるためにではない。したがって、存在者の傍らに留まる必要はない。好奇心には、周囲の情況ともども、存在者を見る必要ない。好奇心にとって重要なのは、何をどのように見るかではなく、とにかく見たのだ、という事実である。一応見ておく、そのために見るのだから、ちらっとでも目を呉れておけば十分で、直ぐに目を転じても構わないのである。見られたものに関して、獲得された内容が曖昧であっても、それはそれでよい。好奇心の知を満足させる中身は〈無駄話〉の材料なのである。〈人の開けっぴろげ〉の中で、しばらく〈人〉同士の「無駄話」が弾み、互いに了解し納得し合える程度に正確であれば、それで事は足りる。事柄に「周りの事情 Umstand」を絡ませては、徒《いたずら》に煩わしいだけである。好奇心は飽きっぽく、「移り気 wankelmütig」である。飽きっぽく移り気である、それは新しいものを求めて止まぬ好奇心の貪欲さと一体である。

〈好奇心〉は《世界内存在》の〈頽落〉様態なので、好奇心の時間性の原型は「世界内存在」のそれ、即ち人間現存在の〈時熟構造 Zeitigungsstruktur〉である。好奇心は常に新しいもの探し求める。この求めは、必ず充たされねばならない。それも、早ければ早いほどよい。欲求と充足、この実践的な関係は、形式的には、好奇心にも該当する。欲求が充足を求めて「未来」を志向するように、好奇心もそうである。

未来を志向する、端的にそれは「待つこと Warten」、「待ちつつ-先取ること wartendes Vorausnehmen」である。「待つ」、それは実存的な〈投企 existenzieller Entwurf〉である。とはいえ、「待つ」、それは三年寝太郎のように、ただぼんやりと待つのではない。それでは「待っていない」に等しい。「待つ」とは、何かを「期して待つ Erwarten」のである。期して待つ、それは何かを「迎えに行く Einholen」ことである。迎え方は「欲求」の表れ。欲求が人間を「動かし agere」、様々な行為＝迎え方となって表れるのである。

「欲求」は次の二重の意味で「待つこと」である。一つ、何かが「起こること Geschehen」を期待する、一つ何も「起こらないこと nicht Geschehen」を期待する。自分に都合のよいことは実現されるように、都合の悪いことは実現しないように、と期待する。都合のよいことなら、ただ単純に期待する。都合の悪いことに関しては、少し入り組んでいる。それが起こる場合を考量して、「あらかじめ、それに心構えをしておく sich darauf Vorbereiten」、「予防線を張っておく」のである。欲求は期待と心構え、二重の意味で「未来志向」なのだが、実の所、「期待 Erwarten」も「心構え Vorbereiten」も、同じこと——時熟——の表れである。欲求は、自から時熟をなしているのである。

欲求は絶対的な存在肯定である。〈存在可能への存在〉の端的な在り方である。人間は欲求的存在において、自分が「存在可能への存在」であることを、身心でもって実感している。欲求的存在としての人間に「死」、自らの非存在の可能性が頭をよぎることはない。存在の可能性しか考えないのである。「死を忘れるな memento mori」とよくいわれる。しかし欲求的存在は、「死」を考え、死を「望む」ときでさえ、決して死後を文字通りの「空無 Nichts」とは考えてはいない。概して死後の生、来世の望ましい可能性を思い見ている。現世の苦しみの中での「楽になりたい」という欲求は真実であり、打算でも何でもないけれども、来世における存在を期待しむしろ希求していることも確かだろう。

欲求、現在において未来を志向する、人間のこの存在論的構造を、ハイデッガーは“Warten”の語ではなく“Gewärtigen”の語で、〈待つ〉という。“Gewärtigen”の語は、人間の《存在》を十分に熟慮して、慎重に選ばれているのである。辞書を引いてみると、"Gewärtigen" ――実は "Warten" と語系を同じくしている――の意味は "darauf gefaßt sein" とある。「心構え Vorbereitung」や「悠然たること Gelassenheit」とも意味的に通じているようで、興味深い。もっとも、『存在と時間』の時代、人間現存在の存在的様相である「待つこと」に、ハイデッガーが後の "Gelassenheit" ――取り分け、彼の「ケーレ Kehre」以降に顕著になってくる人間現存在へ新たな規定である――を、あらかじめ射程に入れていたかどうか、それは何ともいえない。

「待つこと」において、期待されていることも心構えのできたことも、「現にはまだない」。だが「待つこと」は、まだないものを、当然すでに「現に在る」ものとして「先取り」しているのである。非存在を存在せしめているのである。待つ、それは「今‐待つ」という「今‐現在」にあって、「未来における現在」を先取りつつ手許に引き寄せているのである。この意味で、「待つ Gewärtigen」とは「現在化 gegenwärtig machen」、「あらしめること anwesen lassen」であるといってよいだろう。或いは、「今‐現在」にあって、未来における現在へと「先回り Vorausgehen」し、そこで「今‐現在」がやってくるのを「待ち受ける Erwarten」ことである。いずれにしても、「今‐現在」と「未来における現在」が融合していることこそ――融合を実在的に実現するのは、人間的行為である――、「待つこと」が、否、一般に「欲求」が未来志向とされる所以《ゆえん》である。

ちょっと寄り道しておくと、「今‐現在」、「未来における現在」といういい方は、アウグスティヌスの時間観に沿っているように見えるかもしれない。時間を一種の「実在」とする彼の考えは、カントの「直観の形式」とする時間規定――注意しておくが、カントが時間の実在性を認めていない訳ではない。存在が認識に先行するように、実在は観念に先行するからである――に較べて、古典的というべきかもしれない。しかしカントの時間観の存在論的な基礎付けを図るハイデッガーは、決してアウグスティヌスにしたがっている訳ではない。ハイデッガーからすれば、アウグスティヌスの《時間》は通俗的な時間観の典型である。人間現存在は、日常、通俗的な時間観念でもって生きている。大体、未来の「実在」を信じなければ、人間は一瞬たりとも存在できないだろう。通俗的時間、それは日常の時間、人間が時間を時間として意識するきわめて普通のものであり、そしてそれ以外に人間的に意識される「時間」の様相はない。「先取りつつ‐待つ」、人間現存在のこの日常的な在り方は、〈時熟構造〉の具体的な顕現なのである。

「待つ」、それは何かが待たせるのである。待つことの背後に、待たせるものが「既に現にある」。それを待つことの〈過去〉ということもできるが、しかしこの「過去」は「過ぎ去ってしまって vergangen」、「もう無い nicht mehr」のではない。待つことの「現在」、即ち、「今」へと浸み出してきて、今、「未来」を待たせるのである。だから「過去」は「在ったし在る Gewesen-ist」。「待つ Gewärtigen」という〈現在 Gegenwart〉をこう表現することもできるだろう。《過去 Gewesenheit》をそのまま「貰い受け Erhalten」つつ〈未来 Zukunft〉を先取ることである、と。

繰り返すが、「待つこと」は「無」を待つのではない。在るもの・在ったものを待つのである。だが「未来」、この「やってくるもの Zukunft」は今‐現在「まだない noch nicht」。だから「待つこと」において、待たれているのは「待たせたもの」、つまり待つことの「過去」だといったのである。「今‐待つ」という「現在」を挟んで、過去がこの「現在」を潜り抜けて未来へと貫通している。待つという「現在」において、待つことの「過去」と、あらかじめ「未来」へと「投げ渡された過去」とが、要するに、二様の相で「過去」は出遭われうる。通俗的時間に照らして、そこではいわゆる「過去」といわゆる「未来」とが融合しているのである。待つことそのことに〈存在可能への存在〉、人間の時熟を看取することができる。〈被投的投企 geworfener Entwurf〉の、〈被投性 Geworfenheit〉で人間現存在の「過去」が、〈投企 Entwurf〉で「未来」が徴標されているのである。

時熟構造に注目すると、人間にとって「過去」が優位か「未来」が優位かといった問いは、存在論的にはほとんど意味のないことが分かる。この問題は確かに、世界観や人生観の反映である。実践哲学的な問題にはなりうるだろう。存在論的には、未来なしに過去は「過去」たりえないし、過去がないことには「未来」の生じうる根拠がない、ただそれだけのことである。

　待つという未来投企は、人間現存在の自己了解、自己知に支えられている。待つのは、畢竟、自己了解に至るのを待つのである。したがって、その都度の「待つこと」が全くアト・ランダムで非聯関ということは、原則的にはありえない。一つの「待つこと」が、必ず次の「待つこと」を誘い出す。それも、ただに「誘い出す Veranlassen」というだけでなく、むしろ「連れ出す Herkommen-lassen」、敢えていえば「産み出す Hervorbringen」のである。二つの、三つの……、と次々続く「待つこと」の繋がり——二様の「現在」の融合を必然的にしているのが、存在論的構造としての〈気掛かり Sorge〉である。自己了解は「気掛かり」の位相だからである。

「欲求」としての一つの「待つこと」が次の「待つこと」を連れ出すのである。

　一つの「待つこと」、「未来における現在」が「今‐現在」となって具体的に充実されたとき、人間は充実された「今‐現在」、この「今」の持続を願いそこに「留まりたい Bleiben」と希《こいねが》う。否、留まらねばならない。留まる必要がないのなら、そもそも、当の「待つこと」がどうでもよかったことにもなりかねない。「待つ」とは、待つことが成就した暁には——ドイツ語でそれを、“Es gelingt”と表現しようと、“Es glückt”としようと——、その「時＝今」を目出度い「時」として、そこに留まりたいということである。待つことのうちに希求されているのは、時の永遠化、永遠の現在である。恋人グレットヒェンとの「語らい」の至福の絶頂で、ファウストは思わず漏らす、「時よ、止まれ」と。

　だが、時は止まらない。〈死への存在〉である人間に、それが叶うはずもない。そこで「待つこと」の成就した喜びを永く実感しつつ保持し続けるために、人間はその「時」を記念して、繰り返し「追想する Andenken」ことになる。記念日を設けねばならない、そのことも人間の時熟構造の表れである。

それはそれとして、「待つこと」の成就した「今－現在」に留まることができないが故に、一つの「待つこと」の成就から、必ず次の「待つこと」が時熟してくる。待つことは常に、自ずと「待つこと」を引き出すのである。人間の〈時熟構造〉、人間存在は〈「現在」にあって、不断に自らの「過去」を「未来」へと投企しつつ、未来となった過去を迎えつつ－在る〉が、それをこう捉えることもできるだろう、即ち〈待つこと－現在化＝成就－留まり＝新たな待つこと〉、つまり「待つこと」の切れ目のない継起的反復である。

これで分かるように、〈時熟構造〉は人間の《存在》が「常に途上的 unterwegs」であること、しかも必ず未完のままに、突然、終局を迎えることを意味している。ハイデッガーはこの事情を、人間の「存在」の〈未決済 Ausstand〉と呼び、〈負い目 Schuld〉と呼んだ。たとえていえば、「死」という突然の終末が不可避的であるから、人間は存在論的に「存在」に負わされた自己了解、自己知という「借金 Schulden」を、ついに「返済しきれない ausständig」のである。「負い目」を神から負わされた《原罪》と考えれば、人間は《贖罪》を果たせないままに自らの存在を終わるということである。人間、〈存在可能への存在〉、〈死への存在〉とは真に「不条理 unvernünftig」なものである。

人間の自己了解、自己知は不可避的にこのような不条理さを負っている。そして自己了解、自己知は、この「不条理さ」を了解し知ることと一つなのである。不条理であるものがその不条理さを質す、まるで犬が自分の尻尾を追いかけてぐるぐる回っているような具合である。《絶対的な自己知》、「無限定者の知」へ至ったヘーゲルなら、このような事情を悪循環とか《悪しき無限 schlechte Unendlichkeit」》で片づけたことだろう。だが「有限な endlich」存在である人間は、ヘーゲルのようにはいかない。“unvernünftig”、“vernünftwidrig”、いずれにしても「理性 Vernunft」に「さからう widrig」事柄に、「理性的 vernünftig」に対応せざるをえない。これが人間存在の「負い目」であり、キェルケゴールの言葉を借りると、人間理性の〈死への病 Krankheit-zum-Tode〉である。死への病を負っていて、しかも不治である。それが人間存在に「本質的な wesentlich」な〈不安〉なのである。だから、人間は往々、殊更に自分の存在から目を「逸らそう Abwenden」とする。知の関心を別のものへ向ける。即ち〈好奇心〉である。

　好奇心も、「知」の様態であり、「待つこと」である。だが〈人〉へと〈頽落〉し、誰でもあり誰でもないものの「知」の様態である好奇心の「待つこと」には、「支えがない haltlos, bodenlos」。好奇心の知と自己知の間は、オフラインになっている。というより、むしろ進んで断線にしているのである。だから好奇心の「待つこと」はただ待つために待つのであって、よしんば「待つこと」が成就されても、そこに留まることができないし、留まる理由もない。「滞留《たいりゅう》 Verweilen」を支えるものがないからである。待つために待つという「当てのなさ」、待つことが成就しても、そこに留まることができないという「寄る辺なさ」、その「不安定さ」にぐらぐらしている好奇心は、成就するまで待つことをしない。何でもよい、手近なもので差しあたりの「知」の欲求を充たし、また直ぐに次の手近なものに目を移す。

　好奇心の「待つこと」も、それが待つこと一般に属しているのだから、何かを期待しつつ——おそらく、自分自身と直面しないで済むことを、であろう——「未来」を先取るのだが、期待が充足されたからといって、充実感を味わうことはない。期待する「自分」が、自分であって自分ではない、しかして、先取った未来が誰のものでもないからである。したがって、一つの「待つこと」から次の待つことが時熟してくることはないし、連れ出されることもない。それどころか、次の「待つこと」の方が、先の「待つこと」を追い立て、失効させてしまうのである。「留まることができない」、だから留まることを知らない。好奇心の「待つこと」において、過去が未来へと投げ渡されているのではなく、「今‐現在」がもっぱら「未来」に引っ張られているだけ。或いは、「今‐現在」が闇雲に

「未来」を探し回っているだけである。「貪欲さ Gier」、「慎みのなさ Hemmungslosigkeit」となって、この知は次から次へと、新しいものを追い求めて止まない。それが、「過去がない」という、好奇心の「知」の特徴である。だから、概してこの「知」はただ事柄だけを見て、その「周りの状況 Umstand」にまで気を配らない。そこまでするのでは、もう好奇心の域を越えているだろう。

「鹿を追う猟師、山を見ず」で、留まるところを知らぬ「追い立て Nachstellen」は、人間を「危険 Gefahr」に陥れかねない。この危険を回避するために、好奇心は獲得された知を、単なる〈気散《きさん》じ Zerstreuung〉としか受け止めない。気散じなので、成就されたこと、獲得された知の傍に留まる必要はない。好奇心は知の対象、知の目標、即ち「事柄 Sache」にいささかも「深刻 ernst」になることはない。この知的営為が「いい加減」でも「中途半端」でも、どうでもよい。「いい加減 gleichgültig」、まさに誰にでも「等しく妥当する angemessen」程度で十分なのである。かくしてまた、好奇心の「知」は系統づけられることもなければ、無論、蓄積されるほどの意味もない。分散し散逸しても、惜しくはない。好奇心は取り敢えず今、手近なものに目を遣っていて、それより前のことは「忘却 Vergessen」してよいのである。

好奇心の「待つこと」は特に何を待つ訳でもないから、行き当たりばったりだし、手当たり次第である。「気散じ」に特有のことは、後に何も残らないことであって、何にせよ、蟠《わだかま》りが残るのでは「散らした」ことにはならない。好奇心には「忘れること」が本質的である。好奇心は、ただ忘れるために「待つこと」である。

これらのことからして、好奇心が「待つ Gewärtigen」、それは「今‐未来」ともいうべき「今‐現在」に引っ張られつつ、しかも常に非連続で「きれぎれ unterbrochen」の未来を待っている。当世風にいえば、好奇心の「待つこと」は、「アナログ的」ではなく「ディジタル的」なそれであることが分かる。好奇心の「待つこと」には、時熟構造は見えない。好奇心の「現在 Gegenwart」は過去とも未来とも直接には繋がらなくてもよい、点的な今、非連続の今で、この「今 Jetzt」が繋がりもなく、点々とただ未来に引っ張られているのである。〈頽落〉において〈人〉である人間は、非連続の「今」、単なる通過点である「今」に、「気散じ」という「仮初《かりそめ》 unsicher = prekär」の充実を探し求める。とにかく「しっかりと gewiß=sicher」ではないが、それを充たしてくれる、これが〈好奇心〉の「知」である。

さて、人間は《世界内存在》であり、〈被投的存在〉なので、どんな場合でも、人間の知的営為は「すでに在るもの ein Gewesenes」を後から辿る、という仕方を取る他はない。生来知ることを欲する人間には、「模倣 μίμησις」が本質的である、最初の知が模倣を通して得られるとは、アリストテレスのいった所である。好奇心も、そのような人間的知のである一様相である。好奇心そのものは、無下に否定されるべきではない。否、およそ好奇心のないところに、知的営為と呼ばれるものの始まる場所はない。〈頽落〉という非本来的な在り方が、それでもなお、人間に本来的であったのと同様、好奇心、この「知」の頽落様相も、人間的知の在り方として本来的である。勿論、知が好奇心の水準に留まったままなら、何所までいっても、それは常に〈人〉の知、世間一般の知である。

だがときとして、好奇心の知が、〈好奇心〉の域を越えることがある。即ち、「気散じ」であった好奇心の知が、知の内容に関して、決して「どうでもよい」、では済まされなくなることがある。知の内容に拘りや蟠《わだかま》りが生じてきて、放っておけなくなるのである。こうなってきたとき、好奇心が、専門的な知へと人間を督励し始めたらしい。何所かで、「知」のポイントの切り換えが起こったらしい。蓋《けだ》し、「専門的 spezial」とは「スケプシス σκέψις」、或ることを「じっと見つめる続けること」に由来している。「気散じ」、或ることにちらっと、精々ざっと「目を呉れて、直ぐに目を移すこと」の正反対の状態である。どうやら何所かで、〈人〉の好奇心が、「自分」だけの好奇心に変様するらしいのである。一般に〈人〉のものではなくなったとき——知らぬ間にそうなっているのだが——好奇心の知が専門的な「知識」になる。事柄の傍にじっと留まり続けることで、好奇心が専門的探究へと変様するのだが、多分、その「事柄」に、好奇心を「足止め」させる何かがあったからだろう。理由は分からないが、足が止まってしまったのである。「出遭い」とでもいう他はない。とまれ偶々《たまたま》、自分を足止めさせたものが、本当に足を止めるに値するのか、そこに拘りだすと、もう事柄から離れられない。こうして「すでにあったこと」が仕かけた、足止めの「後を辿る」ことになる。「過去」が「未来」となって「現在」に働きかけ、人間を動かし始めるのである。ここに、好奇心が「時熟構造」の表れだったことが、見えてくる。

先賢に学ぶ。いう所の「温故知新」は、好奇心の「知」が専門的な「知」に変貌していくために通る、必然の「方途 Weg」である。このようにいつの間にか、知の「頽落形態」の好奇心が、人間に固有の知的欲求の「本来の」在り方、即ち、事柄を周りの情況ともどもに見ること、しかして「筋道立てて methodisch =auf dem passenden Weg」で「待つこと」へ変じたのである。この変貌を通じて、人間的知は、不断に「究極的な知=自己知」への〈途上 unterwegs〉にあることが見えてくる。自己知、それは何かを「探究 ζήτησις」し続ける「自分」が、その「自分」に注目することによってしか見えてはこないだろう。少なくとも何かの探究に専心している「自分」は〈人〉ではない。他ならぬ「この私」なのである。だから「知」の目標を問う「愛知者ソクラテス」に、デルフォイの《神託 μαντεία》は「汝、己ヲ知レ」、「常に、自分に還りなさい」と諭したのだろう。このエピソードがもし、ソクラテスほどの人間でさえ〈人〉の好奇心の魅力、この「惹きつける力」に抗しかねていたらしいことを教えているのなら、なかなか愉快な話ではないか。

それはそれとして、一体、何が好奇心を専門的な知へ導くのかは分からない。しかし、人間は一般に、〈人〉でありながら、〈人〉という匿名性、〈人〉という平均性、要するに〈頽落〉状態に安住できないらしい。安住できないから、〈好奇心〉という知の形態に満足できないし、その逆もまた真だろう。だから人間は、好奇心において、〈好奇心〉を抜け出すという矛盾を実践しているのである。〈好奇心〉の矛盾において、人間は誰もすでに〈人〉であって単なる〈人〉ではない。存在論的には同一性の中に差異が保持されている訳である。

## 結び

ハイデッガーの『存在と時間』の分析に即してなされた以上の論述から、浮かんでくる人間、〈人〉である人間のイメージは、いささか暗いように思える。人間存在の根本気分であり、〈気掛かり Sorge〉の範例的ともいうべき様態を、ハイデッガーは〈不安 Angst〉とした。果たして、不安が社会的動物である人間に根底的なものなのだろうか。このような批判があったことは確かである。しかし、批判の当否を論じるのは本章の問題ではない。

ハイデッガーは、現象学的な立場の故に、記述された人間像に一切価値論的な意味づけをしてはいない。もし彼の見た人間のイメージを暗いと感じ、何所かに明るさを求めたいとしたら、彼の記述を価値論的に、したがって実践哲学的に見ているからだろう。それはそれで、是非もないことである。可能なかぎり公平でニュートラルな立場から記述するといっても、記述すること自体、何らかの価値の標榜だからである。方法に《現象学》を採用した、それはハイデッガーの哲学的な問題意識の表れだったし、哲学的な価値意識の表れであった。大体、現象学がフッサールの思い見たような、純粋形相的で没価値論的な学——さながら、純粋数学のような——であるのかどうか、それ自体問われるべき哲学的話題である。ともあれ、ハイデッガーの記述した人間像——それが完璧で遺漏のないものであればあるほど——を暗いと感じるのは、『存在と時間』の記述を、あたかも「救済なき終末論」、「福音なき黙示録」のように見てしまうからである。

ハイデッガーはただ自分の学的姿勢、学的方法に忠実だった、それだけのことである。そして、次のことも確かである。ハイデッガーの記述の暗さを払拭できるか、暗さの向こうに明るさを望めるか、それは我々の問題であって、彼に責めを負わせるべきことではない。要するに、彼の丹念な記述があるからこそ、「人間とは何か」という問題、ハイデッガーが畏敬したM・シェーラーの言葉でいえば「哲学の最も根本的な問題」に取り組むことができる。ハイデッガーに対して、「不安」という根本気分で人間を規定することに賛意を表せない、そういう哲学的傾向もあった。この傾向は多分、ハイデッガーの思想にキリスト教的な〈愛 caritas〉が欠如していると考えたのだろう。

シェーラーは初めて、正確な意味での《哲学的人間学》を掲げ、その上に厳密な価値哲学を構築しようとした。人間的価値の探究、それは実践哲学の問題である。シェーラーには、厳密な価値哲学のためにこそ、徹底的な人間探究が必要だった。彼の人間探究の真摯さと精密さ、ハイデッガーはそれを学び、『存在と時間』の人間現存在記述の範に仰いだのである。価値論の展開と価値を現象学的に記述することとは、別のことである。シェーラーはこの区別を十分に弁《わきま》えて、自らの理論を作り上げていった。惜しむらく、シェーラーは思想展開の、文字通り「途上で」倒れた。ハイデッガーがシェーラーに、満腔の敬意を惜しまぬ道理であった。

**註**

小論は、「頽落と好奇心」(『兵庫教育大学研究紀要』第一二巻、一九九二)に加筆修正したものである。

小論において、筆者は意図的にメフィストフィレスやドラキュラなどの「怪人」を引き合いに出した。水木しげるの妖怪どもも、鬼太郎=怪人だけが退治できる。人間と神、一方でこのような聖なる関係があれば、他方に人間と悪魔=怪人、このような何とも形容し難い醜な関係がある。二つの相反的な超越関係、この関係が人間の日常を規定している。人間は常に安堵と不安を生きているのである。

# 第二章　思想と歴史

## ――ハイデッガーの思索の基礎付け――

### はじめに

哲学的思索、それを、思想を歴史的に考察すること、と規定してみる。いかにも大胆な規定だし、哲学史に照らしても、こういう考え方は新しい。カントまで、思想家たちはそれを実践していたにもかかわらず、まだそのことを特に意識したことはなかった。ヘーゲルは十分気づいていた。だがそれを実践しながら、ヘーゲルはそれを超えるように思索した。

一般に、思想は多方面にわたる人間の知的成果の総体である。本章が話題に供するのは、ディルタイ的意味での「精神科学的 geisteswissenschaftlich」な成果である。自然科学的な成果は省かれる。「自然科学的 naturwissenschaftlich」、それは十九世紀後半から、精神科学とのコントラストの下で注目されるようになった一つの学的傾向、《自然》の新しい見方、捉え方である。ガリレオもニュートンも、まだ自然科学者ではなかった。ヘーゲルもまだ自然を自然哲学的に、いってみれば観念論的に考察したのである。自然哲学は、彼の構築した《精神の哲学》の必須の一部分をなすにすぎなかった。

さて、およそ思想の考察は、〈歴史的存在〉である人間が、或る特定の歴史的条件、時空的な被規定性の下で遂行せざるをえない。考察が否応なく歴史的制約下にあるために、ときに偏見のたぐいを開陳し、また誤解を敢行するといった危険を孕めている。戦争中の我が国の思想界を想起すれば、分かり易いだろう。とまれ思想を考察することに関する危険を承知していたからこそ、ヘーゲルは思想への歴史的相対性の関与、もしくは歴史的な〈作用聯関〉――フマニスムスの思想家、ガダマーの術語の意味で――の混入を排除するべく、絶対的な思想の構築を目論んだのである。

以下に、歴史的思索について一考を叙するのだが、もとより徒手空拳でかかる大問題に臨むことはできない。以下の論述は、ハイデッガーの思想を「アリアドネーの糸」にして進行する。彼の名前が前面に出るときも出ないときも、ハイデッガーに導かれている。彼の思想は、人間的思索が歴史の迷宮に入ろうとするとき、恰好の指針となるだろう。実際、そう信じて彼に針路の指示を仰ぐ思想家も少なくない。ポストモダンの思想世界へ及ぼした彼の影響力――ハイデッガー自身には、与《あずか》り知らぬ、といった所かもしれないが――を惟《おも》えば、誰にも異論はあるまい。ちなみに、ポストモダンとは、近代の啓蒙的理性とそれに鼓舞されて進捗した《フマニスムス》への批判的反省が余儀ない時代、第二次大戦後の思索的傾向を画する時代のことである。

一体、人間的思索はいつも無数の方向へ開かれていて、どの方向へ針路を取ればよいのか、十分に見通すことはできない。ためにしばしば人間は同じ過ちを犯し、ときに達観したように、歴史は繰り返す、と嘯《うそぶ》いたりする。それも道理、歴史という迷宮は「クノッソスの迷宮」のような意図的な作りものではなく、人間存在に存在論的に負わされたものである。“ens cogitans”である人間は、常に暗黙のうちに、歴史の迷宮そのものを思索しなければならない。ハイデッガーの思索自体、迷宮の直中にあって、迷宮にあることそのことを思索した。その際、ハイデッガーはヘーゲルを念頭に置いて《歴史》を考察した。ヘーゲルを顧慮するために、ハイデッガーは歴史を、“Geschichte”と“Historie”の二面から見る。“Geschichte”、〈人間的出来事 Geschehen〉の積み重ね、積分和のごとくである。積分和は不断に増加して決して止まることはない。歴史が作られる、とはそういうことである。“Historie”、こちらは歴史上の事実、確定可能な〈史実 historische Fakta〉である。ハイデッガーにおいて、“Geschichte”と“Historie”を単純に同一視する訳にはいかなかった。彼は、ヘーゲルのように思索することはできないのである（本章は本書第Ⅰ部第三章「芸術の過去性を巡る一考察」と関連している）。

ヘーゲルの思想は「歴史 Geschichte」の「外」にあって、様々な〈歴史的経過 geschichtliche Vorgänge〉を〈史実 Historie〉として総括し、意味規定するものである。“Geschichte”は“Historie”にならねばならない。彼の『歴史哲学』から分かるように、ヘーゲルはそういう立場を採った。この立場からすると、歴史という「迷宮 Labyrinth」を進むものは、いわゆる《理性のトリック List der Vernunft》に操られる歴史的人間である。一方、真の理性は、歴史的人間の限界と宿命を知っている。即ち、真の理性は「歴史 Geschichte」の上に君臨し、迷宮全体の「からくり」ともいうべきものを見抜いているので、歴史の迷宮といえども、畢竟、理性からすれば「ダイダロスの仕掛け」と大差ないのである。

“Geschehen”、“Geschichte”は確かに「今」を生きる歴史的人間にとって大事だし、常に焦眉の急の問題である。しかしヘーゲルからは、それもしょせん“Historie”として整理されるべき「材料 Materie」なのである。“Geschichte”は“Historie”となって、初めて「歴史的事実」でありうる。そうでない「事象 Vorgang」は、「取るに足らぬこと Unding」、「どうでもよいこと etwas Gleichgültiges」である。その種のものはいつの間にか歴史の迷宮の中に吸収され溶解されて、後も残さない。さもなければ、不確かな伝聞となって残り、後世の小説家たちの恰好の素材となる。ともあれヘーゲルの場合、思想の歴史的考察とは、要するに個々の思想を「史実」として、一つの統一的原理の下に整理整頓し、原理に則ったコメントをふして総括すること、つまり一篇の《哲学史》を編むことである。ヘーゲルの思索は、歴史のうねりの中で他の思想と「対決する Auseinandersetzen」というより、うねりそのものを眼下に見霽《はるか》しながら、歴史的思索の歴史的なる所以《ゆえん》を説き明かすものである。ヘーゲル自身からすれば、それが可能なのは、彼の思索が歴史の原理を質しつつ吟味し、原理から歴史を解明するものだったからである。

だがハイデッガーは、ヘーゲルのようには思索できなかった。そのハイデッガーに指針を戴く以下の論述は、顕在的にも暗々裡にも、ヘーゲルの立場と対照的である。

## 1

およそ、思想の考察は「歴史的」である他はない。思索者自身が歴史的存在だからである。思索は、川の流れに浮かべた船に身を委ねつつ、船の上から川や周囲の景観をあれこれ評定するに似ているように思う。自らの位置を固定座標と信じても、当の座標自体が少しずつ動いている。思索者自身が不断に「動くもの」、誕生から死へと動く「生けるもの das Lebendige」なるが故に、歴史的である。思想を後世へ遺す先人たちも歴史的であったし、たった一つの例外もなかった。

一つの思想は確かに一人の思想家のものだけれども、ただにその人のものであるだけではない。思想には、時代の「成果 Erfolg」という意味もある。思想は「歴史的事実 Faktum」として過去に属している。過去のものとして、それをもっぱら“Historie”として扱うことができる。かかる操作が間違っている訳ではない。だが思想に対して、ヘーゲルと同じ定位を貫くことができない、それが「歴史的存在」たる人間の思索なのだ、とハイデッガーは考える。そうなると、歴史や思想の意味をどうしてもヘーゲルとは別様に考えねばならないのである。

思想が思想でありうるには、思想が「生きている」のでなければならない。「生きている」とは、媒介され継承され保存されて、今‐在る、という意味である。過ぎ去ってしまって「もうない」のでも、化石のように「遺物」としてやがて風化していくのでもなく、「今、現にここに在る」。思想が思想であるとは、「過去のもの ein Vergangenes」にならず、ずっと「在り続けてきたもの ein Gewesenes」、而《しか》して「現に在るもの das Dawesendes」ということである。そこでハイデッガーは、歴史的思索を「過去のものを史実として現代へ向けて説明することではない。ずっと在り続けたものと、歴史的に対決する Auseinandersetzen することだ」、という。「対決 Auseinandersetzung」、ドイツ語の意味を尊重すると「語らうこと」、互いに「意味を汲み合うこと」——ギリシャ語の“διαλέγεσθαι”の意味に近い——である。

　思想は歴史的存在である先人が、或る歴史的状況の下でものし、意識するにせよしないにせよ、先人が、歴史的存在たる後世に「遺わした Schicken」、或いは「委ねた Überlassen」ものである。後世の人間は「遺わされたもの Geschicktes」を「史実的に historisch」に扱うこともできるし、一方的に意味規定することもできる。歴史的人間には、「遺わされたもの」との対決も一方的な意味づけも、どちらも可能なのだが、それでは、思想に対する公平な態度ではない。それを強行しては、次のこと、思想に対してかかる操作が何故可能であるか、ということが閑却されたままなのである。思索的操作そのものが「歴史的 geschichtlich」であること、しかしそれが思索の俎上には上ってこないこと、思索に関するアポリアである。

　実は、このアポリアを思索的には総括できない。克服できないのである。よしんば、折々思索的に総括できたと信じても、「総括した」ということそのことが、割り切れない剰余となって残ってしまう。そのために折節の総括を含めて、歴史的存在の歴史的思索全体が後世に委ねられざるをえない。総括可能なら、歴史的考察は文字通り「完了する Vollenden」ので、歴史的現象は自然的現象と一つになる。而《しか》して、ディルタイが《精神科学》と《自然科学》を区分する必要もなかっただろう。歴史的思索が、歴史的思想に超歴史的な視点を取りうると考えるなら、公平ではない訳である。自分だけが「超歴史的存在」であるかのように、振る舞うことになる。歴史を巡る思索は本質的に、総括されてきれいさっぱり片をつけられる、というようなものではないのである。

歴史的存在の歴史的思索は「完了する Vollenden」ことはなく、ハイデッガーのいうように、「途上的 unter-wegs」のままに終始せざるをえない。それが思想の弱さであり、強さでもある。弱さ、即ち、思索者自身が自らの思索を総括できないということ。強さ、後世に委ねられて、思想が思索者自身にとってのもの以上にもなりうること。ここが端的に、思想と自然現象との違いである。自然現象はいつも変わることなく反復される。だから「因果律的な kausalisch」説明が効果的である。思想は、後世に反復的に復活しながらも、決して同じ生を生きることはない。思想の歴史的展開を因果律的に説明してみても、格別の意味はない。結果論的な総括以上のものにはならないのである。アリストテレスの思想は、後世、繰り返し確認されることで、いや増して偉大になる。生きつつ偉大になっていく……。成長し続ける訳だが、しかしこの成長には自然現象――生物の成長――におけるような意味での法則性も規則性もない。ディルタイらが、《自然科学》と《精神科学》とを分ける所以《ゆえん》であった。

「対決 Auseinandersetzung」と「総括 Zusammenfassung」という形で思想を継承し保存する。方法論的に見ると、それは〈解釈 Auslegung〉と〈了解 Verstand〉である。歴史的継承物に対する歴史的人間の姿勢と営為に関して、これらの語彙を適用したのはディルタイだった。ディルタイは、これらの思索的手続きを「人間の生の解釈 Deuten des menschlichen Lebens」のための〈技術 Kunst〉、と理解していた。解釈という考えの基本を、彼はシュライエルマッハーに学んだのである。

シュライエルマッハーは、事象を大所高所から見る、或いは神の立場から展開されるがごときヘーゲル的な《観念論》が嫌いで、浪漫主義的な人間的熱情――人間なるが故に負うべきパトス――に思索的関心を払う神学者であった。パトス的なものに注目する彼は、宗教的体験の本質を「直観的・感情的」、"ästhetisch"なものと考えていた。宗教体験は「神」と「直に触れ合うこと Fühlen」である。随所に述べられているが、"ästhetisch"の元になるギリシャ語の"αἴσθησις"は、「触覚」の意味だった。とまれ神の教えも、ただに観念的なだけでなく、むしろ神との直の「出遭い Begegnung」と「交会 Kommunikation」の意味を尊重して理解されねばならない。シュライエルマッハーの《解釈術 Hermeneutik》は、彼の敬虔な信仰と透徹した神学的思想から推して、『聖書』の言葉——神の顕現である——の正確な理解のための方途であった。反・ヘーゲルの立場からして、直接神の言葉と触れ合う「解釈」こそが、聖書の誤読や曲解を排除し、神への厳正な思索を可能にしてくれる。「解釈」を通じて、神は常に新しく人間的思索の対象になり、而《しか》して信仰の対象になる。シュライエルマッハーの提起した「解釈」は神と人間、超歴史的存在と歴史的存在、水準の異なる二つのものの交流を可能にするべく、神が人間に授けてくれた「賜物」かもしれなかった。

ヘーゲルの立場からすれば、神と人間の関係は相互的ではありえない。神の教えは一方的な通告＝啓示であって、教えに解釈の余地などあるべくもなかった。ただ聴従すべきものだったのである。

神と人間との関係を人間と人間との関係に敷衍する……、ヘーゲル的にいえば局限することになろうが、それを思索の旨とするディルタイにとって、「解釈」はそのための方法であり技術であった。ハイデッガーはディルタイに倣いつつ、「解釈」と「了解」を、人間の〈実存疇 Existenzialen〉、存在論的概念として基礎付けた。しかし解釈と了解による思索、それは見方によって「事象」がどうとでも意味づけられる、いい加減なものではないのか。そのようなソフィストの論法紛いのものを、西欧の形相的思索、形而上学的‐神学的な伝統が許容するものであろうか。ディルタイとハイデッガーの下で哲学的に枢要な概念になるまで、西欧哲学の中で、解釈や了解が「哲学的な」問題として考察されることはなく、一つの思索的技術だったのである。

思想を思索するとは、思想の解釈を企て、それを通して思想の在り様を批判し了解することである。批判、もとよりカント的意味でいっている。思想が思想でありうる「諸要件 Vorbedingungen」を吟味検討するのである。思想は「歴史的存在」なのだから、思想の考察である「批判」は、思想が成立する「歴史的事情 historische Umstände」を尊重しつつ、思想を「歴史的文脈 historischer Kontext」の中に正確に按配しなければならない。按配のための方途が「解釈」と「了解」である。その意味で、解釈はただの「技術」ではない。

「解釈」を、ディルタイはこんな風に釈義する。時間的に確定されうる「生」、歴史的存在である人間の諸々の「生」の表出、語の最広義での「精神的生 geistiges Leben」の表現を、"kunstmäßig" に「了解すること Verstehen」である、と。"kunstmäßig" の語は訳し難いが、"-mäßig" を "gemäß" と同義的と見れば、上述のシュライエルマッハーの用語法に倣って、「技術の及ぶ範囲で」、「技術の権限内で」、と理解できるだろう。その意味をハイデッガー的にいえば、第一義的には、解釈する思想家の歴史的事情に適う範囲で、この「技術を駆使する sich Verfügen」のである。

解釈に際して、思想家は技術のかぎりを尽くす訳だが、こうして到達した「解釈」と「了解」が唯一無二のものかというと、実はそれを決定し保証してくれるものがある訳でもないのである。"kunstmäßig" というディルタイの表現は、そこを見事に言表している。解釈の妥当性は、あくまでも "-mäßig" の範囲内にある。「解釈」が齎《もたら》す「了解」は、必ずしも「科学的 wissenschaftlich」でも「理論的 theoretisch」でもないし、そのような客観性や絶対性を望むこともできない。はなはだしい場合、「誤解 Mißdeutung」でさえ一つの「解釈 Deuten」でありうる。誤解も十分に "kunstmäßig" でありうるからである。唯一無二の「了解」をかかるものとして保証する基準、それが何なのか。歴史的思索は、それを思索しなければならない。

ヘーゲルの絶対的な視点、而《しか》して超歴史的な視点からなされる思索——非歴史的ではないから、念のため——に、

「解釈」や「了解」の考え方はあるべくもない。最初から、必要もない。彼もまた歴史的人間であるので、ヘーゲルのする歴史的思索が、そのままで究極のものであるとすれば、それはヘーゲルの思索が《絶対者》の思索だからである。絶対者は事象に超然としている、否、事象を跨ぎ越した水準にあって事象全体を見はるかしている。だから解釈は不要で、事象をただ「叙述Darstellen」すればよい。見たことをそのまま語ればよいのである。

どうしても全体を見ることができないものは、見ることのできない部分に関して、「解釈」せざるをえないし、解釈されたものには「説明Erklären」が不可欠である。「見えないもの」に関する解釈が出鱈目であってよい訳はないから、シュライエルマッハーにおけるように、解釈が、あたかも「学問」であるかのように、きちんとした「技術」でなければならない。「解釈」が一つの技術として認知されることによって、解釈に範例性と客観性が約束される。技術として「解釈術」が確立され、さらにそれが《解釈学Hermeneutik》という実践的知となる。ディルタイにすれば――そしてそれに倣うハイデッガーにとっても――、「技術としての解釈」の客観性が《精神科学》を学問にする所以《ゆえん》の一つであったろう。

ハイデッガーがディルタイを援用したのは、決して偶然ではない。ハイデッガー自身明らかにしているように、彼のする「人間現存在」を巡る「準備的な実存論的時間性の分析」は、ディルタイのなした研究を摂り入れ、当研究の必要な部分に即しつつ、当研究を一層進捗させるためになされた。「解釈」を、人間に具わる一つの「技術」と見るか「実存疇」と見るか、そこに違いはあっても、「解釈」を歴史的思索には不可避的、とする点で両者は全く一致していた。ついでにいうと、ディルタイは「了解」を次のように見ていた。人間に感覚的に与えられる記号から、何かしら内面的なものを「知るというプロセス」である、と。簡単にいえば、感覚的に受容される記号体系、即ちテキストから意味を「読み取るAuslesen」ことである。解釈と了解は別個の作業ではなく、相即的・相補的で、この全体が「解釈」という「技術」なのである。もとよりここでいうテキストとは、ドキュメントとして保存されてきた思想、狭義のテキストである。

ハイデッガーは「解釈」だけでなく「了解」も、人間の《実存疇》と捉える。それはそもそも、人間存在そのものがトータルに存在意味を解読されるべきテキスト、広義のテキストといってよいからである。このようにテキストには、狭義と広義の二様の在り方が考えられるが、いずれにせよテキストとは字義通りで、歴史の中で歴史的に「織り上げられてきたもの Gewebe」である。

さてディルタイによると、自らの「解釈と了解」の定義は、厳密に「心理学的な」術語づけであった。周知のように、《心理学》は十六世紀のドイツの宗教改革者メランヒトンの用語、“psychologia”に由来する。この語は元々、神学的＝形而上学的な文脈にある言葉だった。十九世紀後半の《実証主義》、反形而上学の学的傾向の中で、形而上学との係累を絶って、《心理学》は根本的な、いわば第一哲学的意味での、ただし反・形而上学的で実証主義的な《人間学 Anthropologie》を標榜することになる。それによって、《神学》に取って代わるべき「根本学 Grundwissenschaft」たらんとしたのである。いうまでもなくこの心理学は、昨今のアメリカ風の心理学、もっぱら実学的な「応用心理学 applied psychology」とは全く別のものであった。

とまれディルタイにとって、《心理学》には特定の役割が指定されている。その役割は「プシュケー ψυχή」を持つもの、つまり「生あるもの」の全体の中で、取り分け“animal rationale”の在り方を闡明《せんめい》することである。かかる「生あるもの das Lebendige」の本義を質す心理学、それがディルタイの《生の哲学 Lebensphilosophie》であった。この心理学は、ハイデッガーには「……〈生〉をその歴史的聯関や作用聯関の中で……人間がそれであるその在り方として……了解する心理学」であった。故にこの心理学において、いわゆる「心的なもの das Psychische」についての実証科学的な改良が旨とされるより、まず《精神科学》の根基である「人間という事実」全体を遺漏なく提示することが眼目になった。ディルタイの《心理学》は一特殊専門学ではなく、根本学たる資格を主張して憚らなかったのである。

今、「心理学」と「生の哲学」に関していったように、ディルタイは「心理学」の中に「生の哲学」の目標を重ねていた。即ち「〈生〉を哲学的了解に齎《もたら》し、この了解に、生そのものの方から解釈学的基礎というべきものを保証」させたかった。ここに、一種の循環のあることが分かる。「生」を了解するには「解釈」が不可欠だが、当の解釈可能の根拠を「生」そのものに基礎付けるのだから。ディルタイとハイデッガーの思想的関係を顧みると、前者が「生 Leben」の水準で把握しようとしたことを、ハイデッガーが《実存 Existenz》の水準で継承し展開させた、と考えても大過ないだろう。ドイツ語の“Dasein”や“Existenz”の語には、“Leben”の意味があったことも忘れてはならない。

とまれ、探究されるべき〈生〉の意味へ迫る方法である「解釈」や「了解」を、〈生そのもの〉の方から保証する、この「循環」はなかなか難問であった。思想＝解釈されるべきテキストと、思索＝解釈することとが相互的に規定し合って、どちらにイニシアティヴを認めることもできないからである。

ところがこの難問、思索そのものの自家撞着、これは夙《つと》に、アリストテレスが《論点先取りの矛盾 τό ἀρχὴν αἰτεῖσθαι》――ラテン語で“petitio principii”――、と指摘したことだった。「論点」。人間は自分の知的営為の対象を知らないし、知らないから知ろうとするのである。だが本当に文字通り何も「知らない」のなら、何か知ろうとすること自体が宙に浮いてしまう。何をしているのか、それが分からないからである。だから「論点」は知的営為に先立って、たとい漠然とした状態ではあっても、知られていなければならない。論点が先取られていないことには、人間の知的営為は知的営為たりえないのである。「論点先取りの矛盾」、いってみれば、人間的思索のアキレス腱である。人間なるが故にこの矛盾を負い、人間なるが故にそれを解消できない。この矛盾こそ人間的思索の徴《しるし》である。

だからヘーゲルは、この矛盾を次のように「止揚 Aufheben」したのである。総てがそこから発現し、総てがそこへ帰着する《絶対的なもの das Absolute》、「AでありΩである」と自ら宣言する神の、全能性と完全性を唯一の規範として思索することで。ヘーゲルの思索は人間の思索ではなく、あたかも神の思索であった。神の思索は「無から出発 origo ex nihilo」し、有となった総てを総括し、総ての有を自分のものとして所有する。神の思索と人間のそれとを対照させることで、ヘーゲルは「論点先取り」の矛盾の不可避性を、歴史的人間のする思索の不完全性、という「スティグマ stigma」に繰り替えた。スティグマ、いみじくもヘーゲルが《月並みな意味での無限 schlechte Unendlichkeit》と呼んだあの循環、人間の思索が陥って「堂々廻り」してしまうことと同義であった。

だが人間はどんなに理性的であっても―― animal rationale ――、自分の〈生〉を全うする、歴史的存在として「生き果《おお》す」よりない。この存在状態を、神に比して、欠如的だ、不完全だと告発されても、人間はこの告発を甘受する他はない。《生の哲学》において、もとより「人間的生」の全体が知の対象であるが―― Was heißt das Leben? ――、生の全体が人間的知の前に隈なく現前している訳でも、してくる訳でもない。全能者ではない歴史的人間の知はヘーゲルの《絶対知》ではないし、自分を知り尽くすことはできないのである。されば上述のように、自分の存在が解読されるべきテキストなのである。しかも自分の存在の意味を解読する、という人間的な知的探究は途上的に終わらざるをえない。ここに《生の哲学》のディレンマがある。《生の哲学》は解決できない問題を、それと知りつつ解決しようとする、そういう矛盾した課題を自らに負わせている。《生の哲学》のディレンマとアポリア、これは、人間的思索における「論点先取りの矛盾」を、そのまま体しているである。人間的生の全体には「始まり」も「終わり」もなく、生は不断に続くプロセスで、常に「途上的」でしかないからである。

## 2

ディルタイが提起した意味での「生」の問題を、ハイデッガーは〈人間現存在 menschliches Dasein〉の〈実存 Existenz〉の問題として継承した。そして実存、人間が「常にすでに、今、このように在ること」の実質を〈有限性 Endlichkeit〉、時間的‐歴史的に規定されていることと捉えた。ハイデッガーにとって、「生」の問題が時間と歴史の問題として思索されることになる。ハイデッガーはそれを、ディルタイの思想のより根底的な理解であり徹底化、と確信していた。根底的に、とは「存在論的に ontologisch」の謂いである。このように基礎付けないと、当時の心理主義的な傾向の中で、ディルタイの《心理学》と《生の哲学》が誤解されかねなかったからである。《心理主義 Psychologismus》、それは人間にかかる出来事の一切を主観的体験、もしくは心的なプロセスに帰して、もっぱら心的な発展過程の結果、という風に発生論的に説明する学的姿勢のことである。ディルタイの心理学、精神の哲学が問題にする「精神的生」の〈歴史性 Geschichtlichkeit〉が、心理主義的な傾向下で、主観の心的過程の諸様相へと局限化され矮小化されてしまいかねない。ハイデッガーはその懸念を払拭しなければならなかったのである。

人間の「知」は「解釈」と「了解」という形で得られるのだから、上述のように、知そのものが歴史的な相対性を帯びてこざるをえない。ここに、ヘーゲルが完璧に解決したはずの問題、絶対的な知の領域と相対的な知のそれ、「真の理性」と「歴史的な理性」との区別、及び区別の是非や妥当性が再び頭を擡《もたげ》てくる。精神の哲学を標榜しても、ヘーゲルの「絶対的な知」の精神哲学と、ディルタイの「相対的な知」のそれとは、明らかなコントラストをなすからである。

ディルタイらは、ヘーゲル的な「絶対的な知」の在り方と妥当性を、《自然哲学》、《自然科学》の方に認めた。ヘーゲルが《精神哲学》の弁証法的な過程と見なし、精神哲学の位相とした《自然哲学》を、ディルタイは、精神哲学と並行の位置に置いた。二つの学問形態の違いは対象領域の違いであり、方法の違いであった。自然科学は、精神科学に比して、形式的、形相的な学である。かかる学問として、ここに初めて自然科学が神学や観念論の拘束を解かれ、独立した学の領域を確保したのである。厳密にいうと、《数学》は自然科学には属さない。というより、数学は通常の学の区分には馴染まない。数学は人間の知の形式、思索の様相そのものを純粋に形式のレヴェルで扱う。数学が形而上の《理念》に関わることはない。だから、数学を《形而上学》と見なすことはできない。また数学は形而下の世界、即ち自然に具体的に関わることもない。だから、これを《自然科学》と考えることはできない。それにもかかわらず、やはり数学は自然科学的とみなされている。それはおそらくこうだからである。《自然科学》が自然を有機的な統一体と捉え、その内的構造を法則として発《あば》き、それを数式へ総括する——形相的な自然把握になる——ように、数学も一つの完結した世界——数学的世界——を構成し、それを数式でもって形相的に開示するからであろう。

さてディルタイ、ヴントの考え方は、現代的な学問観の常識になっている。「科学的」といえば、自然科学的と同義で、これが学問一般の客観性の担保である。精神科学も、学たらんとすれば、客観性を確保しなければならない。ヴントは「自然科学」を全体として形式学と見なしたが、実際には、自然諸科学はただに形相的であるばかりではなかった。個々の専門領域で実践的な「技術 Technik」と合体して、《テクノロジー Technologie》が生まれる。テクノロジーの一環として、自然科学は形式的でありながら実質学になるのである。客観性を保証された実質学、これが今日的な自然科学の有体、テクノロジーである。もっとも、この展開は、ヴントの知らぬことであったろう。

とまれ自然科学が実質学の傾向を強めるにつれて、形式学の典型である「数学的な知」は、客観的な学問として範例的になる。数学的知の全体は、一つの《公理 axiom》から必要十分に「演繹 deduction」され、また一つの知から必要十分に「帰納 induction」される。演繹にも帰納にも、夾雑物——公理以外の所から生じたもの——の紛れ込む余地は一切ない。このように、数学的知の全体は、純粋な思考的構築物、「公理系」をなしている。数学的知が一つの公理系をなして自己完結的であるかぎりで、数学的知に関して、「解釈」を施す余地はない。この系において、また系として、数学的知は数学にかかる総てをあます所なく開示しているのである。

数学の公理系は、たとえていえば、ヘーゲルの《絶対知》の観念論的体系のように、完全で純粋である。あくまでも、たとえていえば、である。数学的知は確かに観念的・形相的であるけれども、ギリシャ以来、人間にとってのこの知の意味と価値は、「理論的 theoretisch」に整合的であるだけでなくむしろ「実学的 praktisch」で、広く人間の技術的営為一般の理論的な支柱となってきたことにあった。テクノロジーが急激に発展する素地は、元々、ギリシャにあった。実在論に立脚し、プラクシスを旨とするギリシャ人は、ただに観念的・抽象的なものを、必ずしも高く評価しなかったのである。

しかし形相的な知の範例である数学的な知といえども、人間的知の一様相である。やはり人間的知の宿命、歴史的相対的な側面を孕めている。「パラダイムの変換」といったことが起こりうる。現に十五世紀の末からの《大航海時代》を経験して、たとえば《ユークリッド幾何学》の絶対的な規範性が揺らぎ、妥当性の範囲は領域的・限定的なものになる。そしてユークリッド幾何学と並んで、幾つもの《非ユークリッド幾何学》が成立してくる。また創造主たる神の眼に自らの目を擬して「世界＝被造物全体」を眺めた、ニュートンの絶対的物理学＝創造主の物理学は、絶対権を失う。観察者＝被造物の目で世界——畢竟、ハイデッガーの意味での〈周り世界 Umwelt〉である——を解読する、アインシュタインの《相対性原理》の物理学＝被造物の物理学が台頭する、という具合である。

「非ユークリッド幾何」にせよ「相対性の物理学」にせよ、これらは従来の公理系の中に留まることができず、公理系の「外」へ出て、「外から」当の公理系を見直すのである。従来の公理系そのものを批判的に眺めて、公理系の意味を解釈し了解し直す必要が生じた結果、この視点が不可避的になる。

従来の数学、物理学を支えていた《パラダイム παράδειγμα》が唯一無二たりえなくなって、事象への「別の見方」――筆者は、今、ハイデッガーの〈別の始まり der andere Anfang〉を捩《もじ》っている――が同等の原理的役割を主張する、これが「パラダイムの変換」である。ただし、パラダイムの変換は、必ずしも従来のパラダイムの失効を意味しない。パラダイムの変換は、ヘーゲルの提起する精神の《弁証法》的展開――精神自身である「概念」の自己拡大――のような事態ではない。ヘーゲルの場合、新しい概念は必ず前のものを総括的に止揚している。而《しか》して、新しい概念は必ず古い概念の内容を吸収し併呑している。だが、パラダイムは必ずしもそういうものではない。確かにパラダイムの変換において、ヘーゲルのように、古い公理が新しいそれに「止揚 Aufheben」されることもある。だが概してパラダイムの変換において、古い公理系の有効性は限定されるけれども、なお、公理であり十分に有効な射程を持ち続けるのである。たとえば日常、私たちは、二進法、十進法、六十進法……などを巧みに使い分けている。それぞれに独自のパラダイムだといってもよいが、勿論これら進法間の内的関係はよく知られている。進法は互換的でありうる。だから進法の全てを一種類の「進法」に止揚してしまってもよいのだが、またそうしなくてもよい。十進法、二進法……と必要に応じてパラダイムの変換をして応じる。どうやらパラダイムの変換は世界観、即ち事象の見方の増幅であり拡張なのである。世界の見方が多元的になる、ということらしい。多元的に見られることで、目の鱗が落ちる。世界の相貌が一新されることもありうる。

だからといって、世界が別の世界になる訳ではない。私たちは、地球が丸いことを知っているが、日常、むしろ地球が平面であると感じている。理論的には、《非ユークリッド幾何》の意義を十分納得できる。だが日常、《ユークリッド幾何》で特に不便も痛痒もない。理論的な知と感覚的な実感との同一性と差異に煩わされることは、滅多にない。地球が丸いことは昔から、古代のアレキサンドリアに集まった学者たちの間で、すでに気づかれていたらしい。だが具体的に実感できたのは、ようやく《大航海》の時代になってからで、これを契機に、ユークリッド幾何はパラダイムとしての意味や意義を見直されることになる。しかしユークリッド的にも非ユークリッド的にも、地球は丸いし、日常感覚では平面的なのである。

パラダイム変換の余地を含みつつ、しかし「数学的知」が、人間的知の求める一つの理想、知の範例的形式であることに、いささかも変わりはない。時間的・歴史的存在なるが故に、人間が希求して止まない知の「永遠 αἰώνιος」、「不滅 ἄφθαρος」の形式が数学的知、公理系における不変の妥当性の中に存するからである。アリストテレスは「数 ἀριθμός」や「図形 σχῆμα」を、永遠的なるものの徴《しるし》、と見ていた。「総てを知っている神 πανσόφος」、この「不死なる存在 ἀθάνατος」に憧れる人間は「フィロソフォス φιρόσοφος」である。人間が神のごとき永遠不滅の知を求める存在であることを証するのが、数学的知への憧憬、永遠不変の真理ともいうべきものへの志向である。

プラトンは、パンソフォスとフィロソフォス、神と人間との本質的な相違、存在論的な懸隔を分かり易く説いた。「イデア」の語に二重の意味を持たせることによって、時間的な水準と超時間的な水準、死すべきものと不死なるもの、人間と神との知の水準を見事に峻別したのである。プラトンの《イデア論 Ideenlehre》を絶対的なイデア論、文字通りの究極的な《観念論 Idealismus》へ換骨奪胎したのはヘーゲルである。ヘーゲルはプラトンが「イデア」の語に持たせた二重の意味を一つに「止揚 Aufheben」し、実在的なものの意味を観念的なものに基礎付けてしまった。《精神＝観念》が《自然＝実在》を支配する思想にしたのだが、それは実在論者のギリシャ人には、とても発想できることではなかった。概念が事物の上に立つ。概念的に規定されなければ、「事物 Ding」は「無為のもの Unding」にすぎない。而《しか》して「自然＝実在、事物」の諸相を扱う学としての《自然哲学》は、精神の哲学に従属すべきである。

このヘーゲルに対して、ディルタイ、ヴントはあらためて——アリストテレスまで戻って——数学、そしてそれを手本にする自然科学を、端的に「イデア的な学」、形相的でイデアールな学として確保した。かくて自然科学は、プラトンが「イデア」に持たせた二つの意味——レアールとイデアール——のうちの一つを継承することになった。しかし精神科学と自然科学との間に、ヘーゲルにおける様な、優劣も上下関係も設ける必要はなかった。

本章の冒頭に述べたように、私たちは物理学の体系や数学の公理系のごとき自然科学的な思索的成果を「思想」には数えない。ディルタイやハイデッガーにとって、思想とは人間的思索の所産で、しかも解釈と了解を通じて意味づけられうるものである。而《しか》して、「それ」を考察することが、否応なくそして常に、「それ」を「解釈 Deuten」しつつ「説明すること Erklären」であるような「それ」だけを思想と見なすのである。一方、自然科学的成果に関しては、ただ「叙述すること Darstellen」に尽きるし、それで十分である。数学的証明は、叙述であって解釈である必要はない。

自然科学の世界に出来する「パラダイムの変換」、それは歴史的事象であるから、「変換」の意味や妥当性を巡って解釈は可能だし必要でもある。しかし変換の結果が齎《もたら》す新しいパラダイムに関しては、叙述すればよい。解釈して理解する必要はない。いってしまえば、パラダイムの変換は「自然科学」にかかることだろう。自然科学的意味でのパラダイムと精神科学のそれとは、必ずしも同じではないからである。

3

思想は無から生じることはない。どんな思想であれ、思想であるかぎりで、それはすでに解釈と了解の成果である。思想の〈原典 Urtext〉を、ハイデッガーは“Ursprung”とか“Quelle”という。この水準まで遡れば、多分、原典は「宣《の》り」や「お告げ Offenbarung」、何か人間ならざるもの、超越的存在から人間への〈遣わし Schicken〉のたぐいだったろう。神が「我はAなり、Ωなり」と宣言したように。お告げのたぐいなら、まずその通りに聴従すべきもので、そこに解釈の余地などない。それが反復的伝承のうちに歴史的なものになり、人間にとって解釈されるべきもの、テキストのようになる。宗教の教義を巡って解釈に異同が生じ、セクトが分かれることが、それを教えてくれる。歴史的人間にとって、絶対的であるべき宗教的な教義でさえ、解釈と了解の対象になる。されば人間にとって、思索することそれ自体が神から「遣わされたこと」、いわば〈運命 Geschick〉だったのかもしれない。ちなみに、自然科学の成果に解釈が不要だし不適だとすれば、自然科学的成果がさながら神のお告げのような絶対的な意味合いを持たされているからである。自然科学が神学に由来する所以《ゆえん》である。

ハイデッガーは、彼の後期思想、いわゆる〈ケーレ Kehre〉以降、右の根源的な「遣わし」を、〈エルアイクニス Ereignis〉の語で捉えて、思索する。ハイデッガーのいう“Ereignis”、「出来事」、それは「在るものは在る Anwesen des Anwesenden」、「無いのではない non nihil」という意味である。しかも在るものは「在るが故に在る est. quia esse」。これは素朴な意味で、実在論的に納得すべき事態である。存在のこの簡素さ、ハイデッガーの言葉でいえば、“Einfalt”が総ての始まりである。存在の「出来事」或いは「存在という出来事」、“Ereignis”から人間的思索、即ち「存在の釈義 Deuten」が始まる。釈義の内容は「意味 Bedeutung」として伝承され、次代の思索に委ねられる。彼が『存在と時間』の劈頭に、「存在の意味 Sinn についての問いを仕上げることが、この論文の目的である」と述べたのは、この意味であった。この問いを仕上げる、という課題は彼に畢生のもので、彼の思索の経歴においていささかも変わることはなかったのである。語の最も広い意味でだが、「存在は一種のテキストだ」といわれたのも、ハイデッガーの思索的課題を顧慮してのことである。

ハイデッガーにとって、「存在」は神学的に考量されるのでも、観念論的に規定されるのでもない。またヘーゲルにおけるように、「存在」は思索をなす能わざる超絶的なものではなく、むしろ不断にその意味を質され続けるべきものである。だから、一種のテキストなのである。テキストのように見立てるハイデッガーに対し、「存在」と「存在の意味」とは決して同じではない、との非難が出たことがある。伝統的な語彙でいえば、「即自存在 an sich Sein」と「対自存在 für sich Sein」では水準が違うのではないか、という問い立てであった。この非難は、ハイデッガー思想の肯綮《こうけい》にはあたらなかった。存在を「意味」として把握しなければならないこと、それが、「神」ならぬ身の人間が「存在」を思索している証拠だからである。

最初は一方的な「お告げ」だったとしても、釈義を経て意味が広く了解可能になる。それによって、お告げがヨハネだけのものでもパウロだけのものでもなく、人間全体のためのものになるからのである。

ハイデッガーは「芸術作品の始まり」の「後書き」で簡潔に述べている。古《いにしえ》のギリシャにおいて、「存在」は「エイドス εἶδος」として「出来事になった sich Ereignen」になった。出来事、"Ereignis"を語義的に辿ると、「見えるようになる sich vor die Augen Bringen」の謂いである。存在はエイドス、「目に見える形」になった。ギリシャにおいてこれ以外の仕方で「存在」が出来事になることはなかった。キリスト教的意味での「啓示 revelatio」を、ギリシャ人は知らなかった。ギリシャでは「見ること νόησις」と「考えること」は同義だったから、存在は「見える形＝エイドス」となって、「人間的思索 νόησις」へと「現象したのである φάνταζω」。爾来、人間的思索は変わることなく、エイドスの釈義に努めている。歴史的存在である人間に、エイドスは常に「歴史的出来事」として現象するからである。

もし、存在が常に「永遠の相の下に sub specie aeterna」にあり、而《しか》して「意味」のような可変的なものではないというなら、それも確かに一つの存在観ではある。しかし、それはハイデッガーのものではない。何故ならそれでは、「存在」は「思惟能わざるもの incogitabilis」というに等しく、畢竟、それはヘーゲルが『論理学』で「存在」に与えた定義そのものだからである。一方、ギリシャ思想に準拠するハイデッガーにとって、思索するとは見ることであったから、思索できないのは見えないからである。即ち「存在」は「エイドス」にならない、「現象しない」からである。

ちなみに「思索なす能わず」……、ならばと、カントは「存在それ自体」を《ヌーメノン νοούμενον》、もしくは《超感性的基体 substratum suprasensuale》として、理念的水準――人間的認識の根底にある原理的な水準――でそれを要請し、この水準で確保した。カントの遣り方は、中世の神学と近代の「人間理性」の哲学を上手く調停媒介するための、苦心の策略であった。カントは「超感性的基体」が超感性的である根拠を、超感性的基体の方に基礎付けて問答無用にしてしまうのではなく――これは神学の立場である――、人間本性に基礎付けた。神学の水準にあったものを人間のそれへ必要十分に移動する。《批判 Kritik》である。カントの「批判」の企てを『存在と時間』において、ハイデッガーは「形而上学の新たな基礎付け」と評価し、自らの存在思索もその方向で追随した。後にこの方向での「存在」の思索に、頓挫が余儀なくなる。それが例の「ケーレ」に繋がるのである。この件に関しては、本章ではこれ以上深入りはしない。

本章のテーマに戻って、或る思想を評して「独創的 originär」とか「画期的 epochen-machend」、といわれることがある。思想が歴史的なものなればこそ、である。超歴史的なもの、非歴史的なものをそんな風に評してみても、何のことか分からない。独創的な思想、それは文字通り全く新しい「解釈」を敢行して、新しい世界を拓いた、ということだろう。この意味で、偉大な思想といわれるものは、どれも独創的である。独創的な思想の意義は、従来の思想を否定するのでも失効させるのでもなく、かえってその思想を「偉大にする」のである。独創的な思想によって、従来の思想がなおまだ十分の解釈の余地を持っているもの、と再評価されるからである。独創的な思想は、歴史的なものを新しく賦活する思想である。独創的と偉大、これは相互に補完的であり、両々相俟って思想を歴史的なものにしている。「独創的」というと、概して「無から有を生む」がごとき潜在的な力を表象する。しかし、こと思想に関してはこの考え方は適切ではない。

だが「独創的」である偉大な思想、それのなす「解釈」は、その大胆さと革新性の故に容易に受けいれられず、しばしば誤解や曲解の謗《そし》りさえ甘受しなければならない。

ところでハイデッガーの巧みな表現を借りると、大胆な解釈によって、「月並みなもの ein Gewöhnliches」は衝き倒されかねない。月並みなものにとって、これは「衝撃 Stoß」である。独創的なものの威力はそれほど強烈なので、月並みなもの、常識的なもの——これを「定説」といってよいだろう——は、なかなか、大胆な解釈を認めることができない。これも、思想が歴史的である所以《ゆえん》だろう。定説を否定して新説を受けいれる、それは良くも悪くも歴史の否定になりかねないからである。「常識に泥《なず》め」という訳ではないけれども、プラトンは、「歌の歌い方が変わる、それは国の重要な法律が変わるに匹敵する」、と注意を促した。歌い方の変化、それは新しい解釈を体してのことだろう。もっとも、「新しい」、それを積極的な人間的価値の表れと見なす、このような傾向は精々《宗教改革》以降のものである。新しければそれでよい、こんな考え方は古《いにしえ》の人プラトンには受けいれられないものであった。

それはともかく、人間的思索と知は、いつも「確認」の喜びと「驚愕」の喜び、安全な喜びと危険な喜びという、相反する喜びに支えられ励まされている。その意味で、ベッカー風にいえば、《美的経験》だけが「スリリング thrilling」ではなく、思索もこれに劣らずスリリングである。ゾクゾクさせるようなスリルの緊張感を孕みつつ、しかし新しいが故の危うさと不安定さに耐え抜き、それを克服した「新しい解釈」、その力が思想世界の面貌を改めさせるとき、初めてこの解釈が独創的とも画期的とも評価される。固陋《ころう》な常識的、もしくは慣習的になった「月並みな gewöhnlich」了解が衝き倒されてしまったのである。

カントに「批判」の矛を向けられた形而上学、即ち神学の残滓を墨守していた十八世紀の形而上学の受けた衝撃は、さぞ激烈なものだったろう。カントの批判は、《形而上学》の根本的な読み直しの企てであった。形而上学に対する思索的な視点の変更を、カントは自ら《コペルニクス的転回》と称した。もとより、カントはこれでもって、従来の形而上学の否定や根絶を図ったのではない。むしろ足場が危うくなって、あたかも宙に浮いてしまった観を否み難い当時の《形而上学》を、人間的基礎の上に確《しっか》り据え直そうとした。形而上学の学的根拠を「神」から「人間」へと据え直す、そして学問を「神学」から「人間学」へと変身させる。これはまさにコペルニクス的な「思索的大転回 περιπέτεια」であった。自分の企てを新しいものとして際立たせるために、カントは、形而上学の伝統的な語彙と意味とを可能なかぎり尊重した。カントが軽佻なネオロギストのはずはなかった。もとより、カントの時代、哲学世界にネオロギスムが通用する訳もなかった。

一般に、文化的伝統的な背景を持たない新造語をひけらかし駆使してみても、到底、文化や思想の歴史の重みに衝撃を与えることはできないとしたものである。

閑話休題、カントの《コペルニクス的転回》、それに先立つデカルトの《コギトの定立》、こんなラディカルな事件は、人間の思想の長い歴史において、そう繁く出来することではない。プラトンの「イデア論 idealism」、トマスの「神学体系」など、ほんの僅かの先例があるばかりである。彼らの思想が「偉大」と許される道理である。彼らの思想は、それに続くものたちによって繰り返しその意義を吟味検証され、その度に、偉大さを確認されて歴史的に「今」を生きている。表面上の瑕疵の追究、時代に特有ないくらか偏狭な批判、そういった限定的な非難にはびくともせず、むしろそれによって、偉大な思想は一層光彩を放つ。歴史的な思想は歴史を閲することで、歴史そのものを栄養にして不断に成長を続けるのである。

偉大な思想は、歴史的に前代からの解釈という影響を取りいれる受容力があり、同時に後世への影響力、作用力を持っている。偉大な思想を存在論的に偉大ならしめているのは、時間的・歴史的存在なるが故の「作用力 Wirken」である。だから思想にかかる解釈の遂行が、ガダマーによって、「作用聯関 Wirkungszusammenhang」、といわれるのである。一個の独立した解釈があるのではなく、解釈は必ず解釈から生まれ、そして解釈の新しい可能性を引き出すからである。

作用性、それは思想が「開かれていて offen」、歴史的な解釈を可能にしていることをいう。不断に「開いている offen bleiben」、即ち「歴史的なもの」の謂いである。ハイデッガーは、《解釈学 Hermeneutik》が「作用」と理解していることを、存在論的に「開け Offenheit」と規定した。ちなみに“offen bleiben”とは、未解決、未決定の意味である。未完結、而《しか》して不断に「途上的である」。しかし「何所から」「何所へ」の？「誕生 Geburt」から「死 Tod」への。こういえば、「途上的」とは人間の「生 Leben」が端的にそうである。だからハイデッガーは『存在と時間』で人間現存在の「存在」を〈死への存在 das Sein-zum-Tode〉とし、「死」への不断の途上性を「未回収 ausständig」と規定した。自らの「存在の意味」を知ることを「生」の課題とする人間は、しかし生きているかぎり、ついに存在の意味を知り尽くすことはできない。この課題は“non finito”、未済のままに突然終わる。いわば切れてしまうのである。開かれたものは、ついに閉じることはない。歴史的なものの「宿命」である。

思想は生きているかぎりで「開かれている」。開いていることで「生きている」。そして生きているかぎり、思想の意味、存在意義はまだ回収されてはいないのである。まだ回収されていないとは、思想がまだ顕《あらわ》になっていない新しいものを内包している、という意味である。保持、内包……要するに何らかの力を「持っているHaben」。思想の場合、これが「存在の力potens entis」である。したがって思想の場合、「存在εἶναι」とは「所有ἕξις」である。その証拠に、ハイデッガーは次のように考えていた、思想、この歴史的なものから、まだ知られていない新しい意味を「汲み出すことSchöpfen」が「創造活動Schöpfung」である、と。創造とは、歴史的存在が「所有しているもの」、それに着目しつつ「今－ここ」へ、所有しているものを新しい解釈へ、と「引き出すこと」である。ハイデッガーは、この人間的行為に“Hervorbringen”の語を充当している。“Schöpfen”、“Hervorbringen”、いずれも「解釈」の現象学的射影である。

勿論、思索家の思索が「創造的」だったか否かは結果論であり、歴史的に判定される他はない。それは当然のことだが、思索が創造的でありうるには、当然、条件と思しいものがある。思想を前にして、思想に“kunstmäßig”な解釈を工夫できるかどうか……それにかかっている。勿論、“kunstmäßig”な解釈は恣意的な解釈ではない。今見たように、解釈も創造行為として「汲み出すこと」なのだから、元のテキストにないものを汲み出すことはできない。それでは解釈ではなく単なる捏造で、ハイデッガーの意味での「創造」とは別のことである。ディルタイも念を押していたが、解釈は「思想家自身が自分で納得していた以上に、その思想をよく了解する」ためのものである。ハイデッガー的に敷衍すれば、創造とは従来思想家たちが得心してきた以上の意味を、解釈が新しく「汲み出す」ことなのである。

いみじくもカントはいった、「我々はプラトンのことを、プラトン以上によく知っている」、と。これは後世のものの不遜の言ではない。端なくも、カントは思想が歴史的存在であることをいっただけなのである。プラトンの思想に関して、後世の思想家は、様々な歴史的解釈を閲してここにあるプラトン、彼の思想とそれへの解釈を併せ持ったプラトン思想の歴史的全体を、知ることができるのである。

歴史的な、しかも"kunstmäßig"な解釈を経験したプラトンは、確かにプラトン以上になっている。だが事実的には、後世の私たちが知る、或いは知りうるプラトンが本当にプラトン以上であるのか否か、それを決定する術も知る術もないのである。だから私たちは注意深く、繰り返しプラトンから「解釈」を汲み出さねばならない。概して巧みな解釈は、恣意的な解釈と背中合わせである。このことは、解釈の見事さに目を眩《くら》まされて、忘れられ勝ちである。思想の考察は、ときに偏見の開陳、ときに誤解の敢行、という危険を引き摺りながらしか進捗しない。そのことを、あらかじめ弁《わきま》えておかねばならない。思想の歴史的思索は、自然現象の考察とは異なる。自然科学的な考察が偏見や誤解の余地を含み持っているなら、もうそれだけで、その考察は、自然科学的なものとしては失格である。だが、精神科学的なものは、必ずしもそうではない。

偏見や誤解が付会や曲解にならないように、テキストたる思想に細心の配慮をし、もって最大の敬意を払う。これが「解釈」という「汲み出し」である。ついでに念を押しておきたい。単純な事実誤認や、軽率な見当外れから生じる偏見、誤解なら質すことは易しい。だが時代的文化的制約とでもいうか、特定の歴史的状況、それと癒合する思索的事情が否応なく思想をこう読ませる、という段になると、これは思想が歴史的存在なるが故に負わねばならない宿命であり、また出遭われるべき試練である。この場合、偏見や誤解を容易に質すことも却下することもできないのだから、偏見や誤解も一つの解釈、と認めねばならない。プラトン思想が、いわゆる《新プラトン主義》の解釈を受けたり、《スコラ哲学》に都合よく吸収されたりした場合などが、それである。これらの解釈を通じて、プラトン的なものと非プラトン的なもの、ハイデッガー風にいうと、ギリシャ的なものと非ギリシャ的なものとが、一面で融合したのであり、他面で混交したのである。

## 4

思想は常に開いている。しかし思想が思想でありうるためには、論理的に首尾一貫し、それ自体で自己完結的でなければならない。およそ思想は何らかの「結論 Schluß」を提出する訳だが、結論とは、これでひとまず思索を「閉じます schließen」という標《しるし》である。この意味で閉じていないなら、思想とはいいながら、精々アフォリズムか思想の中から恣意的に抽出した断章か、そのいずれかにすぎない。

思索は必ずや思想となって完結することを目指す。完結した思想の全体は「体系 system」と呼ばれる。システム、ギリシャ語で「シュステーマ σύστημα」、纏めて一つになったものである。原則的には、思想は完結しているから、一つに纏まりシステムをなす。だが、思索が中途で終わり、結果的に思索の全体が思想になりえなかった、ということもある。死すべきものである「人間」の思索なので是非もない。しかし結果的にどうであれ、そもそも完結を目指さないなら、思索を企てるまでもないだろう。思想は必ず、しかるべき所で完結するはずなのである。

しかるべき所といっても、何故そこで完結するのかと考えてみると、これはなかなか難しい問題である。とにかく「結着をつける」というだけなら、錯綜した思想が手に負えなくなって無理尽くに「けり」をつける、不出来な脚本の常套のあの「デウス・エクス・マキーナ deus ex machina」のような手がない訳ではない。もっとも、多分これでは、当の思想家自身が得心できないに違いない。思想と芝居の筋書、ロゴスの世界とミュートスの世界は自から別物である。芝居の筋は結末へ向けて一方的に進行する。その果てに、ゴンドラに乗った神様が登場することもある。思索は結論へ向けて進行しつつも、ときに立ち止まり、ときに「振り出し」へ戻ることさえありうるのである。より精密で堅牢な思想のための、再確認であり再出発である。

思想の完結、それは思索家を衝き動かし思索へと駆り立てたもの、要するに自分が自分に課したもの、さらには、他ならぬ自分が課したのだ、というそのことを自分が納得できるように見極める。完結とは「スケプシス scepsis」の成就である。ヘーゲルの思想を例に引きながら、ハイデッガーは、思索することを「スケプシスを全うすること der sich vollbringende Skeptizismus」といった。見極めたと信じ、そう納得できたとき、スケプシスは終わったのである。

思索が自ら閉じられる。そして思索の航跡が、思想となって残る。こう考えると、どうやら思想とは思索が作り上げるというより、思索そのものの自己完了、〈時熟 Zeitigung〉というのが適切のようである。ヘーゲルは植物の種子に関して、次のようなことをいっている、種子はそれ自身の中に、花になり果実になるという可能性の一切を含み持っている。だから成長につれてその可能性が具体的になるのだ、と。可能性が時間的に実現される、即ち「時熟」である。「論点先取り」からスタートする思索の展開は、さながら生物の成長に似て、時間的・歴史的存在として時熟を実現する。「論点先取りの矛盾」をパラフレーズしていうと、漠然とではあれ、思索は思索されるべきことの全体をあらかじめ知っている。「始まり」にあって、思索はすでに、成り行く先を内包しているから、思索の展開が「時熟」なのである。時熟の語はしかし、決定論的意味や予定調和的意味で使われているのではない。もっぱら思想の存在論的事情、“ontologische Verfassung”を指摘しているのである。

思索の行き詰まり、アポリアに陥って二進も三進もいかなくなり、とうとう「デウス・エクス・マキーナ」式の解決に縋《すが》らざるをえない……、そういうこともないではない。けれどもその手の思索は、そもそもの「始まり」を蔑《ないがし》ろにし、「行く末」に十分の思いを巡らさない、文字通り行きあたりばったりの思索である。何かの問題に関心を持ち、おそらく思索のつもりで大いに想像力を逞しくしているうちに、思索として収拾がつかなくなる。結果、持ち出した窮余の一策、適わぬときの神頼み、を願うことになる。元々、「始まり」にも「行く末」にも配慮も顧慮もしないで、興味に駆られて想像力の羽ばたきに乗っただけだから、思索が何所へ行くのか、当の思索にさえ分からない。そもそも、それが思索たりうるのかどうか、それさえ覚束ない。思索といえないものが思索の振りをした、それへの、滑稽でしかも実に厳しい報いなのだろうか。

「始まり」の近傍に住むものはそこを離れられない。当然のことで、知っていて知らない振りはできない。知っているといっても漠然とであるから、知っていることをきちんと確認し了《お》えるまで、「思索＝見ること」を止める訳にはいかない。確認の途次、新しい発見に出遭うこともある。知っているはずのことが、予期せぬ相貌を呈するからである。本当に知っていたことなのか、それともそう思っていただけのことなのか。それを質すべく、あらためて「始まり」から入念に確かめねばならない。勢い、思索には紆余曲折が余儀なくなる。けれどもそれがスケプシスの貫徹なのである。ハイデッガーは独特の語彙を使って説明する。思索は「始まり Ursprung」の近傍に「住むこと Wohnen」、そして“Wohnen”、その語義を辿ると“Schonen”、「慈しみ大切に扱うこと」である。かくて、「思索 Denken」とは、思索の対象と思索そのものとを「大切に遇すること Schonen」である。大切に扱うとは、「始まり」の近傍に住まいつつ、じっとそこに「佇み Verweilen」、始まりを「見続ける」ことなのだ、とハイデッガーはいったのである。

思想は生きている、だから開いている。このことを存在論的にいうと、思想が全体として開いていながら、同時に首尾一貫したものとして閉じている。思想は開いていることによって閉じており、閉じていることによって開いている。歴史的存在として思想は「弁証法的」であり、この存在者の“potens entis”は弁証法的な力なのである。「開け」、それは余裕の謂いでもあって、後世の自由な解釈を受容する「余地 Raum」があるという意味でもある。この「余地」のお陰で、思想は内容の解釈と了解を後世に「任せる Einräumen」ことができる。かかる余地を持たなかったものは、ついに歴史的存在にはなりえなかった。おそらく思想の成立したその時期に内容を「汲み尽くされて erschöpft」、その水源は「空っぽ ausgeräumt」になり涸れてしまったのである。そういう思想は、まさに時代の思想であって、時代とともに消えてしまう。

確かにある思想の興亡、それは一つの「出来事 Geschehen」ではあったけれども、ヘーゲル的意味での「史実 Historie」になることはなかった。出来事のままに終わる。これも思想の「死 Tod」といってよいが、この「死」は、ハイデッガーから“Sterben”の語を貰うことはできない。精々、“Verenden”の語でもって瞑《めい》すべきである。あたかも「生物 animal」の死のように。“Verenden”した思想、消えていった思想は閉じてしまって、自力によっても他力によっても、もう二度と開くことが適わなかったのである。「開くことができる」というデュナミス、ポテンシャルが枯渇してしまうと、思想ももう歴史的存在ではない。「解釈」を前にして、常に一つの“Ursprung”、新しい「始まり」たりうることができなくなったのである。

思想の「開け」は、二重の意味を持っている。存在論的開けと解釈学的開けである。今しがた「余地」といったのは、無論、後者の意味である。だが厳密にいうと、思想という精神的・歴史的存在の場合、二様の開けは、元来、同一水準にある。思想は「解釈されるべきもの」として「存在している」からである。開けの二重の様相は、思想という歴史的存在の《現象学的射影 phänomenologische Abschattungen》というのが正しい。ディルタイは「解釈学的な開け」に着目し、開けを通して後世が思想に関わる遣り方を〈解釈術〉と理解した。当然、ヘーゲルの精神の哲学、とりわけ歴史哲学を意識してのことだった。ハイデッガーは「存在論的な開け」に注目して、歴史的存在がこの開けに関われることを、人間の〈実存疇〉として際立たせた。彼もまた、ヘーゲルの歴史哲学、ミネルヴァの梟《ふくろう》が叙述する歴史を意識していた。ディルタイの思索にとってもハイデッガーの思索にとっても、ヘーゲルの歴史思想、啓蒙的意識と精神の“Bildung”に支えられたフマニスムス思想をどう意味づけ、どう理解するか、が眼目だったのである。

ハイデッガーは形而上学の立場を堅持し、誤解を恐れずにいえば、ディルタイの「文化史の哲学」――精神の哲学と同義であった――ともいうべきものに、確かな基礎を据えることに腐心した。そうしないと、ディルタイの思想そのものが、ヘーゲルの《精神哲学》の変種や亜種と見なされかねない、とハイデッガーは危惧したのである。

あらためて確認する。「思想」とは、歴史的存在のする〈スケプシス〉が貫徹された――完遂されなかったかもしれないが――という証拠品、而《しか》して人間的思索の〈ドキュメント documentum〉、記録文書である。スケプシスの貫徹、即ち思索が始まりにおいて「見たもの species」、或いは思索を促すべく『目配せ Wink』を送ってきたものに、目を凝らし続けることである。「スケプシスの貫徹」という点では、ヘーゲルもディルタイもハイデッガーも変わる所はなかった。目配せの仕方も、おそらく変わらなかっただろう。ただ、目配せを受け取る「見ること＝思索すること」の位置が、ディルタイ、ハイデッガーとヘーゲルとでは、違っていたのである。

## 付記

論文に「付記」とは、あまり馴染みがないのだが、「スケプシス」に関して、若干つけ加えておきたい。スケプシスがスペキエースと関係があることは、上述した。スペキエースは「エイドス」の訳語として《スコラ哲学》で使われ、哲学的な術語になった。哲学的な専門用語になる前、この語は「視覚像」の意味であったらしい。プラトンとアリストテレスが特別の意味で使うまで、イデアもエイドスも、「目に見える物の形」という意味で、日常語であったことと似ている。

ギリシャ語の「注意深く見ること σκέπτομαι」が、ラテン語で“specio”になった。その際、語根の“σκέπ-”が“spec-”にひっくり返った。言葉が伝播していくとき、偶《たま》に起こる。ともあれスコラ哲学が特別の意味を付与しなければ、“specio”から派生した「スペキエース species」の語は、日常語のままだったかもしれない。それなら、日常語としてのエイドス、イデアと相互に翻訳可能だったかもしれない。だがこの語“species”を、スコラ哲学はもっぱらアリストテレスの「エイドス」、即ち「形相」の意味で重用した。そのため、この語はプラトンの「イデア」の訳語にはならなかった。イデアはラテン語に翻訳されず、ギリシャ語のままで哲学用語になったのである。“forma”ではイデアの十分の訳語たりえなかったのだろうか。

それは別のこととして、スコラ哲学において“species”は“intentio”に対応する。後の時代の現象学に託《かこつ》けると、ノエーシスである“intentio”のノエマ的相関者がスペキエースである。実際、“intentio”の語はフッサールによって、意識の《志向性 Intentionalität》、というキーワードに援用された。フッサールが、スコラ哲学に敬意を表して、この語を継承したものと思われる。

スコラ哲学において、“intentio”は一般に「事象 res」に向かう精神的な「構え Einstellung」のことだった。無媒介的に事象の認識へ向かう構えを「第一の構え intentio prima」といった。それに対して、抽象的、もしくは反省的な構えを「第二の構え intentio secunda」という。前者を質料的な構えというなら、後者は「形相的な構え intentio formalis」である。

二様の「構え」を区別した上で、第一の構えに対応する見え方を「感性的なスペキエース species sensibilis」、第二のそれを「超感性的なスペキエース species intelligibilis」――カントの用語法に倣えば、「叡智的スペキエース intellectualis」――に分ける。肉体を持たない純粋に「精神的存在者 ens spirituale」の知の在り様を人間的知の理想に仰ぐのだから、当然のことだが、「感性的なもの sensibilis」を「超感性的なもの intelligibilis、suprasensibilis」の下に置く。たとえば、トマスはこう断じている。「知性に固有の対象は超感性的である proprium objectum intellectus est intelligibilis」。“intelligibilis”、これはギリシャ語の「思惟されたもの νοητός」の訳語で、「精神や理性によって把握されるだけで、決して感覚的には知覚されないもの」をいう。プラトンの「イデア」を惟《おも》えば、分かりよいだろう。トマスの言葉に端的なように、スコラ哲学的に探究されるべきは、「超感覚的なスペキエース」であって、「感覚的スペキエース」は精々そこへ至るための、しかし乗り越えられ或いは否定されるべき相でしかなかった。スコラ哲学が「感覚的スペキエース」に与えたこの意味は、ライプニッツ、バウムガルテンまで有効な考え方だった。とまれスケプシスとは、感覚の水準に留まることなく、超感覚的な水準で見えるようになるまで見続けることである。デカルトは、スコラ哲学の立場にも意を払いつつ、「私は疑う dubito」という言葉で、感覚的水準から抜け出したのである。そこに留まっては、事象の本質を「熟視すること σκέψις」にはならないからである。

スケプシスとスペキエースの哲学史的な意味を踏まえると、ハイデッガーがヘーゲル哲学を「スケプシスの貫徹」と評した意味が分かる。ヘーゲルも、デカルトの後継者であった。ヘーゲルの思想が、人間の水準から出てそれを跨ぎ越し、神の水準へ至るまでスケプシスを止めることができなかった、という意味で。デカルトにしたがえば、スケプシスには神の導きがあったのである。

だがヘーゲルに比して、人間の水準に留まることを哲学的基底としたディルタイは、ヘーゲルのようなスケプシスはできなかった。スケプシスは、もっぱら人間の「生」の水準で遺漏なきを期された――ヘーゲルにとっても重要であったことは『精神現象学』を見れば一目瞭然である――が、超感覚的な所まで進むことはなかった。ハイデッガーもそうだったから、彼はディルタイを引用しつつ、自分の思索の基礎を明かしたのである。

# 第三章　ハイデッガーの“Gelassenheit”

## はじめに

一九五五年、ハイデッガーは「ゲラッセンハイト Gelassenheit」と題した講演を行った。それは郷土の音楽家クロイツァーの生誕記念の場で持たれた。内容は、一言でいって、原子力の時代、頂点にまで昇り詰めたテクノロジーの時代の人間的思索の在り方と、思索するものの「責務 Schuld」に関するものであった。誇るべき郷土の先人を追想し記念する場で、独自の語彙を存分に駆使し、しかもいささかの情感を交えながら、おそらくハイデッガーは呟くように、紡ぎ出すように語ったことだろう。例によって、講演は晦渋にして難解である。いつものことだが、彼の思索の道は思索することの根基へ遡り、思索そのものの深淵へ、“Grund”から“Abgrund”へ通じていく。

ハイデッガーは、原子力時代の思索のあるべき姿を、〈ゲラッセンハイト Gelassenheit〉だといい、しかもこの語は「古い言葉だ」といっている。その理由は、「言葉は存在の家」と考えるハイデッガーが、ゲラッセンハイトの語に込められた先人たちの〈存在経験 Seinserfahrung〉から、貴重な示唆を得ようとしたからだろう。“Gelassenheit”、心の平静さ、安らぎ、泰然、恬淡……、要するに「物事に動じない心の状態」といった意味を持つこのドイツ語を、どう日本語訳すればよいのか。動詞的にも助動詞的にも使われる“lassen”の意味を、そのままに含み持っている“Gelassenheit”の的確な訳出は困難である。ちなみに、“lassen”や“gelassen”に近い意味を漢字に探してみると、「放」の字に行きあたる。「放っておく」、「打っ棄らかす」などの語意には、“lassen”と近似するところもある。そのせいだろうか、一部に、ハイデッガーの“Gelassenheit”を〈放下〉と訳す向きがある。禅語である放下、これは“Gelassenheit”に劣らぬ難しい言葉である。この訳語の是非は、彼の思想の解釈の当否にかかっているだろう。

ところでハイデッガーは右の講演に先立って、一九四四―四五年にかけて一つの論文を書き下ろしている。「思索についての、野の道での対話から」と題された鼎談様の論考がそれである。学者や研究者ら三人の「語らい Gespräch」のテーマが〈ゲラッセンハイト〉であった。この鼎談は件の講演の釈義に供されるべく、一九五九年に講演とともに一冊に纏めて出版された。逆に見ると、この鼎談の内容を原子力時代の思索という課題の下に、簡潔に敷衍したものが講演「ゲラッセンハイト」だったともいえる。一九四五年、折しも第二次世界大戦が終息し、原始爆弾が原子力の暴威と惨禍をあからさまにした。それから一〇年を経て、あの講演がなされたのである。その一〇年、ハイデッガーは思索家の責務を熟慮したことだろう。

鼎談を通じて、ゲラッセンハイトの意味は、あたかも現象学的な射影のような幾つもの視点から入念に説明されている。そこから分かるのは、彼自身の思索の経歴との必然的な聯関から、ハイデッガーがわざわざこの古い言葉を選んだ意味である。それは次のことからも窺える。彼は、この鼎談の中で、〈ゲラッセンハイト〉を『存在と時間』の術語の一つである〈地帯 Gegend〉と関係させて詳しく解析している。「地帯」の語は『存在と時間』(*SuZ*. §22)で、「道具が道具であること」によって形成される自からなる「広がり＝道具の道具たりうる圏域」を意味している。道具が道具であること、道具の存在が開示する〈広がりPlatz〉、《道具聯関Zeugzusammenhang》である。ハイデッガーは「道具となりうるものの帰属する方向を〈地帯〉と呼ぶ」(SuZ, S. 103)。道具存在が〈地帯〉を開示しながら、逆に道具が道具であることは、〈地帯〉に「委ねられるgelassen」のである。この相互聯関には、これ以上入らない。別の問題だからである。

周知の通り、ハイデッガーは西欧形而上学の伝統の中にいて、この伝統そのものの歴史的〈運命Geschick〉——「避けられないunausweichlich」ことの謂い——を考量せずにはいられなかったし、この考量を自らの哲学的課題にした。彼が“Gelassenheit”の語で思索するのは何よりまず、そして一貫して西欧文化世界に形而上学の伝統が齎《もたら》したものであった。テクノロジーももとより例外ではない。否、「例外でない」どころか、十九世紀後半から二十世紀前半の科学と技術の時代に、「科学Wissenschaft」と「技術Technik」の理想的な融合と目されたテクノロジーは、西欧の形而上学的伝統の誇るべき成果であり精華であった。少なくとも、原爆の惨禍に出遭うまではそうだった。形而上学とテクノロジー、一見して繋がりのないような両者が、本質的に関係し合っている。だからこそ、ハイデッガーのテクノロジー批判は、形而上学の伝統の見直しと表裏を一にしなければならなかった。

これからしばらく、哲学史的な整理をしたい。それがハイデッガーの哲学史的な位置を明らかにしてくれるだろう。それを基にして、ハイデッガーの「ゲラッセンハイト」の解釈を試みる。

## 1

生涯にわたって変わることのないハイデッガーの思索的な主題は形而上学の基礎付け、人間のする「存在の思索」を、人間的思索を通して「根拠づけるBegründen」ことだった。デカルト、カント、そしてヘーゲル、彼ら、近代以降の哲学者が果たさねばならなかった課題を、ハイデッガーも継承したのである。だが近代的思索の文脈の中で考察するのではなく、存在の思索をその「始まりUrsprung」にまで遡るという仕方によってであった。アリストテレスがそれを《第一哲学 πρώτη φιλόσοφια》と呼んだ理由は、「存在」の問題が総ての人間的営為の根底にあるからで、一切の学的営為は「存在」を避けて通れないからである。第一のとは、人間のするあらゆる学問的思索にとっての順序を意味していた。《形而上学》を、「最も基本的な人間の学 scientia humana fundamentalissima」として正確に、しかも揺るぎない形で定立しないと、一切の諸学問が宙に浮いたものになり、学術的言説と学問の振りをした妄言――しばしば、それらはもっともらしく、新しい理論や学説を装っているとしたものである――との区別さえ覚束なくなる。

ご存知のように、一九三〇年代に入って、ハイデッガーは概して《存在論 Ontologie》の語を使わなくなる。自分の思索にもっぱら「形而上学」の語を充当するようになる。その意図は、彼が存在の思索の基礎付けを、ギリシヤに遡って遣り直さねばならなかったからである。《存在論》という新しい呼称を得たものと、《形而上学》という伝統的な学問の内容は必ずしも同じではあるまい。同じなら、元の名前でよいはずである。存在論という呼称は、他の諸科学と並ぶ特殊的な専門学科の一つのように響かなくもない。《神学》を、より確固たる学問として存立せしめる、その企てとして進行する学の細分化や特殊専門化は、近代以降、概ね十七世紀になってからのことなのである。

しかしあらためて、何故人間にとって《形而上学》なのか。その理由を、人間の素朴な経験の中に探すことができる。一般に、思索は素朴な疑問から始まって、徐々に深遠高等な水準へ向かうとしたものである。人間は常に「非存在への存在 das Sein-zum-Nichtsein」、「無への存在」、『存在と時間』の言葉でいえば〈死への存在 das Sein-zum-Tode〉である。死、自分が無になることの不可避性とそれへの恐れは、常に自分の存在への〈気掛かり Sorge〉となって還ってくる。この存在論的な事情を、ハイデッガーは、〈人間現存在 menschliches Dasein〉には「存在することにおいて、常にこの存在していることそのことが問題である」と規定している。死への不可避性、この単純明快でしかも否応のない事実が、プラトン以来、存在への関心と学的探究、つまり《形而上学》を実践すべき理由なのである。

存在への関心は、夙《はや》くギリシャ人たちが——もとより、他の諸民族にあっても同様に——人間を「死すべきもの θνητός」とか、「死ぬべく生まれてきたもの θνητο-γενής」、と意識したときに兆した。およそ、人間一般に通底する「死すべきもの」という意識は、学的な体裁を取る前に、まず詩人たちに語り継がれた物語、死すべきものの「アンティポーデ antipode」である神々や英雄たちの栄光の物語、「ミュートス μῦθος」となって顕在化した。《存在》への人間的関心を、純粋に哲学的思索の最も根本的な問題として前面に掲げたのが、アリストテレスである。彼以前の賢人たちの存在への関心は、概ね、詩的な断簡の形で残されている。それらを具《つぶさ》に調べた後で、初めてアリストテレスは『形而上学』第四巻の冒頭で、「存在者を存在者として考察すること θεωρεῖν」の必要性を提起した。存在者を「存在者」として見る、換言すれば、存在者を「何ものか Etwas」、即ち個別的・特殊的なものとして見ることはしない。だから存在者を、それが「存在する」という、ただそのことだけに関して見るのである。このように、「存在者 τὸ ὄν」をその「存在 εἶναι」に関して見、「存在 εἶναι」を形相的に把握する、かかる主旨の下に、《形而上学》は学としてのスタートを切った。

存在者を「何ものか Etwas」として見る、即ち、その都度、人間的関心の下に特殊的な有意味存在としか見ないこと——それをハイデッガーは端的に『存在と時間』で《道具聯関》と術語化した——を、後に、ハイデッガーは人間が存在者に向けてする〈概念の不意打ち der Überfall des Begriffs〉という。

さて、アリストテレスの哲学的要請が正しく実践されない、ギリシャから見ると明らかな哲学的逸脱である。

「存在」がアリストテレス的に見据えられなくなってしまう、それをハイデッガーは〈存在忘却 Seinsvergessenheit〉と呼んだ。存在忘却、これは形而上学にとって決定的な事態であった。ニーチェがハイデッガーに先立って「形而上学の歴史はニヒリズムの歴史である」と看破したほどの事態だったのである。勿論、ハイデッガーはニーチェの見立てを、よし、として彼に倣った。

だが実をいうと、存在忘却と呼ばれる事態において、「存在そのもの」は、別段閑却された訳ではなかった。否、むしろ「存在」に哲学的関心が集中したのである。ただし、関心の向け方が、アリストテレスから少なからず偏倚してしまった。それはこういうことだった。「存在」が存在者一般の事実性に即して実在論的に考察されるのではなく、或る範例的な存在者に即して観念論的に考察されることになる。したがって厳密にいうと、ハイデッガーが〈存在忘却〉の語で指摘したのは、アリストテレスの“τά μετάφυσικα”と、後の時代の「形而上学」との間に生じた、哲学的偏倚のことだった。哲学的偏倚はヘーゲルの思索において、最終的な形態に達した。ニーチェにとって、このヘーゲルがニヒリズムの権化である。ニーチェから重要な示唆を得たハイデッガーは、ヘーゲルに至る西欧形而上学の歴史的運命性を、あらためて検討しなければならなかった。

哲学史的な見直しは一九三〇年代半ばに着手され、次のような迂遠の道を辿ることになる。アリストテレス、プラトンのみならずソクラテスのさらにその上まで遡り、《ソクラテス以前の賢人たちVorsokratiker》の断簡や詩人たちの言葉に、見直しのための貴重な「手掛かり」を訪ねるのである。見直しの内実を十分に汲むことはできないけれども、多分ハイデッガーは、ギリシャ人の「存在経験」とそれを巡る思索を、可能なかぎり偏頗《へんぱ》なく考察したかったのだろう。ギリシャ人は、存在経験を「言葉」の中に匿い護ってきたからである。

存在経験は詩人たちの伝承の言葉の中にも、思索家たちの思惟の言葉の中にも、均《ひと》しく留められている。殊更にそれらを区別するいわれはない。ソクラテス以前の賢人たちは、しばしば、思想を韻文の形で残しているが、そのことと彼らの思索の深浅とは全く別の問題である。「言葉は存在の家」なのだから、どのような語り口で表現されようと、その言葉の中に存在経験が蓄えられている。話す、それは存在を語ることなのである。言葉という「存在の家」を訪《おとな》い、存在の声に耳を傾ける、それがハイデッガーの後期思想の基本であった。この姿勢は、様々な存在現象を公平に目撃しつつ記述する、という前期からの現象学的な姿勢といささかも矛盾するものではなかった。

しかしハイデッガーの後期の思索的な姿勢を、「哲学的に詩を書いているのか、詩的に哲学しているのか分からない」、あたかも彼自身を“Vorsokratiker”の一人と見なすような、呆気とも非難ともつかぬ評言の出たこともある。この種の評言に対して、最後までハイデッガーは思索することで応え続けた。彼は「哲学者 Philosoph」という呼称を好まず、むしろ自分を「思索者 Denker」と理解していた。まず「考える人」、しかして「見る人 νοητικός」であり、かつ「存在の声」に耳を傾ける人でありたかったのだろう。「見ること」も「聴くこと」も、存在者への素朴で普通の在り方である。「存在」を巡る《形而上学》は、古代ギリシャ人の、素朴だがそれだけにまた十分奥の深い「存在経験」から始まった。アリストテレスは、初めてそれを秩序立て純粋に論理的な水準に移して、『自然学』と『自然学補遺＝形而上学』へ纏めたのである。

話が逸れてきたので元へ戻る。形而上学の展開に偏倚が兆し逸脱が始まる。当然、理由がなければならない。形而上学を形而上学として実践させる学的土壌の変化が、思索の方向を変えさせるのである。

或る土地で生い育った植物は、別の土地へ移されると、死滅しないためにその土地に適合するように生存形態を変える。それと似たように、ギリシャ的な学的土壌に成立した形而上学は、非ギリシャ的な土壌へ移植され、新しい土壌に適うように「必要ナル変更ヲ蒙ル」のである。もとより、誰かが意図的に移植した訳ではない。形而上学的な思索が周辺に広がり、異文化、非ギリシャ的なものと接触し交流するうちに、自とそうなっていった。それには何世紀もの時間を要した。哲学史的に顧みて、その間にヘレニズムの時代からプロティノスに至る思想家たちの果たした役割には、実に端倪《たんげい》すべからざるものがあった。

ギリシャ的な土壌と見事な思想的コントラストをなすもの……、キリスト教である。コントラストは、たとえば、一神教と多神教、一元論と二元論、観念論と実在論、存在者間の断絶と平等……等々、幾つも挙示できる。ギリシャ的な「形而上学＝存在論」は、「キリスト教的形而上学＝神学」において換骨奪胎されてしまった。アリストテレスの形相的思索が、神学の「道具 ὄργανον」となり、恰好の「方法 μεθόδος」へ摩り替えられてしまったのである。それも、存在者間の超絶と不平等性を論証する便として。ギリシャ人の実在論に立脚するアリストテレスの形相的思索、それ故の科学主義ともいうべき思索的姿勢がキリスト教神学の用に供される。アリストテレスには想像すらできなかったことだろう。

ギリシャにおいて、「範例的な存在者 ens exemplare」のごときものは存在しない。存在者は総て、その「存在」に関して平等である。だから、一般的に「存在者を存在者として」考察することが可能である。キリスト教的形而上学はそうはいかない。「至高の存在者 summum ens」、この「最も実在的なもの ens realissimum」が存在する。このものは唯一なる《神》である。神、他の諸々の存在者の唯一の、而《しか》して「究極の原因 causa ultima」である。この神によって、総ての存在者は「創造される creatum」。神によって万象が「素材なしに作られる creatio ex nihilo」である。「素材なしに sine materia」、要するに「母なしに」。父だけから万象が生じる、まさに一元論である。神は「在ルガ故ニ在ル」のであり、山田晶の言葉を借りれば「在リテ在ルモノ」である。

神のする創造は「光アレ、トイイ給イケレバ光アリ」。観念をそのまま実在に変えること、普遍の個別化、概念の具体化である。どう捉えるにせよ、明らかなことは、神は存在水準の区別を跨ぎ越しているということ。神は「超越者 ens transcendens」である。形容矛盾のようだが、「最も実在的」にして「最も観念的」である。

本書の随所で述べられたことだが、もう一度、反復する。存在の水準の区別を跨ぎ越す神の「存在」に最も相応しい言葉は、"realis"でも"idealis"でもなく"virtualis"がそれだろう。蓋《けだ》し神は「力vis」であり、この力が観念という「形式forma」を具体的な「万象universum」として実在させるのである。しかもこの力は、ただに「潜在的potentialis」であるだけではない。自らマリアを介して地上に生を得るのだから——"idealitas"の喪失——「顕在的actualis」でもある。そして「十字架」に懸って一度死に——"realitas"の喪失——、復活した後に真の昇天——"idealitas"の回復——を遂げる。その後はずっと、「精霊spiritus」として万象の上に「神威vis」となって君臨する。神威、絶対的な作用性として君臨するのである。この君臨を《スコラ哲学》は"virtualis"の語で捉え、それを"actualis"と全く同じ意味で使ったのである。神の「存在esse」は"virtualis"であり、具体的にいうと、万象に隈なく及ぶ《愛caritas》という力である。一方、万象は観念の実在化されたもの、したがって観念性を喪失すれば、それ自体不定のもの、無に帰する。万象は神の"vis"によって「存在者」であり、"vis"のないとき「非存在=無」である。

ここから分かるように、神と万象、創造主と被造物の間に絶対的な架橋不可能性、存在論的な断絶がある。万象は、神の「存在esse」のお陰で「存在者ens」でありうる。存在者の存在は神の存在のお陰であり、このような事情をプラトンの語彙でいえば「分有μεθέξις」、プロティノスの語彙でいえば「流出emanatio」ということになろう。ともあれ、存在と存在者の水準の区別を《存在論的差異differentia ontologica》という。存在論的差異は万象に該当するが、神には妥当しないし無効である。ヘーゲル的に総括すると、神はあらゆる差異——pater・filius=jesus・spiritusの位相——を止揚した《弁証法的統一体=三位一体》である。ただし、神に絶対的実在性と究極的観念性の一致を認めることと一において、存在と存在者というアリストテレス的な形相的差異が原因と結果、つまり因果律的な差異に変容されてしまった。しかも存在者の実在論的な規定としての《因果律》——これが、ニュートン《自然哲学・物理学》の原理である——が神の《天地創造》の意図の表れ、と見なされることになる。要するにギリシャ的な実在論が、すっかりキリスト教的な観念論に吸収——ヘーゲル的にいえば「止揚」——されてしまったのである。

存在を規定せんとする形而上学の変貌と同じ軌道を進んで、ハイデッガーのいう存在忘却が進捗する。ヘーゲル、西欧形而上学の完成者の思想の中で存在忘却は最終的な姿を現した。『論理学』において、ヘーゲルが提示した《存在》の定義がまさにそれだ、とハイデッガーは見ている。万象が存在するために、神の存在を唯一の原因と認めねばならない。神の「存在」を範例にしてヘーゲルはいう。「存在とは、規定できない最も直接的なもの das unbestimmte Unmittelbarste であり……存在はその本質に対するどんな規定からも自由である」(G. W. F. Hegel. *Wissenschaft derLogik*, Werke in zwanzig Bänden 5. S. 82)。

この定義づけは、キリスト教の《神》には当然のものだった。「神」に「規定 Bestimmen」は矛盾である。規定は「限定 Definieren」でもある。神を規定できるものは神だけなのだから、この規定は無媒介的な自己規定というに留まる。神は「無限定者 indefinitus」なのである。自ら「始まりにして終わりである」と宣《の》るように、神の自己規定は《啓示 Offenbarung》となって被造物に通告されるだけ。神の自己規定の何であるかを、被造物は知ることはできない。無規定的である神の「存在」は、「無媒介的に、それ自身においてあるように在る」。神の存在への反省も思索も「何か他のもの etwas Anderes」、即ち媒介するものがなければ成立しない。反省も思索も被造物の水準でのことである。かくてヘーゲルによる「存在」の規定では、「存在は最も普遍的な概念である」。最も普遍的、“allgemeingültig”であるものには、もうそれ以上のいかなる釈義も必要はない。故に、「最も明晰判明 klar-deutlichst」な概念である。ここで明らかなことはこう、ヘーゲルにおいて、存在と神は同一であり、神を論じることと存在を論じることとが同じになったのである。

一方、規定は「被造物＝万象」には不可避的である。さもないと、万象は不定、無である。被造物の規定に第一義的なのは、存在者になることによって負わされる「時・空的規定」である。この規定こそ、万象が《被造物》であることを示している。万象は創造された。神によって「定立 Setzen」されたのである。万象の存在が「無媒介的 unmittelbar」である訳がない。これはこれで首尾一貫した話だが、しかしそうなると、「存在」に関して、無媒介的な存在相と媒介された存在相、直接的と間接的という二つの様相を認めねばならなくなる。これはギリシャにはなかったことである。

そこでヘーゲルはギリシャ的な存在思索を離れ、自らの思想を「絶対者」の自己運動として提出する。絶対者、端的に「最も直接的なもの das Unmittelbarste」が、一度「媒介されたもの das Vermittelbarte」になり、再び「直接的なもの」へ戻る、というダイナミックな自己展開として叙述するのである。絶対者、最も普遍的なるものである神が、様々な媒介相・個別相というペルソナを閲しつつ、各相での自己規定と自己止揚を閲しつつ、自らの実相を全体的に開示する。ヘーゲルの存在規定において「最も直接的」とは、あらゆる規定が「止揚された」、という意味だった。

だがヘーゲルの規定は、ハイデッガーにはこう映った。「存在」を最も普遍的な概念とする、それは「存在」を「思索する必要のないもの」、否、「思索不可能なもの」として特権的に人間的思索から隔離してしまうことに同じではないのか、と。ヘーゲル哲学こそ、《存在》の問題を哲学から外すという仕方で〈存在忘却〉を「完成 Vollenden」したのではないのか、と。というのも、およそ思索が何らかの意味で「規定作用」に他ならない以上、ヘーゲルにおいて、「存在」は最初から「置き去り Verlassen」にされざるをえなかったからである。最も明瞭の故に「置き去り」にされた《存在》は、「最も明瞭 klärst」の故に「最も不明瞭 dunkelst」な概念と同じことになった。哲学にとって最も関心の的であるべき問題が、関心に応えるためにかえって「置き去り」にされてしまう。実に皮肉な事態である。「存在」に触れないで済ます思索、それはニーチェから見れば《ニヒリズム》に他ならなかった。

存在を置き去りにして頓着しない思索は、人間の思索ではない。それは存在の水準を「自由に＝無条件的 unbedingt」に超越しうるもの、神の思索である。神の思索は「啓示」や「宣《の》り」を通じて明かされる。そうでないのなら、それは人間の思索である。ただし、超越者を「僭称 sich Anmaßen」し、超越者の「振りをする sich Verstellen」人間の。

ニーチェが告発したのは、人間が神に成り上がろうとする思索、そしてその思索が捏造する思想である。捏造であるのは、人間が「神になること」の「根拠 Grund」も「権利 Recht」も何所にもないからである。「根拠がない」、“grundlos”、ニヒリズムである。根拠がないから、神を僭称することになる。僭称が罷り通るなら、ニーチェの告発通り、ヘーゲルの下で「神は死んだ der Gott ist tot」。ニヒリズムである。とはいえ、実は「根拠」がなくて当然だった。キリスト教神学は、《存在》――即ち神の存在――を自明性の下に思索から外してしまった。神には、どんな根拠も要らなかったではないか。

しかし人間的思索として見れば、それは根拠のない思想、信仰によって支えられた思想だったのである。ここで「根拠」とは、ハイデッガー的意味での“Ursprung”、ギリシャ語でいえば「始まり ἀρχή」のことである。もっとも、ギリシャの思想に「根拠」という観念はない。もっといえば、究極的という意味での「第一のもの」も「最後のもの」もない。ギリシャ的な「始まり」は、キリスト教的な「始まり origo ex nihilo」ではない。ギリシャ的な「始まり」は、キリスト教的意味での「原因 causa」ではない。ギリシャには「原因」という観念もない。不断の「生成と消滅 γένεσις καί φθορά」の「交替 ἀλλοίωσις」があるだけのこと。「始まり」は存在の「原因」ではなく、存在の「様相」の一つだったのである。

## 2

ハイデッガーが存在忘却を見直すべく、《形而上学》の新たな基礎付けに着手したのは、偏《ひとえ》に、形而上学が「第一哲学」だったからである。存在忘却は長い時間をかけて、つまり右のようにヘーゲルの下で思想的に集大成されるまで、何世紀にもわたり、徐々にしかも確実に進行した。存在忘却の歴史、ニーチェやハイデッガーからすれば、それは人間的思索の足場が少しずつ危うくなり、足場がぐらつき出し、ついには思索の足許が覚束ないことが露呈してくる歴史でもあった。

だが存在忘却の歴史を別様に見ることもできる。その歴史は人間が神、この唯一的存在者を理想として標榜し、この理想へ接近しようとするヒューマニズムの歴史でもあったからである。即ち、人間の誇らしい「勲《いさおし》 Leistungen」の歴史だった。近代以降、この歩みは急激に加速される。歩みの加速とともに、ヒューマニズムの理念に導かれることと「存在忘却」とが表裏をなしていたことが分かってくる。

翻って惟《おも》えば、ヒューマニズムの理念の下で、人間は何を目指していたのか。ヒューマニズムの思索は何を思索してきたのか。思索すべき課題とされてきたものが、不審に曝されかねなくなったのである。ハイデッガーからすれば、それは《形而上学》が十全に実践されてこなかったからである。人間の思索に「存在の思索」という「足場 Boden」の危うくなった時代を、ハイデッガーは詩人ヘルダーリンを受けて〈乏しい時代 dürftige Zeit〉という。

ヘルダーリンにおいて「乏しい時代」とは「往にし神、もはやない nicht mehr」、「来るべき神、未だない noch nicht」、つまり二重の〈無 nicht〉に囲繞《いじょう》された、世界の闇の時代のことである。この時代、「乏しい」のは、時代が何かを「必要としている budürftig」のに、その何かが判然としない、名状し難い欠如感が横溢しているからである。ハイデッガーが「乏しい」と捉えたことを、半世紀も前に、フィクションの形で徹底的に発《あば》き出したのがドストエフスキーである。彼は「乏しき時代」と呼ばれる世界の実相を、夙《はや》く「神の不在」、ニヒリズムそのものの表れ、と直感していた。だが、思索家であるハイデッガーは、作家ドストエフスキーのようには語れない。ドストエフスキーが時代の人間の「精神の在り方」の中に洞見して、小説に仕立て上げた「神の不在」を、ハイデッガーはテクノロジーの時代の「世界」の在り様に見る。その際、次のことに注意が要る。ドストエフスキーが「神」としてキリスト教の「神 der Gott」を表象しているのに対し、ハイデッガーの「神」はあくまでも“einer Gott”、かつてギリシャ人が――そしてほとんどの古《いにしえ》の人々が―― “die Göttliche”と表象したものであった。それは特定の宗教神ではなく、人間精神の深奥に在って不断に人間を導くはずのものである。

アリストテレスは技術と学を慎重に、そしてキリスト教は両者を画然と分かたねばならなかった。キリスト教において、技術はもっぱら人間的領域のもの、その意味で徹底的に「世俗的 mundanus」である。学はそれ自体、神の探究なので「神聖 sanctus」でなければならない。技術と学とは、本質的に別のものだった。その技術と学が人間的目的、世俗的目的のために合体して「実際的な praktisch」な効力を求め始める。ルネッサンスの後期から徐々に、である。この趨勢が著しくなり飛躍的に進捗するのが十九世紀前半、例の《産業革命 industrial revolution》の頃からである。テクノロジーが実効力――利便性 utility と効率 efficiency ――でもって、人間を動かし始めたのである。

十九世紀、それは十八世紀のヒューマニズムの理念が、名実ともに、逆転した《神人同一論 Anthropomorphismus》だったことを顕《あらわ》にし始めた時代であった。ちなみに「逆転した」といったのは、神が人間の形を採るのではなく、人間が神を装うからである。

十九世紀後半以降、足場の危うい人間的思索はテクノロジーの発展に煽られて、「神人同一論」の実践に躍起になる。足場の危ういことを知らないかのように。だから大多数の人間的思索は、テクノロジーの目覚ましい威力を神の代執行のごとくに見立てて、テクノロジーの発展や促進を円滑ならしめることに思索の実際的意味を期待しようとする。テクノロジーの促進が、そのまま、足場の危うい人間的思索、「存在忘却」の思索の裏返しであってみれば、テクノロジーの推進が人間的思索の目的と化すのも是非のない所であった。この進みを待ち受けるのは、テクノロジーそのものの自己目的化の事態である。「産業革命」から僅か一世紀も経ないうちに早くも、である。案の定、存在の思索に支えられないテクノロジーの思索、テクノロジーの自己目的化の助長は、人間に未曾有の惨禍を齎《もたら》してしまった。「原子爆弾」の炸裂である。存在忘却が人間忘却に連なることを露呈した。まさに衝撃であった。

テクノロジーはその両面性をあからさまにした。ハイデッガーは思索するものの責務を痛感せざるをえない。思索家の責務、存在忘却の責めを負うことが思索的課題になる。端なくも、否、むしろ必然の進みのように、人間を「神」に成り上がらせた形而上学。ニーチェがその本質をニヒリズムと発《あば》いた形而上学。ヘーゲルによって完成されたこの形而上学の「歴史」が、今、ハイデッガーの思索の前にある。この歴史を、「破壊して、新たに基礎付ける」企て、人間的思索の「根基Grund」の据え直しが、彼の思索にとって焦眉の急になった。

形而上学の歴史の破壊と基礎付け、『存在と時間』におけるハイデッガーの思索的課題は、「形而上学」を「神学」から人間の水準へ連れ戻すことであった。神、この唯一的存在者に存在者一般を代表させて思索するのではなく、あらためて存在者を存在者として見るのである。見る、即ち存在者を「存在者」として純粋に、現象学風にいえば、一切の特権化を排して思索するのである。この場合、重要なのは「思索するもの」の資格と位置取り、端的にいって、「存在現象」を見つつ - 思索するものの眼の位置だった。

キリスト教神学に関して、もう少し補足しておく。万象の創造主、神は万象の外にいる。万象が《世界》と表象されるかぎりで当然のことだが、神は「世界の外」にいる。一方、人間を含めて被造物は全体で世界なしている。つまり「世界内存在」である。世界の外に在りながら、「マリア＝世界内存在」を介して一度「世界の内」へと下生《げしょう》し、昇天して再び「世界の外」へ出る神と、「世界内存在」である他はない万象との、存在論的水準での断絶は決定的である。人間がこの断絶を跨ぎ越すことができない以上、人間は同じ水準の被造物を知るように神を知ることはできない。万象の唯一の「原因」を、それとして知ることはできない。「存在論」たる「第一哲学」が成立しないことになる。そうなると根本において、人間的思索は無明である。

されればキリスト教には、それに独自の形而上学的な基礎付けが不可欠だった。人間はいかにして神を知りうるのか。換言すると、人間は神との存在論的水準の断絶をどのように越えて、水準の融合を果たしうるのか。この問いに答えなくてはならないのである。詳しく論じる余裕はないが、要するに、ギリシャにはなかった一つの「人間像」を作り上げることで、この問いに答えようとしたのである。ちなみに「人間像」、こういう観念は中世にはなかった。「像 imago」とは「似姿」のことであり、畢竟、神の似姿を意味した。新しい「人間像 Menschenbild」、それは神の似姿ではなく、「人間としての人間」のイメージである。人間が自分のイメージを表象できる、人間的意識においてもはや、中世ではなかった。

新しい人間像、"spiritus"による"anima"の超越によって、それを構想する。"spiritualis"は人間の神的な部分を、"animalis"は動物的な部分を徴標している。人間は被造物であるけれども、単に「生命を持ったもの animal」というだけでなく、人間の"anima"はそれ自体、精神性を帯びている。人間は"animal spirituale"なのである。この精神性を人間的理性に象徴させるとき、人間は「理性を持った動物 animal rationale」である。被造物としての人間像の確立である。この人間像にあっては、理性は人間の理性である。言葉だけ借りると、トマスのいうように、この《理性 rario》が「人間を人間であらしめている」。この理性でもって、人間は「神を知る deum gnoscere」のである。理性という卓越した能力を持つものとして創造されたことを、人間は神に感謝しなければならないだろう。

神への感謝とそれ故の帰依、それが「信仰 religio」である。“spiritualis”による“animalis”の超越は、信仰だけがそれをよくしうる。だが信仰による存在水準の凌駕や融合、それは何とも「非合理的 irrationalis」だし、一種の奇蹟ではないのか。どうも、そうであるらしい。キリスト教は《神学》を樹《た》てるにあたって、学の根底に「信仰」という「不思議 miraculum」を置く。非合理的なものに立脚せざるをえなかったのである。そのため、キリスト教神学において、次のことが真剣に考量された。「第一原因」の探究という形而上学の遂行にあたって、第一原因である「神」を「信じるために知る intelligo ut credam」のか、「知るために信じる credo ut intelligam」のか。いずれなのかと。

人間にとって最も本質的なことは「知 scio」なのか「信仰 credo」なのか。この問いは、結局、カントまで持ち越された。理論理性の管轄と実践理性の管轄へと「知」と「信仰」を区分けして、ようやくカントがこの問題に哲学的な決着をつけた。カントの《批判》は「知」と「信仰」の分離でもあった。というのも、両者の間を判然とさせておかないと、様々な哲学的不都合が生じてくるのである。その最大のものが、上述の逆転した「神人同一論」である。カントの「批判」はまた、神人同一論の断乎たる否定であった。それを踏まえた上で、カントは《実践理性》の優位を認めたのである。

人間的理性によって存在論的水準を超越する、事実的にはともかく、権利的には人間が「世界の外へ」出られるのである。しかして、神の位置に立てるのである。信仰をより所にして、人間は神の位置から世界全体を「見はるかす」ことができる。信仰が神への感謝と帰依に他ならないかぎりで、この「見はるかし」はきわめて謙虚なことであった。まさそれは人間が神でないことの自覚だったのである。だが権利上とはいえ、水準の融合を果たしたことで、人間の眼があたかも神の眼と同等になり、神が被造物の全体を観望するように、人間が「世界」を見渡せるようになる。人間の眼に、一種の特権が具わってきたのである。かくて、人間は権利上「世界の外に」いるにすぎないのに、事実的にも「世界の外に」いるかのように、世界に睥睨《へいげい》するのである。人間は神の眼差し——肉体を持たない「神の眼」は精神的な眼、心眼である——、「形相的な」視点を手に入れたかのごとくである。世界の外から、「世界」をトータルに眺望するという特権的な眼差し、それが人間的理性の働きであり、「知＝学問 scientia」の眼差しということになる。神の眼に倣うかぎりで、人間の学問がエイドス的になるのは、必然の成り行きだった。

元来、神を仰ぐべき人間的理性の謙虚な眼差しが被造物全体、《世界》を見る眼となり、ついに人間的理性が「神のように」なる。そして理性こそ人間を人間であらしめる所以《ゆえん》のものなのだから、畢竟、人間が神のようになるのである。人間、この神のような存在者は被造物に関する様々な事柄、即ち「世界内の」事象を「普遍の相の下に」、もしくは「永遠の相の下に sub specie aeterna」に眺めて総括することができる。学とは本質的に世界の諸現象を不変＝普遍の形式へと総括する人間的営為、故に、事象の「エイドス化」ということになるだろう。かかる学の範例的な在り方が、ニュートンの「自然哲学＝物理学 physica」であった。

ニュートンは神の位置に眼を置いて世界を見渡し、「世界内の」諸現象——ニュートンはそれを「運動 motus」として捉える——を統一的な原理、《万有引力の法則 lex gravitatis universalis》の下に総括した。被造物全体で「構成する constitutio」世界が、統一的原理に則ってないはずがない。世界は「神意」の表れそのものだからである。この原理は世界を理念的形式で把握する所以《ゆえん》のもの、エイドス的な学の原理でなければならなかった。もとよりニュートンは、この学を標榜することで自分が神になりうる、などとつゆ思いはしなかった。自らの思索を謙虚に神に奉献したのである。自分の思索が「天地創造」の原理を読み解くことであるかぎり、絶対に間違いは許されない。ニュートンに重要なのは人間的世界、即ち小宇宙ではなく神の創造した大宇宙、エイドス的宇宙だった。

ニュートンのことはさて措いて、人間が逆転した「神人同一論」へ向かう精神的な下地は、神への絶対的な信仰と帰依を通じて育まれてきた……、と考えざるをえない。テクノロジーの時代になるまで、学と技術が大っぴらに合体することはなかったが、「学」そのもの——自然哲学が神意の解読として発展すること——がテクノロジーのための土壌を培っていた。学が技術に理論的な支えを与えることになったからである。神を知る学的営為が、そのままで、人間の日常生活に実用的な役割を果たす。中世的な宗教観でいえば、断然分かたれるべき「聖」と「俗」、「神の世界」と「人間の世界」、これを分かつ「門 ostium」が、学的探究の深化とともに知らぬ間に開いてしまったらしい。知らぬ間に……? 〈運命 Geschick〉とハイデッガーがいう所以《ゆえん》であった。こうして人間世界は、いよいよ隈なく「世俗化 Säkularisieren」し始める。つまり人間的世界になる。

人間が神に成り上がることで生じる「隈なき世俗化」、それが人間的思索の足場を危うくする。そして思索に「足場がない」という「不安定 Unruhe」を惹起するのであれば、神に仮託した「学の眼差し」を、人間は自分の分相応のところまで下ろさねばならないだろう。形而上学の破壊と基礎付け、ハイデッガーの企ては、あらためて思索を人間的思索という足場に据え直すものだった。そのために採られたのが、《現象学》という方法である。

フッサールが「エイドス的学」として掲げたものを、ハイデッガーは「方法」へと繰り替えて、我がものとした。現象学なら、一切の価値的な先入見を排除し、公平無私に存在現象を目撃・記述できるとハイデッガーは確信した。「学」を「方法」に変える、思い切った遣り方だったが、ハイデッガーはもう、否、まだ「エイドス的な学」を樹《た》てることはできなかった。ハイデッガーからすれば、「エイドス的な学」はおそらくフッサールのそれも含めて、神学的な伝統が齎《もたら》したものだったのである。フッサールの提唱した《本質学》でさえ、ハイデッガーには神学的系譜のものと映った。彼が師のフッサールと「袂を分かつ」ことになっても、やむをえなかっただろう。

だが周知の通り、『存在と時間』からのハイデッガーの思索は、一度頓挫を余儀なくされた。存在現象を目撃する、思索の眼の位置取りの故に頓挫することになったのである。眼の位置、ここに形而上学の基礎付け、というハイデッガーの終生の思索的課題の真義が凝縮されている。『存在と時間』からの思索の道の頓挫が、彼に《ケーレKehre》を促した。ケーレ、一見完全に方向転換したかのようなハイデッガーの「前期思想」と「後期思想」とを、一貫した思索の深まりと理解する上で重要なのが、今いった思索の眼の位置の問題であった。眼の位置は変更されたとしても、「存在現象」を目撃し続ける彼の思索の方法は、ずっと「現象学的」だったのである。

眼の位置に関して、少し述べておく。ハイデッガーの前期の現象学的な定位に深刻な懸念が生じた。上述のように、存在現象を目撃・記述する自分の「立場 Standpunkt」、つまり思索するものの「眼」の位置に、無前提的に或る種の特権を認めてしまっているのではないのか、という疑義である。

前期の立場、カントに倣って「超越論的 transzenndental」ともいうべき眼の位置は、そもそも、何によって保証されていたのか。惟《おも》えば、この立場は存在者一般の地平を「形相的に」捉えるためのものである。だがそれでは、次のことと同じではないのか、即ち存在者に比して、存在現象を目撃するものに圧倒的な「優越 Priorität」を認めることと。それでは、存在者の「跨ぎ越し Überholen」ではないか。自分の思索は、何によってかかる特権を与えられたのか。或いは、キリスト教神学に由来する学の伝統の上に、無前提的に乗っていただけではないのか。そしてもしそうなら、形而上学の破壊という自らの課題に背馳する。破壊されるべきは、自分の課題そのものだからである。まるで「枝に乗って幹を伐る」かのようなハイデッガーの思索に際立ってきたのは、素朴だがしかし人間的思索の根幹に関する問題だった。一体、存在現象の目撃・記述を「世界内の」眼がするのか、「世界の外の」眼がするのか？　よし「純粋形相的な」立場であるにせよ、否、むしろその立場であるからこそ、存在者全体を〈世界内存在〉と規定し総括する自分の思索が、どのような権利でもって、「世界の外に」いるかのごとくに振る舞えるのか。この問題の前で、ハイデッガーの思索は立ち止まらざるをえなかったのである。

この問題を、自分の思索の最も根本的なことだとして提出されたのが、論文「真理の本質についてVom Wesen

der Wahrheit」であった。この論文には幾度も加筆修正がなされている。それは件の問題が思索され続けた証拠であり、ハイデッガー自身の思索的な苦衷を物語ってもいた。

真理の本質を巡る思索はケーレを挟んで、深化していった。深化のうちに、存在現象を目撃・記述する彼の眼から、前期思想に認められた特権のたぐいが消えたように思える。真実そうであるらしく、眼の位置が世界の「外から」世界の「内へ」入ったようなのである。それを示すのが、ハイデッガーの後期思想のキーワード、“Ereignis”である。この語は「目の前に持ってくる vor die Augen Bringen」の謂いだが、常に“sich Ereignen”と書かれる。“Ereignis”という「存在現象＝出来事」にあって、存在者が「自ら sich」を“Ereignen”しないかぎり、見るものは何も見ることができない。存在現象は、見るものの周りで起こる「出来事」であり、それは必然的に見るものを「巻き込む Verschlingen」のである。存在現象を目撃する眼が「世界内存在」になり、この眼が存在現象に「連座」――アリストテレスの語彙“αἰτία”を惟《おも》うべきか――せざるをえないことを知るとき、ハイデッガーの後期思想が始まった。特権的位置から存在現象を「跨ぎ越す」のではなく、彼の言葉でいえば、存在現象の〈近傍 Nähe〉に〈佇む Verweilen〉という仕方で。

後期思想はどうやら、次のことへの深甚の反省から少しずつ開けてきたようである、即ち超越論的な立場が、キリスト教神学から完全に脱却できていなかったことへの。カントの批判主義に依拠しつつ、形而上学の基礎付けを図る、という『存在と時間』の立場に留まるかぎり、アリストテレス的形而上学の貫徹が困難、否、不可能であることをハイデッガーは認めたのである。

しかしハイデッガーの思索的課題にとって、その範例であるアリストテレスの思想でもやはり不十分で、ハイデッガーはさらに、アリストテレスの向こうへ遡ることになる。アリストテレスから出発した「形而上学」を、アリストテレスに戻って反省熟慮しながら、ハイデッガーは、アリストテレスの向こうまで還って見直すのである。かかるハイデッガーの思想は前人未到で、従来の西欧形而上学の歴史に照らして、彼はとんと馴染みのない所へ進んでいった。真に、迂遠の道への踏み出しであった。さもあろう、彼は自ら進む思索の道を、「別の始まり」といったものである。

## 3

ようやく、講演「ゲラッセンハイト Gelassenheit」の前までできた。この講演は、「ケーレ」の思索への道を踏み出したハイデッガーが、思索家としての心構えと責務を吐露したもので、傾聴に値する。責務、“Verantwortung”、応答することである。何への応答か。いうまでもない、原子力の威力が文字通り人間存在の存亡に関わり始めたテクノロジーの時代に、存在の声、存在の「呼び掛け」への応答である。もう一度いうが、この講演は原子力に代表されるテクノロジーの時代に、人間的思索の「場所」と「方向」に思いを巡らしつつ、存在の「呼び掛け Rufen」に応えようとするものだった。もとより、ハイデッガーが明確な結論に至った訳ではなかった。彼の思索は、終生、「言葉への途上」、しかして「存在への途上」であった。「結論 Schluß」を出す、それは開いているものを「閉じる Schließen」ことである。「思索されるべき事柄 Sache des Denkens」を前にして、性急に結論を急ぐのでは、畢竟、思索から「事柄＝存在現象」を「締め出すこと Ausschließen」に同じである。それが「存在忘却」に不可避的な様相であるなら、ハイデッガーは、むしろ事柄の傍らに佇むことに、思索家の責務を見た。講演“Gelassenheit”はその立場でなされたのである。

この講演において、ハイデッガーは人間的思索の様相を、二つに分けて対照させる。二つながらに、人間的思索に本質的な様態である。両者は比較されうるようなものではないし、もとよりいずれが高次ということもない。比較可能で高低、優劣の判定がつくのなら、一つあれば十分だろう。よりよい方を採れば、それで済む。そういう問題ではないから、ハイデッガーは二様の思索を対照させ、違いの意味を質すのである。

その様態、一つは〈計量的思索 das rechnende Denken〉、そして今一つ〈静観的思索 das bedenkliche Denken〉である。前者は人間的目的を考量する思索、語の最も広い意味での「実践的思索」といってよいだろう。通常の学問的な思索、学的探究もこれに属する。後者は実践を離れてする思索、広い意味での「反省的思索」で、熟慮し再思三考することである。二つの思索は、"cogitatio activa" と "cogitatio contemplaiva" とでもいうか、人間は常にどちらかの様態で考えているのである。

辞書を引くと分かるが、"Rechnen" は単純に数を「数えること Zählen」ではない。"Rechnen" は確かに「計算」なのだが、この計算の場合、物質的、精神的な価値が考量されている。あらかじめ意図的に、何らかの価値を見込んだ計算なのである。だから「計量的思索」とは "Kalkülieren"、「情況を判断する」という意味である。情況判断は、いつも「新しい可能性、見込みの多いそしてより妥当的な水準」を求めてなされる。計量的思索は人間の期待や欲求の表れであり、人間的行為の推進力である。計量的思索は暗黙のうちに、人間の進歩、改良、発展といったことを眼目にしている。故にこの思索は、本質的に人間的実践的な思索である。ちなみに人間的水準では、常に「実践的なもの」が「理論的なもの」に優先するので、いわゆる「理論的な思索」も計量的思索に特徴的な様態の一つなのである。

ハイデッガーは、計量的思索はテクノロジーの時代に一層鮮明になり、その真実の姿が見えてきたと考える。計量的思索はヒューマニズム、或いは逆転した「神人同一論」に鼓舞されて、人間の期待や希望を実現するために思索する。期待や希望に支えられ貫かれているので、勢いこの思索は「近いもの」を見ずに「遠方」に眼差しを向けている。人間的価値は一般に、それが主題的に志向されるかぎりで、「現在に」ではなく「未来に」実現されるとしたものだろう。この思索のする「情況判断」の基準は、「今－ここ」から抜け出していかに上手く「いつか－あそこ」へ到達できるか、にある。価値の実現を思索するとき、「遠方」の中に「近傍」が、「いつか－あそこ」の中に「今－ここ」が、自明のこととして含まれているのである。こんな風に、さながら時空的制約を超えて価値を先取らんとするがごとき人間的な態度を、ハイデッガーは〈管理運営 Betrieb〉と呼ぶ。ハイデッガー的には計量的思索は存在者を〈管理運営する Betreiben〉思索なのである。

　計量的思索はその本性上、「最も身近なもの das Nächst-liegende」を思索する機会を、自分で追い払ってしまう。計量的思索は時空を先取りしようとするので、そのかぎりで事象を一気に跨ぎ越している。いわば事象の外から、事象に関してする思索である。事象、即ち「存在者の聯関」を観念的に操作する、つまり管理し運営するという訳である。そのため当然のことに、事象の内に留まって事象をゆっくり見廻す暇はない。この思索は“Verweilen”の思索ではなく“Eilen”の思索である。したがって、計量的思索は個別的な存在者を一気に「存在者全体 Seienden im Ganzen」として射程に収める。だがしかし〈存在者が在る〉という事実、存在者全体を「統《す》べている Walten」、この「在る」という事実性は、この思索の自明の前提である。だが計量的思索はこの事実を考慮しないし、実はできないのである。だから、計量的思索は存在者を思索しながら、存在者を思索していない。その意味で、「存在忘却」の思索である。

　だがハイデッガーは「計量的思索を止めよ」、などというのではない。この思索は人間的思索の典型である。それを止めることは、人間が思索を止めることと同じである。ただひたすら計量的思索に没頭して、「それでよし」とするのでは、「思索することから逃げ出している auf der Flucht vor dem Denken」とハイデッガーは考える。人間的思索の本質に照らして、計量的思索だけでは人間は思索を全うしていない。計量的思索を唯一的としてそれに頼るだけでは、思索の片肺飛行で危険である。

計量的思索に没頭するとき、意識的にせよ無意識的にせよ、人間的思索のもう一つの様態である〈静観的思索 das bedenkliche Denken〉の意義は、すっかり閑却されている。「静観的」、“bedenklich”の語には、「疑って見る」、「慎重である」、「軽挙盲動を控える」といった意味がある。静観的思索は、直接存在者を管理運営する思索ではない。実践的思索ではないけれども、静観的思索はじっと計量的思索に寄り添っている。

しかし計量的な思索に比して、ときに、静観的思索は次のような非難を浴びることもある、静観的思索は現実の上を浮遊しているのではないか、と。当面の思索的課題を片づけるのに、特別役に立つ訳ではないし、およそ、実践的なことを成就するに資する所ゼロではないか、と。この手の非難は計量的思索、存在者を管理運営する立場から出てくる、プラクティカルな批判である。青白いインテリは、浮世離れし役に立たないくせにお高く止まっている、といういわゆる現実主義者からの揶揄とどこかしら似ていなくもない。

だが静観的思索は計量的思索が思い込んでいるのとは、まるで違う種類のものなのである。静観的思索を実践するとき、この思索が計量的思索を超えてより高く昇ることなど、全く念頭にない。それを思うなら、その思索はもう静観的思索ではない。静観的思索が「より高い所で思索している」と思うとしたら、それは価値のたぐいを元に考量する計量的思索なのである。静観的思索は晦渋でも難解でもないし、高尚でも深遠でもない。ごく当たり前の、人間誰でもする思索である。

非難は非難として、静観的思索は自から、計量的思索と同じように進捗すべきものではない。さればかえって計量的思索以上に訓練が必要だし、努力も熟練も要る。静観的思索にはやはりそれ相当の努力が要求されて当然である。哲学的思索の長い歴史と伝統を惟《おも》えば、十分に合点のいくことだろう。人間は常に計量的思索とともに、静観的思索をしながら思索の均衡を保ってきたのである。

普通のことなのに努力が要る、矛盾しているようだがそうではない。静観的思索は、計量的思索が自明のこととして「見過ごし Übersehen」たり、「等閑《なおざり》にしている Vernachläßigen」もの、そういうものの「近傍 Nähe」に立ち止まるときに、実践されているのである。ハイデッガーは「当たり前のもの das Naheliegende の近傍に留まって、そのものを見つつ考えているとき、すでに静観的思索がなされている」という。

静観的思索は「佇みつつする思索 verweilendes Denken」である。そのため計量的思索は学者――「閑人 σχολαστικός」の意味でもある――の僻事のようにしか見えない。この思索は現実の上を浮遊し浮世離れしているのではなく、むしろ徹底的に現実から離れられないのである。とはいえ、計量的思索と静観的思索のいずれが「現実」と密着しているのか……、ここに計量的思索が拘泥するについては、西欧哲学の伝統に理由がある。

「現実 Wirklichkeit」を哲学的術語として振り返ってみる。元々、この語はアリストテレスの用語「エネルゲイア ἐνέργεια」が“actualitas”、もしくは“realitas”とラテン語訳され、さらにラテン語訳が独訳されたものである。哲学用語の“Wirklichkeit”とアリストテレスの“ἐνέργεια”との間に、ラテン語訳というワンクッションあり、それが話を厄介にしている。“ἐνέργεια”は“ἐν + ἔργον”、個々の存在者が「何らかの作用をしている」という意味であった。“ἐνέργεια”を“actualitas”へ、つまり「in actu」とラテン語訳したことに別段無理はない。ギリシャでは存在者全体の聯関、「作用 ἐνέργεια」の聯関とでもいうようなものが、《自然 φύσις》と表象された。「自然 φύσις」とは、様々な存在者が互いに作用し合い影響し合いつつ繰り返される、不断の生成と消滅である。“φύσις”を範例に、キリスト教神学においても、「自然 natura」を存在者間の「作用の聯関」と理解することはできるし、そのかぎりで、「自然」をギリシャ的意味で《ἐνέργεια = actualitas》と捉えることはできる。

だがキリスト教において、自然は神によって創造されたのである。最も実在的なもの、「最も作用力のあるもの ens actualissimum」は、神を措いて他にない。「自然」、被造物相互の作用性といっても、しょせん、神の作用性と較べることはできない。水準が違う。自然の相互的な「作用性 actualitas」は一纏めに、神の「創造力 vis creativa」という絶対的な「作用性」に従属している。自然の作用性は神のそれの具体的な変容形式なのである。かくして「作用的 actualis」、或いは「現実的 realis」というとき、キリスト教神学では二つの意味を分けておかねばならない。一つ、ニュートンが「法則 principium」へと総括したように、被造物の水準での相互的・相関的な作用性、そして一つ、神の一方的・絶対的な作用性である。前者は後者の「反映 reflexio」、もしくは、プロティノスの語を借りて「流出 emanatio」と見なさねばならない。個々の現実的なものを統括するのは、決して個々の現実的なもの＝存在者の全体ではない。現実的なもの一切の上に君臨して、全体を「現実一般 Realität」として通観し睥睨《へいげい》する神だけである。そこでニュートンはこんな風に考えた、神の絶対的な作用性は、自然の現実の中に具体的な作用性一般という仕方で表れている、と。ニュートンが《物理的法則 lex physicalis》へ纏めたのは、神のこの創造的作用性であった。その具体的に顕在化したもの、《万有引力》、被造物であるかぎりでの万象の「親和性 affinitas」である。

　キリスト教神学的な理解に準じて、“actualitas”の訳語としての“Wirklichkeit”も二重の意味を持つ。一つ、「作用している wirklich sein」、一つ作用性一般としての「現実性 Wirklichkeit」である。これらを合わせて「実在性 Realität」といってもよいかもしれない。上述の通り、逆転した「神人同一論」の信条、即ちヒューマニズムに鼓吹された人間は、自らを神に擬し始め、神に擬された人間なら、現実の上を浮遊できるし、「現実的なもの das Wirkliche」を「現実一般 Realität」として通観できる、と信じ込むだろう。後にメルロ＝ポンティは、人間的思索のかかる傾向性を〈上空飛行 survol〉、といって批判した。思索の足が地に着いていない、と批判した訳だが、いうまでもなく、非難されたのは計量的思索の方である。

　一見、個々の存在者と直接的に関わる実践的な計量的思索が、個別的存在者という現実的なものの上を浮遊することなど、最初から不可能なように思える。だがそうではない。この思索においてこそ、かえって現実的なものがあらかじめ「現実一般」の射程で捉えられてしまっているのである。近代以降、この意味での「現実 Wirklichkeit ＝ Realität」が人間にとっての「対象性一般 Gegenständlichkeit」と同値になった（「芸術作品の始まり」の「後書き」参照）、と夙《つと》にハイデッガーは指摘していたのである。計量的思索は価値や目的実現のために「遠方 Ferne」を見ているので、最初から「今－ここ」という現実、「近さ Nähe」を飛び越しているのである。現実的なものの「作用 Wirkung」を対象性一般として無差別化、ハイデッガーの言葉でいえば、「水平化 Nivellieren」してしまう。それは計量的思索が現実の上空に位置を占めているからである。しかも本性上、計量的思索はこのことに気づくことができない。それ故に計量的思索は、「静観的思索」の方が現実の上を浮遊している、と思い込んでしまうのである。計量的思索は、一見何もしていないかのような静観的思索をそのように見立てるのである。

　時空を跨ぎ越す計量的思索への傾斜と熱中、それは人間的な期待や欲求の増大と軌を一にしていた。かかる傾向性は十七世紀のヨーロッパに兆し、しかもそれはヨーロッパにしか起こりえなかったことだ、とハイデッガーはいう。つまり、この傾向性の背後にキリスト教的神学的な世界観・人間観があったからだ、というのである。神学的人間像からヒューマニズムの精神が生い出てくるが、ヒューマニズムの精神は、「計量的思索」によってその現実的な意義を探究し、実感することになる。

　この思索が人間と世界との関係を新しく、換言すればギリシャ的にでもキリスト教的にでもなく、ヒューマニスティックに捉え直そうとする。捉え直し、このヒューマニズムの思索と一において、思索することの足許が少しずつ不安定になり、思索の進行と比例して、「足許の危うさ Bodenlosigkeit」は助長されたのである。人間的思索は、徐々に「累卵の危うき」に瀕していった。そしてついに足許の危うさがドラスティックな形で露呈する――二度の世界大戦――。だが当の計量的思索は、この経緯に気づくこともないし、意識することもなかった。計量的思索は、まさに《危険 Gefahr》の中にいた。否、この思索そのものが「危険」だった。

危険の直中《ただなか》で、ハイデッガーはヘルダーリンの詩句をそのまま引いて考量する。「危険が存すれば、救うものもまた生い育つ」のではないか、と。計量的思索が陥る「足許の危うさ」とともに、静観的思索も「成長している Wachsen」のではないか。いささかオプティミスティック、と感じられなくもない。だがそうではなく、ハイデッガーは思索の「在り様 Seinsweise」から考量しただけである。

とまれ静観的思索は最も自明なもの、「最も近いもの das Nächste」の傍らに留まるので、現実から一歩も離れなくてもよい。「今－ここ」に佇み、「今－ここ」を見つつ考える思索は、「いつか－あそこ」のために時空を跨ぎ越し、現実の上空でする思索に較べると、「足が地に着いている Bodenständig」。足が地に着いているので、計量的思索の陥る「足が地に着かない」という事態とその成り行きとを、じっと見続けることができるのである。自明のものの傍に留まっているからこそ、自明のものに兆す僅かな変化や変調を見逃すことがない。

「思索」に自明のこととは、他ならぬ「思索することそのこと」である。人間的思索にとって自明なことが自明でなくなる、それは、計量的思索が自らの無条件的前提と見なしていることがぐらつき始め、いつの間にかこの思索が「不安定 Unruhe」になることに他ならなかった。しかし繰り返してきたように、計量的思索はそれに気がつかない。だから益々思索にのめり込む、或いはのめり込める訳で、これほどの「不安 Unruhe」はないだろう。計量的思索は、いうなれば本質的に「乏しい思索」である。それ自体で完全充足していると信じているのだが、その実、いつも自分でない何か、つまり静観的思索を必要としている。静観的思索と一緒でなければ、必ず危険という「窮地 bedenkliche Lage」へ嵌り込んでいく思索なのだから。原子力の時代、それは計量的思索が自らの「勲《いさおし》 Leistungen」を誇るべき時代であった。同時にそれはそのまま、この思索の「足許の危うさ」が如実のこととなる不安の時代でもある。不安の実相に真正面から目を向ける、これが人間的思索の「焦眉の急 inständig」の課題である、とハイデッガーは講演「ゲラッセンハイト Gelassenheit」で説いたのだった。

計量的思索に足場を準備する思索、それは静観的思索である。もとより準備といっても、計量的思索に具体的な材料を提供できる訳ではないし、具体的に下支えたり補強したりする訳でもない。そうではなくて、計量的思索が“bodenlos”になることに、繰り返し注意を喚起するだけである。それも、そっと、まるで声なき声で囁くように内側から呼ぶ。

静観的思索は、計量的思索の行き過ぎや行き詰まりを目撃することはできるが、手を貸すことはできず、何の実行力も発揮できない。大体、そんな力を持ってはいない。実際的な支援ができるのなら、計量的思索と静観的思索との間に全く差異がないことになる。だから計量的思索から、静観的思索が「非現実的」だとか「暇潰し」と見られてしまう。だがこの二つの思索はいずれも人間に必須の思索である。両者は互いに反目すべきものではないし、矛盾もしない。両々相俟って、初めて人間的思索なのである。いずれに傾いても、いずれを蔑《ないがし》ろにしても、畢竟、それは「思索することから逃げ出している」。そのとき、人間的思索は「冷静沈着さ Gelassenheit」を失う。そして思索は或いは目先の目標に向けて狂奔するか、或いは臆病風に吹かれたかのように一歩も動けなくなるか、そのどちらかになる。思索の二つの様態が互いに他を必要とし督励し合っている、そのときだけ人間的思索は「思索すること」の故郷にいるのである。

思索の「故郷 Heimat」、それは人間的思索の「土壌 Boden」、つまり思索が生い育つ所、思索の「始まり Ursprung」である。その場所はいうまでもなく、人間の存在にとって最も近いもの、素朴な存在経験、故に「当たり前 gewöhnlich」のことである。ところが往々にして人間には、近いものほどかえって遠い。ハイデッガーによると、どうやら人間的思索が本質的に「弁証法的」であるかららしい。人間的思索の弁証法は存在の弁証法を体している。だからこの弁証法はヘーゲルのそれ、創造主たる超越者の弁証法のようにはいかない。即ち、実質的にも論理の形式としても、決してアウフヘーベンされることがないのである。

一体、論理の形式として、計量的思索と静観的思索とが「正－反 These-Antithese」の関係にある訳ではないから、ヘーゲル的意味で「合 Synthese」に達することはない。そして存在論的に見て、被造物であり、《世界内存在》である人間の思索が存在の水準を跨ぎ越す、創造主と被造物の絶対的な隔絶をアウフヘーベンできる訳がない。したがって、存在の思索は存在の弁証法の前に佇むよりないのである（拙稿「弁証法について」――拙著『カントの函』萌書房、二〇〇九、所収――を参照されたい）。

ハイデッガーの指摘する存在の弁証法は、キリスト教的な世界観のものではない。その弁証法はギリシャ的とでもいうか、「存在者は常に自分を現すことによって、かえって自分を隠している」ということなのである。夙《つと》にヘラクレイトスは存在の弁証法に気づいていた。ヘラクレイトスの『断簡一二三』に、「自然は隠れることを好む」とある。ヘラクレイトスの慧眼はともかく、一般に人間の素朴な存在経験において、存在者が「そこに在る da sein」のは自明のことだし、その上、存在者が「このもの」、「あのもの」として、常にそれに固有の在り方をしている、と人間は信じて疑わない。だが実際には、人間に対していつも或る「特定の存在者」として現象するだけで、本当の姿は分からない。このように特定の存在者となることで、存在者はいつも正体を隠していて「本当の姿を現さない」ということが、本当の姿なのだろう。それ以上のことは分からない。

存在の弁証法、現れることで隠れ、隠れることで現れる。このいかにもパラドキシカルな事情は、ハイデッガーのいう“Ereignis”と少しも矛盾しない。“Ereignis”を、人間の都合にしたがって、存在者がいつも「在るがまま」の自分を「眼の前に持ってきてくれる sich vor die Augen Bringen」と考えるが、その信じ込みが存在者に「概念の不意打ち」を食らわせている。どんな風に現象しているのか……存在者の与り知らぬ所である。存在者の「在るがまま」とは、存在が「弁証法そのものだ」ということのようだからである。

そこでハイデッガーは、存在の弁証法を〈秘密 Geheimnis〉と呼んでこういう。「秘密は……存在者の根本特徴

Grundzug である」、と。道理で、存在者が存在するという最も当たり前のことが、かのロカンタンに〈嘔吐 nausée〉を催させるほど「得体がしれない ungeheur」し、「不気味 unheimlich」だった訳である。偶《たま》さか公園で、無聊《ぶりょう》のロカンタンは、存在者が全くの「無関心 Gleichgültigkeit」という無差別へ戻ったときの《即自存在 An-sich-Sein》、つまり「秘密」というヴェールの向こうを見てしまったのだろう。素朴な存在経験における「当たり前 gewöhnlich」のことを、ハイデッガーは〈在るものは在る Anwesenheit der Anwesenden〉という。在るものが在ることが、存在の弁証法であり秘密なのである。それを知っていたヘラクレイトスは、「自然 φύσις」、存在者全体は決して正体を見せたがらない、と考えたのだろう。

人間的思索は常に、自分も一個の存在者として、「在るものが在ること」に関係し続ける。この関係そのものを跨ぎ越すことはできない。人間、この「世界内存在」は、世界内存在という事態の全貌を知ることはできない。人間は存在の弁証法、存在の秘密、ロカンタンを嘔吐させた「在るものが在ること Anwesenheit der Anwesenden」に包み込まれている。「世界内存在」、即ち存在の秘密の真直中にいること、人間にはこのことが何よりまず、そしてとことん謎である。自分の存在という「最も自明なこと」が、近いが故に「最も遠い」。最も遠いが故に、また最も近い。ここにも存在の弁証法が顔を覗かせている。

秘密の直中に自らも秘密の一環として存在しつつ、秘密を思索し続ける。それが人間的思索の責務であり有体である。ハイデッガーはいう、人間的思索は「秘密の前に開かれている Offenheit für das Geheimnis」、と。存在の秘密へと「居合わせること anwesend」、これが“Offenheit”であって、かつてハイデッガーはこの事情を、人間現存在の存在論的な体制に即して〈超越 Transzendenz〉と呼んだり、また〈脱自 Ekstasis〉と呼んだりした。ともあれこの“Offenheit”から派生して、思索の“Offenheit”とは、あらゆる事態に公平無私に対応するということである。

頂点にまで昇り詰めたテクノロジーの時代、原子力の時代にあって、思索は性急に計量的思索で対処するのでなく、"offen bleiben"、ことを未決定のままにしておくことも肝要になる。原子力の時代の存在現象も、存在現象であるかぎり「弁証法的」だからである。しかもこの弁証法はアウフヘーベンされない。したがって思索的態度の決定、それは弁証法的なものの一面しか見ていない、と意思表明するに等しいのである。態度未決定、確かにそれでは思索が「宙ぶらりん im Schweben」で「中途半端 unvollständig」……、而《しか》してエポケーのように見える。だが思索はこの状態を「耐え抜く Ertragen」のであり、耐え抜くという覚悟の表明が"offen bleiben"なのである。「宙ぶらりん」に耐える、おそらく《現象学》の「判断を控えること Epoche」に繋がっているだろう。ハイデッガーにとって、現象学は唯一の思索的方法だったのである。

さて、原子力時代の存在現象も、間違いなく一つの"Ereignis"である。時代の進展とともに、この存在現象に特有のことも見えてきている。即ち、目下の所その「正体がよく分からない」、「姿がはっきりしない」、「何となく気味が悪い」といったネガティヴな状態で、ではあるが。だから思索は「宙ぶらりん」状態に耐えねばならないのである。原子力の時代を、安易に肯定もしないし否定もしない。ハイデッガーは考える、技術的時代、その典型と思しい原子力の時代にあって、その時代を同時に肯定し否定する――肯定も否定もしないことの裏返しである――、という人間的思索の姿勢そのもの、それが「事態に対するゲラッセンハイト Gelassenheit zu Dingen」である、と。事態に偏頗《へんぱ》に拘泥して無理づくに決着を求めるのでなく、闊達恬淡に原子力時代の在り様に対応しよう、それが事態の「近傍に」佇みつつ耐えるという思索の在り方だろう、とハイデッガーは考えたらしい。"Gelassenheit"である。

テクノロジーの時代、これまで以上に計量的思索が静観的思索を振り切って独行しがちである。テクノロジーに関する専門的な知識が、益々細分化し特殊化し専門化するからである。しかし計量的思索の専行は、それだけまた大きな危険を誘導しかねない。技術的に解決可能な危険、それが次々新しい技術的な危険を誘導しかねない。計量的思索は次々新たな計量的思索を呼び出す。それは確かに技術的水準での改良進歩に違いないが、この進みには「果てがない ad infinitum」。そのため計量的思索は、プランニングや工夫だけに敏く働くようになる。そして反省的な熟慮が、益々どうでもよいようになる。これは人間存在の本質に及ぶ危険である。人間がトータルに思索できなくなってくるからである。

ハイデッガーが懸念するのは、この危険に面して、「人間は自分に最も独自のことを……不要だとして投げ捨ててしまうのではないか Dann hätte der Mensch sein Eigenstes. . . weggeworfen」。独自のこと、即ち人間は熟慮・反省するものだ、ということを。テクノロジーの時代、技術の進歩が求められる時代に顕著になってきたのは、人間的思索が「思索することから逃げ出す」、トータルな思索をしない、という非人間的な状況である。非人間的な状況が進展するなら、原始爆弾がどのような非人間的惨禍を齎《もたら》すかについて、十分に計量も熟慮もされなくて、それで当然だったのだろう。

人間の思索のこのような危険、その回避は、おそらく不可能である。たとえば回避の企てとして、「思索することから逃げ出す」。そして計量的思索だけを殊更に指弾し告発して、この危険に自分は無罪の振りをする。勿論、これで個人的な自己満足を得られるかもしれないが、それ以上の意味はないだろう。結果的に危険を増大させるだけである。これも計量的思索の一様相にすぎないのだから。

“Offenheit”と“Gelassenheit”はともに、人間的思索に本質的な存在論的条件である。もとより二様の思索にこの条件は適合する。ただ、両者はこの条件を別々の仕方で自分の物としているのである。だから二つの思索様態がなければならない。だがどうやら人間はずっと昔から、総じて計量的思索だけで十分に二つの様態を具備している、と信じて計量的思索を実践してきたようなのである。計量的な水準ででではあるけれども、この思索は熟慮もするし反省も重ねてきたではないか。それを、人間は進歩や改良として実感してきたのである。

だが計量的思索だけでは、人間のトータルな思索といえないことは上述の通り。この思索の足が地に着かなくて「危険」であることを、計量的思索は長い年月をかけて、自ら徐々に顕にしてきていたのである。テクノロジーの時代、取り分け原子力の時代は「危険」を一気に、しかも計量的思索に反論や反省の余地のないほど衝撃的な形で露呈させてしまったのである。

あらためて思索の"Offenheit"と"Gelassenheit"に眼を向けるなら、原子力時代の思索にあっても、地に足を着けるという新しい展望が開けてくるかもしれない。そのとき、思索はこれまでにない遣り方で、世界の中に身を持することが可能になるかもしれない。もっとも、「これまでにない遣り方」はむしろ計量的思索の領分に属するから、それはそれでやはり危なっかしい。必要なのは思索の新しい展望でも、別の遣り方でもない。近代以降、ヒューマニズムの名の下で嵌り込んでしまった、「思索することからの逃げ出し」を止めるだけのこと、素朴な意味で「思索すること」へ戻るだけのことである。素朴な意味、即ち「考える」という、ただそのことに留まるのである。思索することから逃げない、それは思索の始まり「近傍に佇み」、存在の弁証法という「秘密の前へと自らを開き」、「事態へと自らを投げ渡す」思索、"Offenheit"と"Gelassenheit"の思索である。それは静観的思索として遂行されるだけなのだろう。

だが静観的思索は実行力のない、無力の思索ではなかったか。その通りだし、ハイデッガーはそれを十分承知していた。それでも、彼は次のことを確信していたのである。無力なものが無力であること、それはときとして、実行力のあるものが実効力を揮うのと同じ位に、否、或いはそれ以上に力強いのである、と。人間的思索の歴史の中で、何度もそれが実証されてきたことをハイデッガーは知っているのである。テクノロジーの時代に姿を現してきた技術そのものの「危険」を除去するのは、決して計量的思索だけではないことを。人間的営為はすべからく弁証法的である。「技術」が効率よく人間的欲求に応えれば応えるほど、危険が危険として際立ってくる。それも表面的には、この危険は技術的に対応も除去もできる、といった風な仕方で。技術の危険は、あたかも「この危険は技術に本質的なものではない」という仕方で、本質的であることを顕にするのである。だからであろう、ハイデッガーは本章の冒頭で引き合いに出した『野の道の対話』、この鼎談の最後を一つの言葉で締め括ったのである。原子力の時代、頂点まで昇り詰めたテクノロジーの時代、今思索することに最も相応しい言葉、それはヘラクレイトスの『断簡一二二』のたった一言、「アンキバシエー ἀγχι-βασίη」である。ちなみに辞書を引くと、この語には"stand apart"と"stand by"の訳が充てられている。事柄に「距離を置く」と同時に、事柄に「近傍にいる」という二重の意味がある。この語が、ハイデッガーには重要だった。

## 結び

"ἀγχι-βασίη"、この語に計量的思索と静観的思索の有体が端的に集約されている。そう考えるハイデッガーは、この語をまず"Herangehen"とドイツ語訳する。厄介な仕事に取りかかるべく、「物に近づく」という意味である。存在者に近づくのは計量的思索であって、近代以降の自然科学とテクノロジーにおいて"Herangehen"の意味がいよいよはっきりしてくる。その一方で、"ἀγχιβασίη"を文字通りにドイツ語訳すると、"Nahegehen"であるという。深く胸に湛える、それほど「深く誼を交わす」という意味である。

"ἀγχιβασίη"、このいかにも両義的なヘラクレイトスの語を引いて、ハイデッガーがいいたいのは「近さNähe」と「遠さFern」である。人間と存在者の存在論的な関係である。即ち、存在経験の重さ、軽さのことであった。「ゲラッセンハイトGelassenheit」、この語で彼はヘラクレイトスの「アンキバシエー」の意を汲もうとした。"Gelassenheit"と"Offenheit"の思索、この思索を通じて、存在と人間の本来的な近さと遠さ——ここにも存在の弁証法がある――が本来のままに人間的思索の前に開かれてくるだろう。

惟《おも》うに近代以降、逆転した「神人同一論」に煽られて、思索は段々、存在者を遠隔操縦する、リモート・コントロールに傾いているように思える。この操作のためには、確かに存在者全体を「実在性一般」、「対象性一般」と総括的に表象して人間的思索に対峙させておくのが便利だし、都合もよかったのである。

近代以降、「存在忘却」は存在と存在者の同一視、もしくは混同という理論的哲学の水準であるばかりでなく、〈人間的生〉の根本にかかる実践的な水準の問題――原子爆弾を思えば、明らかである――になってきた。「存在忘却」は存在者との近さを「自明のこと」として閑却し、思索の足許を見ずにもっぱら遠方から存在者を操作することに腐心してきた。それでもって存在者を「我がもの」として管理運営できる、と信じてきたのである。今、この「思い込み」が人間理性の「自己喪失＝危険」となって、人間に還ってきたように思われる。

だからこそ、ハイデッガーはヘラクレイトスのような往古の賢人の「言葉」の中に貯えられてきた「存在経験」に耳を傾け、存在経験を「在るがまま」に目撃しようとしたのだろう。ギリシャ人には、"νόησις"、「見ること」は「考える」ことと同義だったのである。ノエーシス、この語は《現象学》を存在の思索の唯一的方法と考えたハイデッガーには、真に相応しい言葉であった。性急に結論を求める計量的思索の「傍に立って」、しかし計量的思索と「ともにある」静観的思索、"Gelassenheit"の思索は、常に事象を「熟視」し「判断停止」しながら、ゆっくり慎重になされるからである。

**註**

本章は「ハイデッガーの"Gelassenheit"」（『兵庫教育大学研究紀要』第二〇巻、二〇〇〇）を元に、加筆修正を行ったものである。さらにその元は、一九九九年に研究者たちで持つ研究会（「征の会」）における口頭発表である。そのせいもあって、本章の引用箇所に細かく註をふすことはしなかった。引用が正確な直訳ではなく、口頭発表に鑑みて、聞き取り易く意訳されたこともその理由である。ただ引用は総て*Gelassenheit*（第三版、一九五九、ネスケ版）からである。

ニヒリズムに関するハイデッガーの考察については、次の書物を参照されたい。

*Metaphysik und Nihilismus*（Gesammtausgabe 48）

*Nietzsche:der europäische Nihilismus*（Gesammtausgabe 48）

*das Wesen des Nihilismus*（Gesammtausgabe 67）

# 終章 “Ereignis”と〈性起《しょうき》〉

——ハイデッガーの《転回・ケーレ Kehre》理解のために——

## はじめに

「エルアイクニス Ereignis」、ハイデッガーの後期思想のキーワードである。この語の理解のために、西欧思想を学ぶものにはいささか異様とも映る、以下の考察を行う。

“Ereignis”を思索できるのか、そもそも、それがハイデッガーにとって問題であった。思索は自らの「始まり Ursprung」を「出来事」として思索することはできない。始まりを「表象すること Vorstellen」、即ち、対象化して思索の「前に置くこと」ができないからである。“Ereignis”は「思索すること」をも内に包含する「存在」の「出来事」であった。“Ereignis”は「始まり」という出来事なのである。“Ereignis”の直中で“Ereignis”を思索する、端的にいって「思索できないことを思索する」、この思索の有り様を、ハイデッガーは思索の“Gelassenheit”と呼んだ。“Gelassenheit”は意味深い、しかも古い言葉である。もとより、思索する者の決意や自覚の意味で使われているのではない。そういう主観的なことではない。“gelassen”、それは存在論的であって、ハイデッガーは「存在」を思索することの位置と姿勢、要するに思索することの「況《きょう》位 Verfassung」をいっているのである。繰り返すと、“Gelassenheit”は、思索が“Ereignis”の中にあって決して“Ereignis”の外へ出ることができないこと、思索は常に「存在」の「出来事」として実現されることをいっているのである。

ここで留意しておくべきは、「思索」の語で近代的な《コギト cogito》を想定すべきではないことである。コギトは存在の「出来事の全体」の外、或いは「世界 Welt」の外にあって、世界を対象化してしまうからである。ハイデッガーのいう「思索」、それはギリシャ語の“νόησις”の謂いであった。「ノエーシス」、「見る」と「考える」を意味するこの語は、「思索」が世界の外へ出られないこと、しかして、思索が「周り世界 Umwelt」を見つつ考え、考えつつ見る、という人間的営為であることを言表している。“νόησις”と“cogito”の異同、ハイデッガーにとってそれは西欧哲学の展開——ハイデッガーは「非ギリシャ化」と捉える——の根底にある決定的な問題であった。この異同を質すために、“Ereignis”がハイデッガーの後期思想の「課題 Aufgabe」にされねばならなかったのである。

ところで、一部のハイデッガー研究者の間で、“Ereignis”を〈性起《しょうき》〉と訳す習いがある。〈性起〉、難解な仏教用語である。その研究者たちの間では、ハイデッガーが“Ereignis”の語で説く所が、仏教精神、分けても《禅宗》のそれに通じると解釈されているらしい。《禅那《ぜんな》》、サンスクリットの“Dhyana”の音訳であるこの語は、沈思静考して事象の本質を観ずる、の謂いだそうである。《禅》の精神を顧慮する研究者たちは、ハイデッガーの“Gelassenheit”も仏教用語を借りて〈放下《ほうげ》〉と訳している。これらの訳がハイデッガー思想に照らして妥当か否か、それを知るには、仏教語の意味が理解されねばならないだろう。以下に、必要に応じて西欧哲学の術語や概念と比較しながら、仏教語を考量する。もとより、以下の考察は、右のハイデッガー理解を批判するものではない。

## 一　西欧思想、仏教思想

あらためて、確認から始める。ハイデッガーの思索の発展、そしていわゆる《転回・ケーレ Kehre》の内実を言表する言葉、それが「エルアイクニス Ereignis」であることに、ハイデッガー研究者の間で異論はない。

この言葉自体は、哲学的語彙でも難解な専門用語でもない。日常的な語である。この語は、“Begebenheit”や“Geschehen”と同義的で、「事件」、「出来事」を意味する。どちらかといえば、“Begebenheit”は格調の高い重々しいいい方であるらしく、日常的には“Geschehen”や“Ereignis”が使われる。“Geschehen”の方がより一般的だそうだが、とまれ語義に即していうと、“Ereignis”は“vor die Augen bringen”、「目の前に持ってくること」、「見えるようにすること」である。“Geschehen”が自動詞なのに対し、“Ereignen”は他動詞で、“sich Ereignen”と再帰的に使われるのが常である。したがって、“Ereignis”は“sich vor die Augen Bringen”、「見えるようになる」のであり、主語にあたる「何か etwas」が「自分 sich」を「見えるようにする」のである。かくて「こと πράγμα」に出くわす人間には、「出来事 Ereignis」はいつも「向こうの方から起こってくる」。即ち「突発事 ein plötzliches Ereignis」という訳である。ここに同じく「出来事」といっても、“Geschehen”と“Ereignis”との間に幾らかニュアンスの違いがあるのかもしれない。

一体に、他動詞を再帰的に使うと自動詞になる、これは印欧語圏に見られるが日本語には全く馴染みのない語法である。この印欧的語法が、後期のハイデッガーの思索に端倪《たんげい》すべからざる役割を果たす。彼の後期思想の重要概念には、再帰動詞に基づくものが幾つもある。思索的対象である「事象 Sache」、それはすべからく「存在」の「出来事」なのだが、この出来事を再帰動詞でもって把捉し記述する。これは明らかに、一つの思想的な態度表明である。再帰的用語法の重視は、ハイデッガーの後期思想の方向を指している。彼の思索的「位置取り」を明示しているのであった。

ハイデッガーの深い思索を思うと、"Ereignis"を日常的意味での「事件」や「出来事」とは訳し難い。しかしその一方で、彼がドイツ語の日常的な意味や感覚を存分に尊重しながら思索したことも、周知の通りである。それやこれやで、"Ereignis"の的確な日本語訳は容易なことではない。ハイデッガー自身もいっているが、翻訳は言葉の単なる「移し替えÜbersetzng」ではないのである。彼は、ギリシャ語がラテン語訳されたときのこと――先に見た「非ギリシャ化」の端緒である――を例に、そういったのである。翻訳は原語の意味を十分に汲んでなされるべきで、それは論を俟たない。だから互いに異なる二つの言語の間で、ついに翻訳不可能の場合もあれば、やむをえず解釈を加えた意訳の場合もありうる。

そのせいだろう、ハイデッガーの思索の深化と「ケーレ」の本義を顧慮して、"Ereignis"が仏教語の〈性起〉と訳されることになる。「出来事」の意味での"Geschehen"は、それとの対比上、〈生起《せいき》〉、或いは〈現起《げんき》〉と訳される。性起、生起、現起、どれも仏教思想の中に見える。しかも重要な言葉、仏教思想の根幹に関する特殊専門的な術語なのである。"Ereignis"を〈性起〉へ、かかる馴染みのない特殊な専門用語へ「移し替えること」、この翻訳はハイデッガーの思想を理解する上で適切な企てなのか、それも必須のことであるのか。それともむしろユニークともいうべき、いささか恣意的な「ハイデッガー解釈」のしからしめる所なのか。それを判然とさせるには、当然、〈性起〉が意味する仏教思想の内容を闡明《せんめい》しなければならないだろう。少なくとも、"Ereignis"の意味を〈性起〉の語で理解しようとする人たちにとって、この翻訳は思いつきではなく、まさにそう訳すべき「正鵠を射た」適訳に違いなかったからである。

これから、仏教用語――〈 〉の括弧で示す――を交えながら仏教思想の基本的な訓《おし》えを概観する訳だが、この努力は〈性起〉の釈義に繋がるだろう。ただし、注意も必要である。確かに仏教思想、仏教哲学は思想であり哲学であるけれども、それは西欧風の哲学、アリストテレスの思索を範例とする《ロゴス中心主義 Panlogismus》に基づく「論理 λογική」中心の思想ではない、ということである。仏教思想の説くところはさながらアフォリズムのごとく、「実践訓」としてそのまま受けいれて修行の励みにする、別言すれば「思索的に把握する denkerlisch Be-greifen」のでなく「直観的に感得する anschaulich Vernehmen」種類のもののように思われる。どうやら仏教思想の説く所は〈成道《じょうどう》〉、〈得度〉したものだけが至りえた《悟り》の世界の〈真如《しんにょ》〉、悟りの境地だけが見ることのできる、存在世界の「在るがまま」、世界の実相であるらしい。

ちなみに〈性起〉は〈縁起〉と対をなしている。特に『華厳経』において、〈性起〉は事象の存在や生成に関する重要な概念である。〈性起―縁起〉、仏教的世界観の根本をなしている。〈性起〉とは〈体性現起〉、「多様な形態となって現象することが、そのものの本質だ」とする考え方である。事柄の現象と本質は別のことではなく一つである、と説かれるのである。

## 二　一切皆空―三界唯心

日常的なことから出発しよう。一般に人は、日々、分別や常識でもって生きている。日々、特に意識することもなく、《素朴実在論 primitiver Realismus》の立場が採られている。この立場とともに、様々なものは様々なようにそこにあるし、事物には自からなる区別や差別がある、と信じられている。人は皆、「分別を弁《わきま》えている」のである。〈分別〉は物事の間の区別から、さらには人や物事に対する心構え、要するに世界に対する人一般の精神的な態度にまで及んでいる。「分別」は日々を生きるための「常識 common sense」と見なされている。だから「分別を弁えない人間」とレッテルを貼られてしまう、「無分別＝非常識」な奴と見なされると、それは「まともな社会人ではない」、と難詰されているに同じである。その一方で、分別や差別の故に人事における種々のこと、いうところの〈喜・怒・哀・楽〉、悩みや苦しみが生じていることも、よく知られている。〈分別〉、元は仏教語である。「分別」が凝り心に蟠《わだかま》って離れないことを〈煩悩〉という。〈煩悩〉、「我《が》」の意識とでもいうか、我執、自分で自分に取り憑かれて、自分からはもう離れられない状態である。しかし〈煩悩〉はまた、人間を生かす意欲でもあるだろう。人が〈煩悩〉とともに、否、〈煩悩〉として生きる、それが「人の世」、〈娑婆〉の有体である。

大方、人は〈凡夫衆生〉に違いないけれども、〈諦念〉、もしくは「諦観」という分別を、〈世知〉や処世術として身につけている。決して「世知辛い」だけではないから、凡夫といえども、これでなかなかに侮り難いものがある。これをしも〈仏性同体〉、〈一切衆生悉有仏性（一切衆生ハ悉《コトゴト》ク仏性ヲ有スル）〉の所以《ゆえん》と説明されれば、有難いこととそれを認める。これで凡夫がちょっと「分別臭く」なった訳である。とはいえ凡夫たちは、刻苦修行のうちに「諦念」に届いたのではない。何となく知らぬ間に、である。これでは、諦念に徹することのできる道理がない。いとも簡単に諦念を忘失して、〈火宅《かたく》〉の中で身を焦がすこともしばしば、否、むしろ通例であるだろう。その代わりに、また立ち直るのも早い。およそ、凡夫衆生とはそういうもので、一向に懲りないのである。

だがごく稀に、凡夫衆生の中に思いもよらぬ着眼点を持っていたり、及びも着かぬ思索をしたりする人がいる。「仏も元は凡夫なり」といわれるが、《釈迦》がまさにそういう人であった。この人は娑婆の悩み・苦しみを知らずに生きられる境遇にありながら、〈四門遊観〉、或いは〈四門出遊〉。城門を出入りして「人の世」、〈有情〉の暮らし振りを見、人間が〈四苦〉、即ち〈生・老・病・死〉に悩み苦しんでいることを知る。四苦は「生あるもの」に逃れる術とてない定まりごと、ギリシャ風にいうと《運命・モイラ μοῖρα》である。モイラは「生 βίος」とともに「人間＝死すべきもの θνήτος」に与えられた「分け前」なのだから、ことは深刻である。逃れられない「四苦」の定めをかわす術はないのか。この人はこの矛盾を思索し始めた。矛盾を「矛盾」として真正面から受け止めて、逃げようとはしない。この辛苦のうちに、ついにこの人は自分の恵まれた日常、〈世間〉を捨て非日常へと〈出家〉する、〈出世間〉の決意を固めるに至る。この人、釈迦は〈菩提《ぼだい》〉を索《もと》め修行へ身を投じるべく、〈発心《ほっしん》〉したのである。

　大抵、人が「何となく」身につけていながら、その実、さっぱり身についてはいないもの、それが「諦観」である。釈迦は構えてそれを目指す。これを《禅宗》の言葉でいえば、〈放下〉であろうか。「重担ヲ放下シテ出家スル」のである。「放下」の語がハイデッガー的意味での“Gelassenheit”の訳語に選ばれたのは、上述の通り。それはさて措いて、出世間、放下は文字通り「不退転」の尋常ならざる決心で、〈覚悟〉に届くまでもう後戻りすることはない。出家して苦行六年、心身にわたる「アスケーシス ἄσκησις」、過酷な修練の果てに、釈迦は〈降魔成道《ごうまじょうどう》〉、そして後に《華厳経》が〈三界唯一心《さんかいゆいいっしん》〉と説く《悟り》を得て〈解脱〉した。〈五蘊皆空《ごうんかいくう》〉と悟って、人間界の〈煩悩〉を脱却したのである。

　〈三界〉、要するに「人の世」の姿である。それは欲界・色界・無色界。いうなれば、動物的生＝本能的生・精神的生・超越的生の三世界、「肉」・「心」・「観念」の水準での「生」の姿である。三界の間に上下関係も優劣関係もない。衆生はいつもこれらの世界の何所かに存在し、絶えず三界の間を往還している。だから有体は、どの世界も衆生にとって「迷いの世界」、〈煩悩〉の世界なのである。西欧思想的に見ると、三界は、〈煩悩〉の有様に対応して弁別された存在の「層 Schicht」、或いは「位相 Phäse」のようである。だがもとより仏教世界には「層構造」も「位階の構造」のようなものもない。

　釈迦は一切の煩悩から解き放たれて、無拘束、〈三界無差別〉の境涯に達した。「悟り」に至るために、釈迦は必ずしも苦行だけに偏りはしなかったともいわれている。苦行、アスケーシスは釈迦が自ら自分に課したのであって、裁量が利く。たとえば、天に坐《おわ》す「父なる神」がイエスに課す《試練 trial》、否応のない《試し＝責め苦》とは根本的に違う。だからといって、もとより釈迦は〈快楽《けらく》〉に溺れることなく、さりとて無闇に試練に立ち向かうでもなく、〈不苦不楽の中道〉を採ったのである。中道を採る、釈迦のこの姿勢が、仏教思想で《中論》や《中観》の説かれる所以《ゆえん》になった。

「悟り」を妨げる多くのことども、百鬼羅刹の輩のする脅し、惑わし、煽りや媚び阿《おもね》り、これは畢竟、己が心中に兆す〈妄念〉、迷妄の心の反映にすぎぬと感知して、釈迦はこれを降す。〈降魔《ごうま》〉である。そして人間の一切の煩悩は己の心に抱く欲望・願望の表れ、〈唯心〉に他ならぬことを察知した。〈一切空〉、物事を「在るがまま」に受けいれるに如《し》くはなし、と悟って釈迦は〈得度〉した。〈成道〉である。諦念、菩提、覚悟、成道、得度、〈正覚〉……、これらの言葉はどれも《悟り》を開いたことを意味している。「悟り」という至難事を少しでも分かり易く説くために、必要に応じて言葉が使い分けられたのだろう。釈迦の悟り、「一切空」の境地は、勿論直接関係はないけれど、老子の《無為自然《むいじねん》》、荘子の《従容無為《しょうようむい》》、自然にしたがって人為を施さず、という訓《おし》えと相通じるものがあるように思える。

「煩悩」、「分別心」は〈礙《げ》〉ともいわれる。「礙」は「碍」と同じで、妨げる、邪魔をする、要するに「悟り」への道を遮るもののことである。煩悩がなくなる、分別心がなくなると〈無礙〉、そのとき悟りへの障害がなくなったのである。

ところで釈迦は、悟りを開いて「正覚」の後、直ぐに菩提樹の下では説法をしなかった。しばらくあって、〈鹿《ろく》野苑《やおん》〉で五人の比丘、修行者たちに《四諦八正道《したいはっしょうどう》》、四つの真理と八通りの正しい修行法を説いた。〈初転法輪〉である。何故、直ぐに説法をしなかったのか。理由は色々に考えられてきたようである。「語らない」という沈黙の説法こそが《仏陀》となった釈迦の「説法中の説法」、と考える立場もある。釈迦の沈黙に、釈迦の〈証悟〉、悟った証が本来如実、いささかも変容することなく表れているると考えるのである。《華厳経》はこの立場である。

差別、分別は物事＝事象それ自体の方に在るのではなく、人間の「意識作用」のうちに自と生じてくるものだ……、これが釈迦の覚知であった。蓋《けだ》し、普通、日常とは反転した、非日常的な見方である。得度したものだけが至ることのできる「物の見方」である。

……で事象、「物事」だが、「もの」と「こと」の区別は、特に"what"と"that"の区別を持たない日本語の場合、頗《すこぶ》る難しい。大抵、二つは同義的に使われているし、辞書を引いてみてもその区別ははっきりしない。「物」が「物」であり「事」が「事」であるのはこう、件の「物」が他の「物」から、件の「事」が他の「事」から区別できるからである。区別可能の理由は、それらの「物・事」が、「それに他ならぬ」という、自己性の根拠ともいうべきものを持っているからだと思われている。西欧思想では、それを《本質 essentia what it is》という。自己性、自律性の根拠と思しい「もの」、もしくは「こと」を、仏教思想は〈自性《じしょう》〉と捉える。もっとも、「自性」を認める、これは素朴実在論者、日々、経験世界を生きているものには普通のことである。「自性」を認めていることが「分別」だ、と信じ込んでいるのである。だが釈迦は「自性」など在りはしない、総ては人間の心の中に在るだけのことと看破した。

話が少し脇に逸れるが、西欧的に考えると、自覚的にせよ無自覚的にせよ、物事の区別は《意識》の「定立作用 Setzung」によっている。今「意識」といったが、ここではこの語を仏教語ではなく、"consciousness"や"Bewußtsein"の訳語の意味で使っている。フッサールの定義によれば、意識は常に「何ものかの意識 Bewußtsein von Etwas」である。これは「意識」の一般的、超越論的規定である。この規定に即すると、経験的＝日常的水準での「意識作用」とは、物事を「区別し弁別すること」である。何ものかの意識である、それは別の何ものかの意識ではないからである。かくて経験的水準でいえば、意識作用は「存在定立」であると同時に「存在非定立」、つまり意識作用そのものが「弁証法的 dialektisch」なのである。フッサールの定義は「意識」の形相的規定だし、「意識」の超越論的構造を捉えたものであるから、その都度の個別的・経験的意識を問題にしてはいない。だから「意識は何ものかの意識である」と規定するに留めている。西欧哲学ならそうあって当然だが、仏教には事象を「形相的 eidetisch」に捉えるといった考え方はない。一体、イデアやエイドスの観念がないのである。

勿論、仏教思想も「思想」である。だがいわゆる「理論的 theoretisch」な思想ではない。仏教思想の根幹、それは釈迦の悟った〈真如《しんにょ》〉であって、これは絶対に「実践的 praktisch」なものなのである。だから仏教は、各人が各様の個人的特殊的事情の下で物事に対峙する他はない、と訓《おし》え諭す。各人各様を敷衍して一般化しても、さほど意味はないと考えている。一般化が可能なら、仏教思想、この実践の訓えが「悟り」への単なるマニュアルや手引きになってしまうだろう。物事は常に差別相＝個別相でしか経験されない。このことを認めれば十分である。物事について、これ以上の意味づけはさして意味を持たない。そのような意味づけを試みても試みなくても、どちらでも同じことなのである。禅宗が「あれこれいう前に、まず座りなさい」と勧めるのは、この故にだと思われる。

物は差別相＝個別相でしか出遭われない。仏教思想は、西欧思想のように、普遍相のたぐいを想定することはない。差別的＝個別的にしか捉えられない「物の存在」を、〈事《じ》〉という。「事」に拘泥し執着せざるをえない――我執はその最たるものだろう――衆生の姿、有情の生、これが仏教の見る人間の一般的な姿である。その衆生が皆、日々の暮らしの中で、特別「発心」などしないけれども、それぞれに煩悩からの解放、差別や分別を越えて「悟り」を得ることを望んでいる。俗にいえば、遥かに「極楽往生」、「解脱」を希《ねが》っているのである。だから宗教としての仏教は、〈衆生済度《しゅじょうさいど》〉を旨とする。衆生とは、あくまでも一人一人の〈優婆塞《うばそく》・優婆夷《うばい》〉であって決して人間一般ではない。

だが解脱するためには、個別的意識であることを止め、分別を捨てねばならない。物事から意識を離反しなければならない。意識の離反、別言すれば意識を〈空にする〉、意識の〈空化〉である。〈空〉、実体の無いこと、而《しか》して意識が意識でなくなることである。意識が意識であるかぎり、意識の「空化」はない。意識の空化は「無意識」であること、つまり差別や分別の無いことなのである。意識の「空化」、努めて「無意識」、無分別になろうとするのである。同じく「無意識」といったが、西欧なら“bewußtlos”と“Bewußtsein vom Nichts”という風に、細かく分けて、無意識の内実を分析することだろう。西欧人は、ロゴスによって精細な分析が可能である、と信じている。外因によって失神するのでもなければ、意識的に無意識になることなど、到底、人間にできる道理がない。まさに〈道理〉、常識の及ばないレヴェルの話としか思われない。

分かったようないい方をすると、アスケーシスの忘我、没我にあって、「無意識」が成就されているということらしい。もとより、エクスタシー＝忘我の実際の所は、それに至った当人にさえ分かるべくもない。ならば、次のような推量も許される。或る物事へと意識、精神を集中させていると、いつの間にか〈三昧境《さんまいきょう》〉へ入るのではないか、と。無意識ともいうべき「三昧境」に入ることは、〈観《かん》〉といわれている。忘我の状態で物事の「在りのまま」を直観することを、「観ずる」というのである。《天台宗》では、これを特に〈止観《しかん》〉というそうである。

室町時代の高僧が「心頭滅却する」、「こころを消してしまう」と、「火、自から涼し」といったとか。このことは人口に膾炙されている。三昧境に入って、突如、意識の空化が成就され「物事」の差別が無くなってしまった、火と水の区別が無くなってしまったのだろう。そこで件の高僧は、「火、自から涼し」と「観じた」に違いない。しかし「観じた」のであって、多分、「感じた」のではないだろう。「感じる」のは〈欲界〉でのこと。されば「感ずる」かぎり、やはり火は熱いのではないか。高僧に対してバチあたりないい方になるが、どうももう一つ分かったような分からない話である。

意識の「空化」は難行苦行、心身のアスケーシスの果てのことなのだろう、と凡夫衆生は推測してみるだけである。意識の「空化」、文字通りの〈無念無想〉、あたかも無意識である。釈迦の至ったのがこの境地なのだろう。意識の「空化」は「する」、即ち求めて至ろうとするが、どうやら結果的に「なる」ものらしい。眠りのように、空化は訪れてくるようなのである。どれだけ努めても、それでもって「空化」に至る保証はない。努力しても「悟れる」とはかぎらないように思える。しかし努力なしには、何も起こらないし、始まらない。これも真理である。

それはさて措き、何ものかに意識を専心集中させることによって、いつの間にか、何ものの意識でもなくなる。意識することが意識しないことへ通じている。読書に夢中になって、本を読んでいることを忘れてしまう、折節、誰しも経験することである。だが、それと意識の「空化」は別のことである。そうでないと、読書の度に「覚を開く」ことになるだろう。知らぬ間に意識が無意識へ、存在が無へと顛倒する、否、「空転する」というべきか。個別的な意識が不図《ふと》、まさに「図ることなく」無差別的な意識となる。この不可思議な経緯が〈融通〉とか〈無礙〉といわれるのである。

とまれこの仏教的な無差別状態は、西欧的な《無差別 indifferentia》と全く別のことである。即ち、「個別 individualis」、「特殊 specialis」という水準での《差異 differentia》を「包摂しつつ超越する」という意味での無差別、即ち「普遍 universalis」ではない。「空」にあっては、そもそも、一切が「無意味」なのである。蓋《けだ》し、意味は意識、差別の所産に他ならない。

「空」にあっては、個々の事物がではなく、事物全体が無差別のままに一気に「現前」し、全体が無差別のままに一纏めに肯定されるのである。真っ暗闇の部屋に、パッと電灯がともったような具合である。新月の暗夜に突如稲妻が閃き、一瞬間、銀白色の世界が出現し、輝きの中に万象が現出する様《さま》に準《なぞら》えられることもある。ハイデッガーの“Ereignis”を〈性起〉と訳す人たちは、〈性起〉を今いったような事態と理解しているようである。その当否、それはそれとして、「空」の意識、これはいかにも形容矛盾の表現だし、常識の水準からは不可解である。

不可解だがしかし、「空」の意識、それが事物の個別性を捨象して一気に全体を肯定していることは、何となく分かる気もする。「空」における全体肯定、仏教はそれを〈現成《げんじょう》〉、或いは〈見成〉という。「現成」、一切の造作なしに物事が人間の前に「出来上がって、在るように在ること」だそうである。「三界唯心」を、反対側から見た事態であろうか。心による造作をしなければ、万象は無差別的に「それ自体」で「在るように在る」というのである。《禅宗》では、目の前に「現成する」物事の全体が自と〈悟り〉を具現している、と考えられている。道元はこの意味で、〈現成〉の語を用いた。そして道元は、〈不図作仏《ふとさぶつ》〉、殊更に「仏」を求めなくても、「仏」はここにこうしていらっしゃる、と説いた。

「現成」が「悟り」に繋がるのは、「空」にあって、人間はただに物事に向き合うだけではないからである。向き合いながら、しかも同時に相互の間に〈礙〉が無くなって、〈無礙〉が出来しているからである。「空」にあって物事は無差別、だからどんな一物がある訳でもなく、〈無一物〉である。「無一物」だから〈一即一切〉。「一物もない」から、〈無自性〉である。「無自性」、〈自性〉が消散して「一切無差別」になり〈一切皆空〉である。「空」に至って、区別も何もないという物事の本来の姿、〈現成〉を〈現成〉として「観ずる」ことができる。〈観〉にあって、「観ずるもの」も無自性・無碍の裡に〈現成〉している。

物事の「在りのまま」を「観じる」、禅宗はそれを修行の目標にすると聞く。〈現成〉はそのまま《仏》の表れである。それは元々、人間の心が「仏心」であることと表裏をなしている。禅宗が〈現成〉を語り、〈是心是仏〉を語る所以《ゆえん》であろう。〈現成〉を直証する、それは直証が〈即心即仏〉の如実の表れだからである。

〈現成〉の語も、ハイデッガーの語彙――「存在 Sein」の語の古語である “west” や “wesen” ――の訳語に選ばれている。勿論、“Ereignis”を〈性起〉と訳すのと同一のハイデッガー解釈の文脈の中でのことである。

## 三　言語道断《ごんごどうだん》―言忘慮絶《げんぼうりょぜつ》

意識の「空」、見方を変えると、「意味」のごときには囚われないということでもあろう。繰り返すと、「意味」こそ、物事が区別され差別されていることの現実、物事が他ならぬ「このもの」、「あのもの」である標《しるし》だからである。意味は区別と同時に生じる。意味は言葉となり、言葉に託されて広がる。言葉の広がり、言葉の伝播、こうして意味と言葉の自己増殖、自己展開が始まり、少しずつしかも確実に、「意味＝言葉」と「物事」とが乖離していく。意識の「空」、それは「意味」を棄却し言葉から離反することである。言葉の「存在指示力」、言葉の「存在支配力」、そればかりか、「存在代理性」の束縛から抜け出るのである。日常を脱して非日常的になること、それを「言葉の束縛から抜け出る」といっても、おそらく間違いではあるまい。意識の「空化」とは〈離言〉、言葉を離れ言葉との繋がりを絶つ、〈言語道断〉に至ることである。

何故、言語道断なのか。どうも仏教は言葉に重きを置かないらしい。言葉は恃《たの》みにならない、だから言葉は信頼するに足るようなものではない、と考えているようである。言葉、「ロゴス λόγος」を人間的なものの根本、本質と見なす――人間はロゴス的動物＝理性的動物である――西欧とは対照的である。

言葉、これは差別・区別の具であるから、畢竟、言葉を恃《たの》みにするかぎり、どこまで行っても物事を差別相で把捉するだけで、決してそこから抜けられない。「三界虚妄、但、是レ、一心ノ作《ナ》スモノ」、〈三界唯心〉である。心の作り為す虚妄、心の造作は「意味」となって凝り、言葉に仮託されて再び心へと反転する。この反復のうちに、虚妄は消えるどころか、さながら実体となったかのごとく心底深く沈澱する。心は虚妄の源、言葉は迷妄の似姿であり、現れである。言葉に何も託さない、しかして沈黙が尊ばれる所以《ゆえん》でもある。

しかし「沈黙」、いうべきことをいわない、例えば「沈黙は金」、「いわぬが花」の意味で「口を噤む」のではない。いえばいうほど物事から離れてしまうから、いわないし黙するのである。それを〈諸法実相、言忘慮絶〉という。維摩《ゆいま》居士、方丈に住んで悠々世界全体を通観した、あの維摩の「沈黙」は「雷のごとし」と畏れられた。彼の「沈黙」こそ、何にも優る「大音声」である。知恵者の文殊菩薩はそう感嘆したそうである。

それはともかく、元々語りえないことに関して、どんなに巧みに口舌に託し弁論を弄してみても、沈黙には敵わない。どんな弁説も説教もしょせんは〈方便〉で、真の訓《おし》えへ導くための一つの手段にすぎないのである。しかもそれは、唯一絶対の手段ですらない。上述のように釈迦は〈成道正覚〉してしばらくは説法をしなかったが、説法が方便にすぎなかったからだろう。そして〈初転法輪〉を行ったのは、修行者には悟りへ導く「方便」が必要、と察したからである。「縁なき衆生」を〈結縁《けちえん》〉に入らしめるには、説法は必要でもある。そういう方便として「言葉」を使うことを、否定する謂われはない。そもそも仏教に、西欧的意味での《絶対》——“absolus”、そこから一切が演繹される唯一のもの——の観念も考えもない。仏も元は凡夫、かつて言葉に頼って日常的世界に在った人なのである。ただし禅宗などように仏教の宗派の中には、釈迦はついに一言も法を説くことはしなかった、〈一字不説（一字モ説カズ）〉とする考え方もある。

ついでながら、落語の「蒟蒻《こんにゃく》問答」は、沈黙の威力を頓珍漢に、しかし分かり易く教えてくれる。蒟蒻屋の親爺と乞食坊主の遣り取りは、沈黙と言葉の表現力の差、「生兵法は怪我の元」、「無知ほど強いことはない」こと……などを面白く活写していて、大笑いさせてくれる。

一体仏教では「経文」や仏教語には、概して説明も解説もしないのだそうである。文字通り「言葉のまま」に受け取るのが、常のことらしい。道理で僧侶は言葉のまま、音声のままに経文を〈誦《しょう》じる〉訳である。何しろ、門前の小僧までが「習わぬ経を読む」位である。特に求めなければ、僧は経文の内容を説明してくれない。経文、経典の言葉自体も、突き詰めれば、きっと「方便」に違いないからである。「人を見て法を説く」ための方便だからか、経典には、実に多くの種類がある。どれを尊重するかによって宗派が分かれる。だがキリスト教の『聖書』はただ一つ――もっとも、「福音書 evangelium」は四種類あるが――。経典も聖書も同じく宗教的な訓《おし》えを説いているのだが、本質的に違うところである。

「経」も方便、このことを端的に反映しているのが、禅宗の〈不立文字〉、〈教外別伝〉の態度である。言葉を尽くして丁寧に説明を加えても、「言葉」を「言葉」で別言するだけのことである。言葉の自己展開、言葉の「メタ化」が進行するにすぎない。言葉を使うかぎり、言葉のメタ化を制御することは容易でない。言葉はそれ自体で一つの世界、言語世界を構成している。様々の言葉はその世界の中で、世界の成員として意味を持っている――或いは、意味をなしている――訳だから、言葉のメタ化は、言葉が「言語世界」で機能していること、言語世界が増幅し拡張していることを示す。

仏教的に考えれば、言葉に特別の価値を認める、それは言語世界を物事の世界、実在世界と等価と考えて＝信じている証拠である。それでは「唯心」。言語への依存は「悟り」への障害になる。いみじくも「百日の説法、屁一つ」、いささか下卑た言葉だが、どんな有難い熱心な説法も放屁程度の意味しかないというのである。

言葉は言語世界を拡張することと一において、かぎりなく「分別」を惹起する。それを「分別は戯論から生じる」という。〈戯論《けろん》〉とは「多数・多様」の意味だそうだが、なるほど、言葉で語れば語るほど物事の訳が分からなくなる。せっせと「戯論」の花を咲かせて、物事をいや増して曖昧＝多義的にしているからである。必ずしも同じ意味とはいえないけれども、西欧にも「説明すればするほど、分からなくなる ignotum per ignotius」という言葉がある。しかし戯論は何故、生じるのか。「妄念の故」といってしまえば、それまでである。そもそも、物事をより明確に区別し物事を判然と理解しよう、と努力し始めたとき、戯論もまた蠢動《しゅんどう》し始める。

だが分別と戯論《けろん》はどちらが原因でも結果でもない。両者は、互いに果てしない「堂々廻り」を繰り返している。堂々廻りのうちに、物事は一向に判然とすることはなく、かえって次から次へと新しく〈煩悩〉の種を生み出す。それが〈業《ごう》〉となって、人間を責め苛《さいな》み始める。この業の延々たる連鎖と循環、昔の歌の文句ではないが、「捨てた未練が未練となって」還ってくるような具合である。これは〈三界唯心〉のせいなので、仏教世界では「言語の道を断つ」ことが説かれるのである。存在世界の全体、三界、釈迦が覚知したのはその世界の実相、〈真如・法性〉である。「業が深い」などといわれることがあるが、それだけ戯論から抜け出ることはなく、多くのことに執着しているのだろう。

ところで上述のように、西欧思想からは、「三界」は形而上から形而下の世界に跨がる「世界全体 totum universum」にあたるように見える。そして西欧では、形而上と形而下、それは存在の水準の違いを意味している。形而上の世界は《第一原因 causa prima》、形而下のそれは《第二原因 causa secunda》の水準にある、とされるのである。存在水準の区別、仏教的にはそれが問題になることはない。蓋《けだ》し、「三界唯心」である。「三界唯心である」と悟る、これは「論理的な思索 logisches Denken」を通して到達する結論ではない。〈禅定《ぜんじょう》〉、心静かに瞑想し、しかも非ロゴス的な「心的アスケーシス」を通じて「心身一如」の「三昧境」に入り、突然得られるのである。非日常的な視点で「観じる」ことのできる真理である。日常的視点は「分別」の視点、「禅定」の視点は「無分別」のそれである。こうして至りついた「実践的真理」はただ実践的に意味を持つだけで、論理的に意味づけて「形而上学的・観念的」水準で理解しようとしても、そしてよしんば理解できたとしても、いずれにせよ格別の意味はない。

以下に述べることは比喩的でしかない訳だが、釈迦の悟りの境地を知るために、新プラトン主義者とされる三世紀の思想家、プロティノスの思想を引き合いに出してみたい。プロティノス、「自然界」と「精神界」、即ち《感覚

的世界 κόσμος αἰσθητός》と《叡智的世界 κόσμος νοητός》を截然と分けた人である。ここはプラトン的である。プラトンと異なるのは、プロティノスがこの二つの世界の「実践的融合」、とでもいうようなことを考えたからである。そこに、「新プラトン主義的な」神秘宗教的傾向が認められる。付会の謗《そし》りを承知の上でいうと、凡夫衆生の「分別的日常的世界」とプロティノスの「自然的感覚的世界」、そして釈迦の覚知した「真如的世界」とプロティノスの「精神的叡智的世界」とを、互いにパラレルなものと理解できないだろうか。実際、そういう議論が専門家たちの間でなされてもいるようなのである。プロティノスは端的である。自然界の対極たる《叡智界》に関して、こう考えている。即ちそこは「こちら＝自然界 ὅδει」から見て、「あちら＝叡智界 ἐκεῖ」である、と。此岸に対する彼岸のようである。プロティノス風に見れば、「三界唯心」は「あちら ἐκεῖ」に至ってこそ臨める「こちら・三界 ὅδει」の実相、自然界＝人間世界の真理、といえるだろう。しかしそれでは、「三界唯心」は形而上学的真理になってしまいそうである。仏教の示す二つの世界は、プラトン・プロティノスの世界のように、画然と分かたれる二つの世界――形而上‐形而下の――ではない。

　釈迦の訓《おし》えを指して、西欧哲学的に「形而上学的」とか「観念的」といえば、この表現自体が「三界唯心」の悟りに矛盾している。矛盾に気づかずにそんな風に考えて納得しているのは、〈無色界〉への拘泥、〈無色界〉での〈頓着《とんちゃく》〉を脱していない証拠である。三界の何所に執着しても、何所で執着しても同じことである。先に触れたように、〈欲界〉での迷いは〈無色界〉での迷いに較べて「次元が低い」などということはない。況《いわ》んや〈欲界〉、〈色界〉での迷いを卒業して「無色界」へ進級し、最終的に〈解脱〉する……、そういうようなことではない。人間、動物でもあるのだから、欲界に、色界や無色界より以上に溺れ易く迷い易いと考えるのは、むしろ「三界」に囚われたものに特有の錯覚にすぎない。何所に執着しても、〈菩提〉への障害であることに差はないのである。釈迦は「こちら」にいながらにして、あたかも「あちら」から見るがごとくに、「こちら」の摂理、真如を悟った。

「こちら」も「あちら」もない、「三界無差別」、ただ世界の〈現成〉あるのみ、と。

こう見てくると簡単に、プロティノスの思想を仏教思想へも敷衍できる、とはいえないようである。分けられた二つの世界の実践的融合、どのようにして一方から他方へ至るのか、プロティノスはそれを具体的にどのように考えていたのか、どうも判然としない。だからこれ以上、何もいえない。西欧思想が理解しているかぎりでの——キリスト教的な解釈が加わっているから当然のことだが——プロティノスの思想は、《精神的叡智的世界 mundus intelligibilis》を優位世界とする思想である。「自然界」から「叡智界」へ、キリスト教ではそれは「魂」の「上昇 ascensio」とされている。釈迦の至った「悟り」に、そのような考えはない。

さて釈迦の進んだ道に随う、禅定《ぜんじょう》のうちに三昧境に入るべく、仏教宗派はそれぞれに釈迦の訓《おし》え＝経典を解釈し、心身のアスケーシスを工夫する。この創意工夫が修行なのである。

そういう工夫の一つ、我々に馴染み深いものに《臨済宗》の〈公案〉がある。「悟り」のために修行者に課して、脳漿を絞らせる難問である。「公案」は言葉で与えられる。公案は質問なのだからそれで当然なのだが、しかし何分「言語道断」の仏教世界でのこと、奇妙といえば奇妙でもある。そのせいかどうか、公案のどれをとっても、通常の思考や論理では、即ち「ロジカル logical」には解答不能のようなのである。

解答しようと努める、それではまだ言葉による「分別」に束縛されている。かといって、「言葉で答える能わず」と察する賢《さか》しらさも、しょせん、「解答できる、否、できない」という「分別」から離れてはいない。修行者は公案を負って二進も三進もいかなくなり、ついに進退窮まってしまうのである。もしかすると、公案には解答できない、答えの無いことに意味があるのかもしれない。江戸時代の高僧・白隠（一六八五—一七六八）の公案に、「隻手の音声を聞く」というのがあるそうである。これはほんの一例で、「片手でする拍手」の「音」、まるで「円い四角」のようで形容矛盾もはなはだしい。この問いに解答を試みる、難行苦行という他ない。公案も「方便」なのであろう。というのも、解答できるのなら、それだけが目的になってしまいかねないからである。それでは、公案が入試問題と大差なくなってしまうだろう。しかし問いが難しいだけに、凡夫は、万が一、公案の解決の暁には悟りが得られる、と思い込んでしまう。難関の大学入試を突破すれば幸福な人生が待っている、と錯覚するように。

公案をとらない《曹洞宗》の道元（一二〇〇―五三）が見れば、「公案、話頭ヲ見テ、イササカ知覚アル様ナリトモ、ソレハ仏祖ノ道ニ遠離ルノ因縁ナリ」。そして道元は〈只管打坐《しかんだざ》〉、「参禅トハ身心脱落ナリ、祇管打座シテ始メテ得」といった。その道元が、「語話ニ非ザレバ、仏向上事ヲ体得セズ」、ともいっている。実は道元、大変に優れた文章家であったようである。彼は膨大な「四六」――中国の伝統的な文章体で、対句を巧みに用いたリズミカルな美文――を遺している。また、山内の日常起居に関して、仏陀の悟りを込めた多くの文章を遺している。これも必要な方便だったのか。ともあれ、いずれにせよ門外漢には、公案への集中も、ひたすら座り続けることも、均《ひと》しくおそるべきアスケーシスであることにいささかも変わりない。

禅の世界は何とも不思議の世界なのである。それが分かっていながら、人は、「悟る」とはどういうことか、「公案」の答えとはいかなるものか、素朴な意味で、それを知りたいと思う。そして不謹慎にも、それを僧侶に訊ねたりもする。アスケーシスを経ることなく、答えだけは知りたい。実に虫のいい願いに違いない。だがこれは、深遠高等な世界に対して衆生が抱く素朴な畏敬の表れでもある。娑婆、仏門の外にいる「門外漢」、門内のことを何一つ励みもせずに、ただ、門内のことだけは知りたい。横着ものどもは、畏怖の念を持ちつつ好奇心を逞しくする。それほど、禅門は魅力的で不思議な世界である。「好奇心」、〈煩悩〉の大いなる源である。

《悟り》、出家して釈迦の訓《おし》えに随順するものが到達する境涯で、公案も座禅もそのための便である。心・身のアスケーシスは〈仏門〉に入り修行を積むもの、〈晋山〉するものにだけ意味がある。だから衆生の期待に、僧侶は応えてもよいし、また必ずしも応える必要もない。どちらでも同じなのである。大体、門外の徒には、僧侶の教えてくれた「公案」の答えが正解なのかどうか、それを確かめる術も意味もない。答えが答えとしての意味があるのもないのも、「門の内」だけである。門内と門外、「あちら」と「こちら」とは別の世界――「存在論的に」ではなく、意識・精神の構えの点で――なのである。

その意味で、夏目漱石の小説『門』のテーマ、大難問「父母未生以前の我を思え」を与えられた主人公が禅宗寺院の「門前」――ちなみにラテン語で、門前を“profanus”という。この語は「世俗的」、「娑婆の」という意味である――で陥る煩悶、「入るべきか、入らざるべきか」の遅疑逡巡、優柔不断は象徴的である。大方の凡夫の無責任で手前勝手だがそれだけ無邪気な健全さ――ラテン語の“innocentia”にあたるだろうか。キリスト教的には、「罪がない」、「汚れを知らない」という意味である――に比して、この主人公は、詰まる所手前勝手であることに変わりはないにしても、なかなか深刻で沈鬱であった。

仏教には、罪とか汚れという観念はあるような、無いような。少なくとも神から負わされた《原罪》にあたるようなものはないようである。仏教的にいえば、無邪気な健全さは「縁なき衆生」、この「罰当たり」たちに特権的で、それ故に、大抵彼らは「度し難い」連中なのである。「度し難い」人生を送る、これが彼らの彼らたる所以《ゆえん》でもあった。

縁なき衆生とは、実によくいったものである。悩みも苦しみも、あってなきがごとく、仏教世界と格別の関わりも繋がりもない生涯を送れる人は、この上なく幸せかもしれない。だがそんな人生を送れることが、大方の人間には「度し難かった」。だから幾分か羨望の意味を込めて、「縁なき衆生は度し難し」と差別的な言辞の一つも投げつけ、「罰あたり奴」、と決めつけて、それで終わりである。だがキリスト教的に見れば、こんな幸福な人生を送れた人間も、もとより「原罪」を免れてはいない。彼は「原罪」という根源的な〈責め Schuld〉に気がつかないままに、生涯を終えた……、とすれば、彼はそれだけ、文字通りの意味で「罰あたり」な訳である。「罰あたり」が一番幸せに暮らせるのかもしれない。が、キリスト教には《最後の審判》がある。この審問で、かの「幸せな人」を、どのような判決が待っているのだろうか。どのような罰があたるのだろうか。

## 四　般若空観《はんにゃくうかん》―八不中道《はちふちゅうどう》

さて、釈迦の訓《おし》えと伝えられているものの中で、一体どれだけが、本当に釈迦直伝なのか。よく分かっている訳ではないらしい。原始の経典が文字で記録され始めたのは、ようやく紀元前後の頃からである。釈迦の〈入滅〉からの何世紀か、経典はもっぱら口承伝授によっていた。口承を重ねるうちに、口伝の内容に何がしかの変容が生じても、やむをえなかっただろう。人間が人間に伝えるのである。文字通り「人を見て法を説く」のだから、機械のように公平無私の伝達など、あろうはずがない。伝授者は、必ずや釈迦への思いを込めて語っただろう。釈迦は奇蹟を成就した人間、「こちら」にいながら「あちら」での摂理を悟った人である。奇蹟、その次第を論理で辿ることはできない。否応なく、飛躍や誇張が入ってくる。釈迦の行状を伝承する上で、それが好都合は不都合か。それを質すためにも、《仏伝》の整理編集、文字による記録が不可欠であった。仏典、経典の成立である。

『華厳経』は《大乗仏教》の代表的経典で、一世紀から四世紀にかけて纏められていった。ちなみに、《小乗仏教》というのは地域的な影響を色濃く宿していて、元来、地方仏教的なものだといわれている。それだけに独特の教義主義、戒律主義を遵守している。元々、仏教は地方に発祥したのだから、小乗であった。〈乗《じょう》〉、悟りへと人を運ぶ乗り物のことで、広く大きな乗り物、「大乗」を「よし」とするか、狭く小さな乗り物、「小乗」を「よし」とするか。答えは自明のようだが、そう簡単でもない。大きな像はぼんやりしているし、小さな像はくっきりしている。この譬えではないが、大小の乗り物、どちらがよいのか、畢竟、それは悟りを求める人間の心構えの問題なのであろう。大乗仏教の成立、そこには仏教徒の求道精神に大きな展開があったからだと思われる。それはともかく、華厳経の訓《おし》えは大乗各宗派の根底にある。

華厳経は総ての経典を超えている。諸派の尊重する経典の「本源」と遇されている。華厳経は〈正覚〉直後の釈迦の「沈黙の説法」、未だ語りえない「悟り」が本来如実、「在りのまま」に表出されたもの、と理解されているからである。一般に、経典は釈迦の行状と〈転法輪〉を辿るものである。どの経典が最もよくそれを留めているかは、重大な問題である。だから華厳経が「初転法輪」より前の釈迦の「沈黙の説法」を伝えるものなら、第一義的な経典と評価されて当然である。だが惜しいことに、原典のサンスクリットの『華厳経』はほとんどが散逸してしまったそうで、大部のうち、僅か二章が現存するだけと聞く。

『華厳経』として今日に伝わる『新訳華厳経』、これをサンスクリットの原典から漢訳し編集して、《華厳宗》の基を築いた人が中国唐代の高僧、法蔵（六四三―七一二）である。かの則天武后に仏教を説いた傑物であり、中国仏教史上に屈指の思想家であった。伝えられている風姿面貌から、彼は漢族の出自ではなく西域の人だったようである。西域の人だったからか、『華厳経＝新訳華厳経』には、古代イランに発する《光》の宗教である《ゾロアスター教＝拝火教》や、新プラトン主義的な「光の思想」ともいうべき世界観が窺われるという。

「光の哲学」、哲学史的に見てそう命名される哲学はないけれども、およそ人間的思索において、光は究極的なもの、絶対的なものの比喩となっている。光崇拝、光の思想――プラトンの《イデア論》はその代表である――は人間にとって普遍的で、通底的である。

プロティノスの神秘主義的傾向、それに起因する「光の形而上学」、これは光の思想の一つの典型である。この形而上学は「形而上学」とはいいながら、プラトンの「イデア論」のように文字通り「観念的 ideal」ではなく、一種の《実在論 realism》である。そこがプロティノスの思想の神秘的である所以《ゆえん》だが、彼のいう「あちら」、それはどうやら「光の世界」のことらしい。そして《華厳世界》の中心は〈毘盧舎那仏《びるしゃなぶつ》〉である。毘盧舎那は「光の仏」、或いは、仏という光である。この光は普《あまね》く全宇宙、全存在を照らしている。この仏は、《真言宗＝真言密教》では、万象を照らし出す《大日如来》、〈光明遍照〉の宇宙的実体である。〈大日〉を中心とする《金剛界》のイメージは、確かに、プラトンが『パイドロス』で語った「イデアの世界」やプロティノスの「叡知界」に通じるものがある。その意味で、真言宗の訓《おし》えには、観念的形而上学的な所があるように思われる。だからであろうか、《曼荼羅図》はあたかも観念的＝形而上学的世界の「絵解き」、図解のように趣を呈している。諸仏諸尊が空間的に同時に存在する——〈縁起〉の図よりむしろ〈性起〉の図のごときである——曼荼羅図は、万象が時空を超えて「無差別」であることを開示しているのだろう。

釈迦の「悟り」はもとより観念的形而上学的な水準のことではない。「悟り」によって、眩《まばゆ》いばかりに金色燦々の世界が表象されている訳でもない。存在者全体、宇宙の〈現成〉を〈光明遍照〉と直観する、このような壮麗で気宇壮大な「宇宙観 cosmography」が、そもそも仏教的だったかどうか。審《つまび》らかにはしない。『華厳経』に仏教以外の宗教思想の影響が及んでいるのか否か。まだよく分かってはいないらしい。しかし華厳経に光の思想があり、この思想にいささかでも形而上学的な要素がありうるとすれば、《天台宗》、《真言宗》において、アスケーシスや密行＝加持祈祷が重視されることも理解できる。アスケーシスによる忘我を課さないと、「唯心」から抜けられないように思えるのである。

法蔵の思想の壮大華麗さには凄いものがあるが、仏教思想界の最高の求法僧であり学者はというと、インドの人、竜樹だとされている。二世紀半ばから三世紀半ばの人である。小乗仏教から大乗仏教へ転じたようだが、彼は多様な在り方をしていた地方仏教＝小乗仏教を、大きく統合した理論家であった。我が国でも、「九宗派の祖」と崇められている。総ての仏教徒からの尊崇の念篤い竜樹は、初期の大乗経典を総括する思想——ここから《華厳》、《法華》、《真言》、《浄土》……へ敷衍されていく——を樹立した。〈般若空観〉と〈中論〉の思想がそれである。〈般若〉、この根本的な知は釈迦の得た「真如」、そして修行者が至り着くべき実践的目標で、それは世界を「空と観ずること」だという。「三界唯心」、「三界無差別」という釈迦の覚知の内実は〈空〉、そして〈一切皆空〉と観ずることであった。繰り返してきた通り、仏教思想は理論哲学ではない。竜樹の思想も、宗教的実践と一体になって初めて意味がある。実践、一言で、「観ずること」。而《しか》して竜樹の思想は「観ずること」を説き、それを督励するものである。「観ずる」、ラテン語の“contemplatio”や“meditatio”が意味するものとどこか通じ合っているのではないだろうか。キリスト教修道士のする一心の「祈り」、観想、瞑想である。ここから神学が生まれてくる。ついでに、“meditatio”はデカルトの「思索＝省察」の謂いに敷衍されたし、「鳥占い auspix」に発する“contemplatio”は《美学》の重要な術語になった。

竜樹の思想を、勿論、純粋に理論的な水準で、即ち実践哲学的な理論として読むこともできる。そのような視点からすると、《般若空観》は竜樹の仏教哲学、『中論』の要諦、根本原理と解せるだろう。竜樹は釈迦の悟りの神髄を『中論』で解き明かす。その内容は『中論』を漢訳した鳩摩羅什《くまらじゅう》（三四四―四一三）、竜樹の没後一世紀ほどを経て生まれたこの人によって、〈中観〉となった。「中観」の考えは《天台》の教義の源になり、天台宗徒のする「中観」の実践が〈止観〉であるとのこと。天台の「止観」はまた、禅の世界の修行、特に〈只管打坐《しかんだざ》〉と繋がりが深い。座禅自体が、究極、忘我に入ってする観想なのだろう。

中論、中観の〈中〉、これはいずれの極端——右・左、上・下……——にも、即ち〈二辺〉に偏らない、別言すれば「あちら」か「こちら」かの〈二見〉、「二者択一 either-or」のどちらの方向へも寄らない、という日常的実践的意味と無関係ではないだろう。「中」はバランスがよい、「中」は安定している、という考えは古来、およそどの人間社会にも通底する。《中庸の徳》、或いは「黄金の真ん中 die goldene Mitte」、「真ん中は幸福 the happy mean」……などの言葉、「極端 extremum」はよくないという訓《おし》えは、枚挙に暇がない位である。

だが「悟り」を目指す「修行」、それは中庸を保とうとするのでなく、むしろ「極端」へ至ることのように思える。何故なら一般に、「修行」は「何かのため」のものだろう。何か、それは「目的 finis」のはずだし、目的は「終点 finis」だからである。修行のための修行というのであれば、その真意はよく分からない。「中庸の徳」は日常世界の範例である。一方「悟り」は非日常の境涯へ至ることだったはずである。「中庸」を保持することと、「悟り」を欣求することとは背反的ではないのか。しかし「悟り」への修行の場合にも、〈中道〉を採り〈不偏中正〉を貫くことが進むべき方向であるらしい。竜樹の思想では、それを〈八不中道〉という。「中道」、これは釈迦の〈不苦不楽〉の道に基づいている。苦楽、これは要するに心身の「快・不快」である。両者は不断の交替に終始するから、それに囚われてそこから離れることが難しい。釈迦は苦楽によらず、「八正道」、精神集中の八種の在り方によったとされるのである。

「中道」、「極端」へ走らないことを、竜樹は八種類の否定、〈八不〉で示している。「八不」、否定の対が四組ある。〈不生不滅〉、〈不断不定〉、〈不一不異〉、〈不去不来〉。その意味はこう、「生成も消滅もない」、「断絶も連続もない」、「自も他もない」、「原因も結果もない」のである。万象＝世界はただ〈有為《うい》〉。延々たる、遥々たる〈縁起〉の反復があるだけ。ただただ〈有為転変〉である。竜樹は、世界のこの実相を〈八不〉と捉えたのである。

《縁起》、「縁によって起つ」。世界は無数の〈因〉と〈縁〉、原因と結果とが互いに結ばれ合い、解《ほっ》れ合って動いている。我々の見る「世界」は、その一つの相にすぎない。「有為」、これは〈諸行〉と同義といってよく、〈因縁〉によって生起する一切の現象のことである。「八不」からして、〈諸行無常〉、「有為転変」である。竜樹の指摘する四対の「あれか・これか」、そのうちのどの一つに偏っても、バランスが崩れ「不動心」はぐらついてしまう。「あれか・これか」、それは選択であって「分別」の産物だからである。

だが「中道を採る」、これは容易ならぬ難事のように思える。「八不」から分かるが、万象悉《ことごと》く「始め」も「終わり」もない。だから或る事態を「中」である、「途中である」と認めたとしても、始めも終わりも定かでない以上、一体、何と何との「中」、何への「途中」なのかが全く決定できない。「中」は決してそれそのものと確定されないことはもとより、このような穿鑿《せんさく》自体、「分別」のなせる業に違いない。要するに、「中」、つまりそれは茫洋たるプロセスそのものあり、漠々、捉え所もない。ただ、「因縁」あるのみである。これを例えばアリストテレスの考えと較べると、分かり易い。彼のする区別、《始め ἀρχή ―中 μέσον ―終わり τέλος》、「始め」と「終わり」があるから「中」が規定できるのである。アリストテレスはまず、明確な二つの「端 πέρας」を決める。「端」の決まらないことを、ギリシャ人は《無限 ἄπειρον》と考えていた。長い経験から、ギリシャ人は「端」を「誕生 γένεσις」と「死 θάνατος」と表象する。しかしアリストテレス的な考え方が唯一無二という訳でもないらしい。仏教では、このような分析的思考を重視しない。だから「中」の意味は広く、必ずしも「或ること」と「或ること」との「間」を意味しないらしい。要するに、誕生と死の間というような「規定的 bestimmend」な考え方は取らないのである。たとえば、アリストテレスの先輩であるヘラクレイトスの考え方が、これに近い。アリストテレスと同じギリシャ人の彼はいう、「……円周の上では、始め ἀρχή と終わり πέρας は共通 ξυνόν である」、と。直線はかぎりなく大きな円の一部であり、突き詰めると、始め、中、終わりの区別さえ相互的で相対的になるのである。かかるギリシャ的思考も、古代の人間には普通であった。

輪廻、この円環的運動には始めも終わりもない。仏教では世界の出来事の一切、「生死」もまた一つの循環、〈輪廻〉の相貌である。始めと終わりが共通であるとするとき、そこから〈煩悩即菩提〉の考えが出てくる。こんな具合で、西欧思想に馴染んだ者、取り分けキリスト教的思想の下では、中道、「中の道を採って進むこと」は、不可能と映るのである。「煩悩即菩提」なら、キリスト教の《贖罪＝「生きること」の意味》も《最後の審判＝死後を決定する》も本質的なことではなくなるからである。

仏教的にはこれでよいし、当然、こうでなければならないのだろう。構えて「中道を行く」、それは態度を決定しそれを鮮明にすることである。日常世界ではその通りなのだが、しかしこれが〈執着〉に他ならないこともまた確かである。それでは〈解脱〉への道というより、実践的日常的価値を求める道である。これは、どう見ても矛盾である。「不偏中正」や「八不中道」は「態度を決めるな」、「態度でない態度を採れ」と勧めているのではないか。一応、そう考えねばなるまい。日本武道はここのところを都合よく解釈して、〈融通無礙〉の構えだの、「自由滑脱」の剣法などというが、どうもこれは話が違うようである。「構え」、「法」、これは分別の所産だからである。碁・将棋の世界でいう「名人に定石＝定跡なし」の方が、まだ少しはあたっているかもしれない。

余談は措いて、万象悉《ことごと》く無差別、万象悉く途上、これが「中」であり「空」。中道、中観、いずれも世界を「一切皆空」と「観ずること」である。しかし、果たして「中道」、「中観」が可能なのか。そしてそれを説明できるのか。これが思想としての仏教哲学の最難関である。実現可能性、説明可能性は仏教そのものの本質にかかり、仏教的実践の「真骨頂」ともいうべきである。今見たように、「中道」は日常的な倫理、《常識》を旨とする《実践哲学》に適うものではない。非日常、脱俗の水準のもので、これを実践哲学で律することはできないのである。〈般若〉、釈迦が到達し竜樹が釈義する仏教的な究極的知の境涯、学習や知的研鑽で届くものではない。仏教を広い意味で一つの「実践哲学」とみなして、それを読み解くことは、それはそれで有意義だけれども、哲学的理解と「悟ること」とは別のことだろう。

竜樹の「中論」、「般若空観」の優れたところは、次のことだといわれている。即ち「縁起」の理法そのものを棚上げにし、相対化したことだ、と。原始仏教では、《縁起》は「不変の法」とされていた。「縁起」こそ、あらゆる「輪廻」、「有為転変」の根本にある「理法」、と見なされていたのである。しかし竜樹は、「この理法そのものが空である」と説いた。縁起は理法である、この考え考え自体が一つの〈定見〉、固定観念のたぐいにすぎないというのだから、ラディカルである。どんな「定見」も「定見」であるかぎり、その根底に何がしか「恒常不変」の摂理のようなものを認めている。そのことを洞見する、これが〈般若空観〉なのである。しかも「空観」を、キリスト教の《ドグマ dogma》のように、定見たらしめんとするなら、たちまち恒常不変のものを認めてしまうことになる。それでは、矛盾である。だから「般若空観」は肯定でも否定でもない。まさに「中観」である。万象悉《ことごと》く、〈行雲流水〉のごとし。要するに万象は「途上」であって、しかも「何」への途上と決められる訳ではない。そのとき偶《たま》さかそのように在るだけのこと、と「般若」は覚知する。そしてこの「覚知」がまた、結論でも何でもなく、これも「中」なのである。

竜樹の「八不中道」、「中論」は、仏教の「真如」からすれば「世界」はかくのごとくである、と教えている。即ち、橋の欄干に凭《もた》れて「川の流れ」を見ながら、「行クモノハ斯クノ如キカ」と観ずる修行者が、しとど雨に打たれている。修行者を打った雨水がまた、川となって流れていく。何一つ、万象の〈輪廻〉の外に出られるものはないのである。すべからく「行クモノハ斯クノ如キカ」。何も定まらない、定めない。一切が〈不定《ふじょう》〉とする世界観は、西欧思想的に考えれば、一種のニヒリズムと映るだろう。だがそれは見かけだけのこと。仏教思想は徹底して実在論的である。ただ仏教は、「実在」を一義的に規定してしまわないように、と説く。観念的なもので実在を総括すべきではない。さりとて実在的なものを優先させよともいわない。だから勿論、実在の観念に対する、絶対的なイニシアティヴを認めている訳でもない。実在か観念か、そういう議論は、仏教的には全く「どうでもよい in-different」。だから「元に言葉＝ロゴスありき」、この絶対命題からスタートする西欧思想とは、なかなか思想的な一致点を見出し難い。仏教的には「実在」だ、否、「観念」だと云々することが「唯心」であり「戯論《けろん》」に耽る――戯論妄想ノ方ニハ心引カレ、実シキ事ハ物臭ナリ――の趣無きにしもあらず。仏教思想の本領は、「定めなきこそ、定めなれ」、万事を「柳に風」と受け流す柔軟さ、強靭なしなやかさにある。竜樹の「中論」、捉え所がなくて「得体」が知れぬ、とさえいえそうな教説は仏教思想の簡素なる強靭さを示している。〈戯論《けろん》〉に走りさえしなければ、仏教的な摂理は「簡素・簡明なり」という訳である。「捉え所」、「得体」、これは畢竟「色」であって、その「色」は即ち「空」、そして「空」と断じようとするとたちまち「色」。〈色即是空・空即是色〉である。色と空との果てしない交替、否定と肯定の循環、西欧思想でいえば、終わりのない《弁証法 dialectica》である。ヘーゲルは「終わりのない弁証法」を《月並みな意味での無限 die schlechte Unendlichkeit》として非難し、それを克服する弁証法を構築した。だが仏教的に見れば、ヘーゲルの仕事自体、「唯心」の極であろう。

## 五　理事無礙

仏教に特徴的な考えを幾つか、掻い摘んで概観してきた。それらを基に、〈縁起〉と〈性起〉を考量する。縁起と性起、大抵、両者は対にして論じられる。だが〈縁起〉がすっかり日常語になって浸透しているのに、〈性起〉の語に出遭うことはほとんどない。大方の『国語辞典』では見ることがない位に特殊的な、仏教の専門用語のようである。

「縁起」と「性起」は『華厳経』の重要な考え方である。華厳経の根本的な訓《おし》えは、〈事々無礙〉、〈理々無礙〉、〈理事無礙〉。この世の万象、何ものによらず互いに融通し合っていて障碍になることはない、という。「縁起」と「性起」は、そのことを説明するキーワードである。「縁起」が意味するのは「事々無礙」、「性起」の意味するのは「理事無礙」である。

右の三様の「無礙」、実はこれは一つの同じことをいっている。丁度、現象学的な《射影 Abschattung》のように、同一の事象に幾つもの角度からスポットがあてられている、という具合である。だが《現象学》が《エポケー Epoche＝即断を控えること》を重ねながら、射影を手がかりに少しずつ《事象そのもの Sache selbst》を顕《あらわ》にする論理的な作業であるのに、万象無礙、万象の「在りのまま」は〈禅定〉の中で、豁然と開かれてくる。上述のように、三様の「無礙」はヒエラルキーをなしているのでも、ヘーゲル的意味での弁証法的な構造になっている訳でもないからである。

原始仏教の時代、〈四苦八苦〉に悩む有情の〈済度〉は仏教の主眼であったろう。釈迦はそのために「出家」したのである。「煩悩」に苦しむものの救済、〈衆生済度〉は、今でも仏教諸宗派にとっての主題である。「四苦八苦」からの解放が問題だから、当然、苦や悩みの「起こり」、由来を質して、衆生を「四苦八苦」のない境涯へ導いてやらねばならない。即ち〈引導〉である。原始仏教の段階では、「悟り」はまず「四苦八苦」から解放され脱け出すこと、〈解脱〉の謂いであった。釈迦は率先垂範、その第一の先人である。而《しか》して原始仏教では、「悟り」は〈縁起〉には含まれない。あたかも、「悟り」は「縁起」そのものを超出して、縁起の外に至る。故に、「悟り」は〈寂滅〉、そして〈寂滅〉の極が死である。

だが原始仏教がもっぱら「悟り」へ導くことを本旨とした、と見立てれば、「悟り」の次第を因果律的に説明する、即ち「四苦八苦」から「悟り」への進み、という風に直線的に説明できなくもない。「悟り」もまた、「縁起」に属するからである。されば「縁なき衆生は度し難し」、彼らは元々から「縁起」の「外にある」ことになる。このように「縁起」は或る意味では分かり易く、だから日常的な、それも教訓的な意味を帯びたのだろう。「縁起」、「因果」、「因縁」、これらは同義的とされる。この考え方は、日本ではすでに九世紀初頭の『日本霊異記』に繋く出てきている。おそらくその頃から、我々の先祖はずっと「親の因果が子に酬いる」ことを畏れ、「憂きこと去れ、善きこと積れかし」と念じて「縁起を担」いできたのである。

大乗仏教に至り、竜樹等の努力によって「般若空観」、「悟り」の世界も「娑婆」も等しく「空」、「無自性」の考えが確立されていく。それとともに〈煩悩即菩提〉の考え方が出てきて、「娑婆世界」と「悟りの世界」とが相即的である、と見なされるようになる。端的に〈三界〉、全宇宙が《縁起》の下に総括されたのである。

三界の何所かで、常に物事が「生起していること」、それが〈事《じ》〉である。およそ、物事は差別相としてしか生起しない。椿と山茶花は別の花として咲く。だが「事」が「事」でありうるには、他から区別されるべき多くの「事」と、一緒に生起しているのでなければならないだろう。椿も山茶花も一緒に咲く。「百花繚乱」でなければならない。特定の「或るもの」だけが個別的に生起する、そういうことは「三界」にはありえない。したがって、常に万象が全体的かつ同時的に生起するのである。これを〈一切万法《いっさいばんぽう》〉という。

「一」は「異」、もしくは「他」により、「異」或いは「他」は「一」による。しかも〈同一不異〉である。万象一切、悉《ことごと》く相互的な依存関係にある。何一つ、独立自存のものはない。この相互依存関係が〈因縁〉である。依存し合い作用し合いつつ、全体として不断に動いて止まないことが〈縁起〉である。〈縁起〉、これは〈因縁生起〉を約《つづ》めたいい方でもある。〈縁起〉はこう教えている、「此れあるときは彼あり、此れ生じるときは彼生じ、此れ滅すときは彼滅す」、と。「生」といい「滅」というが、それは「誕生」でも「死」でもない。物事が一つの「事」、即ち一つの差別相であることを止めただけ、別の「事」になるだけのことなのである。かくて常に留まることのない〈有為転変〉があり、ただ〈生々流転〉、縁起があるだけである。「此れと彼」、「事」と「事」との相互依存性、そしてそれらの間の差別性と無差別性、これを《事々無礙》という。

「理」、単純にいってしまえば、「事」の「道理」、そして「事」一般の「ことわり」である。だが仏教は〈言忘慮絶〉と説く。とすれば「理」、この「ことわり」は言葉や思惟の届かない水準のものである。そこで特に「禅宗」

ではこれを重んじ、仏教の摂理は《師資相承》といって、師と修行者が〈同事行＝共同生活すること〉を通して人格全体とともに継承されていくのである。禅宗の修行僧が、先達たる高僧の頂相《ちんそう》や墨跡を拝受して、自室に掲げて修行の励みにする。同事行のためである。「理」が「事」の道理を説き論理的に根拠づけるというのか……？　否、「理」と「事」との間に、そういうロジカルな関係はない。その意味で、「理」は「理」、「事」は「事」であるけれども、「理」自体、「事」自体、いずれもそれとしては規定できない。それらは「無限定的なもの」といわざるをえない。「理」は無限定、無制約、無差別なるが故の無条件的な充実、よって事物に本然的に具わる存在可能性である。だから当然、「理」は「無から有を生む」がごとき《能産性》ではない。無限の「変容可能性」といえばよいだろうか。「理」が無限定的な変容可能性であること、これが《理々無礙》である。

「理」は自から、しかも不断に至る所で、無数の現象形態、存在様態へと自らを分節する。それらの形態、様態の一つ一つが「事」である。だから「理」は現象する諸事象、つまり「事」の背後にあって、「現象を現象であらしめている」、「事」を「事」で「あらしめているもの」、「理」は「事」の道理なのだ、と表面的にはそう見える。もっといえば、「理」が「事」の根拠のようにさえ見えるのである。だが「理」が「事」よりも根底的だとは、一言もいわれてはいない。根底的だと考えたいのは、「理」をプラトンの《イデア》やプロティノスの《一者 τὸ ἕν》と混同してしまうからである。〈事〉は〈理〉を《分有 μεθέξις》してはいない——非プラトン的である——し、〈事〉は〈理〉から《流出する ἐκρέω》訳でもない——プロティノス的ではない——。物事の「普遍相」のように見える〈理〉、そして「個別相」のように見える〈事〉……、だがそもそも、そういう位相的な区別もない。両者は一体にして不可分、要するに「一つのこと」である。「理」がそのまま「事」、「事」がそのまま「理」、蓋《けだ》し〈一即全〉である。これを〈理事無礙〉という。

「理」と「事」は因果関係ではない。したがって「理・事」は〈縁起〉ではないのである。〈理〉は何故〈事〉となって現象するのか、という問いが「暇潰し」の問いであることが分かるだろう。〈理〉は〈事〉にならなければ〈理〉ではないし、〈事〉はそれ自体〈理〉の現れでなければ、〈事〉ではない、ただそれだけのことなのである。ここに因果律的な意味を求めようとしても堂々廻りするだけ、しょせん、《メビウスの輪》を経巡るに似ている。《華厳経》では、〈理〉が〈事〉となって現れる、そのことを〈性起〉という。〈性起〉は理屈では説明できない、否、説明するまでもない位に根源的な《ことわり》である。〈性起〉とは、「理」が「事」であり、「事」が「理」であるという、ただそれだけのことなのである。

「理」の現象を、無差別的な「有＝万象」が一気に差別的な「有＝個別的存在」となって現象する、といえるかもしれない。しかし「有」、物事は《性起》の前と後を通じて、何一つ変わることはない。「そのまま」である。〈事〉は〈事〉、〈理〉は〈理〉なので、《性起》という事態は「瞬時にしてかつ全体的」、「理、善ク一切所ニアリ」といわれる。何が〈理〉を〈事〉にするのか？ ……、蓋《けだ》し愚問である。「性起無クシテ縁起無ク、縁起無クシテ性起無シ」。繰り返し述べている通り、ただ相互的といえるばかりだろう。

この事態を認識論的に見れば、それは人間の意識、「分別」が解明したことだ、といえよう。存在論的には「理」と「事」との存在構造に帰されるだろう。しかし《理事無礙》、認識論的説明も存在論的説明も、つまりは説明のための説明にすぎない。ただ「存在は認識に先立つ」、事実が原理的な説明を要求するのであって、決して逆ではない。それは確かだが、右の事態を説明する場合も、結局、説明は次のところで留まらざるをえない。《存在》、万象の全体、「理・事一体」が在る、その「理事一体」がそのままに〈性起する〉、即ち〈縁起する〉、と。これ以上この事態を、アリストテレスの対概念、あの“δύναμις-ἐνέργεια”、即ち《可能‐現実》を駆使して論じてみても、便宜的な説明で満足するしかないだろう。「理」は「デュナミス＝可能」ではないし、「事」は「エネルゲイア＝現実」ではない。人間が「理」を「理」、「事」を「事」と捉える「分別心」を脱しないことには「理事無礙」が覚知されることはないのである。

〈性起〉は〈現成〉と近しい概念といえる。「性起」は道元の訓《おし》え〈不図作仏《ふとさぶつ》〉に通じている。「性起」、全体が一気に現象する、差別相がそのまま普遍相なので、「一々微塵中ニ一切ノ法界ヲ見ル」といわれるのである。この世の塵埃の一つ一つが「宇宙全体」、仏法の顕現なら、殊更に「仏を求める」必要はないだろう。「一物ノ現レハ単ナル一物ニ非ズ」、これ、「一切万法ノ現レ」である。ピュタゴラス以来、西欧でなされてきた区別、《大宇宙＝マクロコスモス μακρό-κοσμος》と《小宇宙＝ミクロコスモス μικρό-κοσμος》の区別もここにはない。

「一々法塵」と「法界」との関係、もとよりそれは「分有 participio」でも「反映 reflexio」でもない。その関係は、禅語の《独坐大雄峰》が訓《おし》える通り。座禅する僧は、そのまま、天地を睥睨《へいげい》し天地と渾然一体。自ら大自然なのである。一切の区別、差別に拘泥しない闊達な境涯は、禅語で〈廓然無聖〉といわれる。しかしこの境涯へ至るまで、達磨は「只管打座」、「面壁九年」を要した。世界に背を向けて背後からの危険に身を曝し、眼前を岩壁で塞いで精神的身体的な逃げ場所をすべて遮断する。この状態で九年、達磨の心眼が豁然として開いた。心を開いて世界を大きく見れば、万象すべからく「仏性」、聖なるものである。細々と「聖」と「不聖」を分ける必要など全くないと訓《おし》えている。

ところで、《華厳》の訓《おし》えを解釈するときに、仏教世界においても〈性起〉を「究極的なこと」、〈真如〉や〈法性〉、物事の不変の本質、世界の「本性」がそのままに現れることと理解されることもあるらしい。その場合、〈縁起〉は物事の部分的な系列の総体と見なされ、各部分を因果律的に把握する「便」ともなりうる。一方、〈性起〉は完全に《因果律》を「跨ぎ越している」、とされる。ここで肝心なのは、因果律的に把握できるのは、どこまでいっても物事という現象の「部分」であって、「全体」ではないことである。そして逆に、因果律を「跨ぎ越している」、「部分」を越えて一気に「全体」といっても、そもそも何がしか〈因果〉、「部分」の繋がりを知ることなしには、「跨ぎ越し」を語ることはできない。あらためて、「性起なくして縁起なし、縁起なくして性起なし」と認めねばなるまい。まさに〈事事無礙・理理無礙・理事無礙〉である。確認すべきは次のこと、〈縁起〉が〈縁起〉、〈性起〉が〈性起〉である所以《ゆえん》は万象〈一切皆空〉だからである。その「所以」はただ〈空観〉にあって悟られるのみなのである。どんな解釈も説明も「便」であって、〈方便〉として意味を持つだけである。

それでも、やはり気になるのは〈空〉とは何ぞや？ という素朴でしかも深遠な問題である。もとより、この問題が本質的に我々凡夫衆生の水準のものでないことは、弁《わきま》えているつもりである。「門内」にあれ「門外」にあれ、〈菩薩業〉に励む修行者の体得すべき問題で、凡夫のものではない、と承知してはいる。それでもなお、右の問いが頭を離れない。やはり空の「意味」を知りたい。

衆生にとって《空》とは、「問えば問うだけ、考えれば考えるほど訳が分からなくなる」、そういうことなのであろう。唐突のようだが、五世紀の教父アウグスティヌスが《時間》に関して遺した、あの有名な述懐を思い出してしまう。「時間とは何か？ 誰も私に問わなければ、私は知っている。問われていることに説明をしようとすると、私は知らない quid est tempus? si nemo a me quaerat, scio. si quaerenti explicare velim, nescio」（アウグスティヌス『告白』第一一巻第一四章）。こう述懐した彼は、キリスト教世界の「出家者」「求道者」であった。見当違いを承知で、アウグスティヌスに倣っていえば、《空》とは「問わなければ、常に現に我々の生とともにある」、そういうことなのであろうか。

古く『梁塵秘抄』に謡われている、「仏は常にいませども、現《うつつ》ならぬぞあはれなる……」と。「空」もまた「現ならぬ」のであろう。いかさま、「現」は〈分別〉の世界、意識世界に他ならない。我々はこう納得して、しかし実の所、何一つ分かっていないことを知る。だからまた、「それでも……」と問いを蒸し返して、始まりに戻ってしまうのである。

# 結び

何故、「エルアイクニス Ereignis」が〈性起〉と、“Gelassenheit”が〈放下〉と、“west”が〈現成〉と訳されるのか。ハイデッガーは「禅門」を叩きはしなかったし、その世界は彼の与《あずか》り知らぬものであった。勿論、一つのハイデッガー解釈として、あってもよいだろう。エルアイクニスの解釈に関して、私にはそれ以上のことはいえない。私とハイデッガーの思索的関係において、私にはまだそれ以上のことをいう資格がない。

## 追記

最後に、二人の老師に深甚の謝意を表したい。二人の高僧を友人呼ばわりする私の厚顔を、御寛恕願いたい。

畏友篠原大雄師に。篠原師には、私がひょんなことから仲間入りさせて戴いた或る会で交誼を得た。臨済宗永源寺派の総本山、永源寺の当代管長である。件《くだん》の会における私の素朴で無鉄砲な質問に、篠原師は快く分かり易く回答して下さる。ハイデッガーの《Ereignis》との関係で、〈性起〉の意味が理解できず難渋していたとき、「こんなものが参考になりますか」、と幾つかの書物を紹介してくださった。それを手引きに、本章の考察が始まった。

畏友霊元丈法師に。彼は大学の教養課程以来の友人、要するに、今日までずっと悪友である。永平寺で修行し、自坊へ帰った後、つい先頃まで、曹洞宗総本山総持寺で布教部長を務めていた。それ以前に長く、街へ出て実践的な布教を行い、「人を見て、法を説き」続けてきた人である。禅宗の難解な教えや禅語に関して、彼から平明で理解しやすい説明と解釈を頂戴した。

しばしば、立ち往生しかけた私の考察が前へ進んだのは、偏《ひとえ》にこの友人たちのアドヴァイスのお陰である。

# あとがき

ハイデッガーの思想を西欧哲学の文脈において辿ってきた私の仕事が、『佇む思索』にまとまって、四冊目の単著として公刊される。喜ばしいことである。

本書を上梓できる、それは私とガンとの共同生活がそれなりに上手く続いているということだろう。痛みが慢性化し、抗ガン剤の副作用もきつくなってきたけれど、私の仕事を考慮して、ガン細胞が気を利かせてくれているとすれば、嬉しい。

とはいえ、続けている抗ガン治療の所為《せい》か、足腰が覚束《おぼつか》なくなって、車椅子のお世話にならざるをえない。どうしても、外出が億劫になる。折りしも京、東山の山麓は青々、瑞々しく、緑のグラデーションで存在を謳歌している。惟《おも》えば、一、二年前、新緑に気圧《けお》されながら、私はよくこの辺りを散策したものだった。

歳月は人から何かを奪い、そして何かを齎《もたら》してくれる。奪われたもの、やはり「健康」である。ノーテンキな私のこと、メンタルな方面では、目下、さしたる問題はない。しかしフィジカルな面では、衰えを否み難い。

その代償として齎されたもの、それが大きい。

一つ、自然の移ろいを敏感に察知できる、五感の柔軟さ。

一つ、人の心の優しさと温かさの実感。

この一年も、色々な人と出遭った。「本を書いています」というと、皆さんから「そのお体で大変ですね。まぁ頑張って下さい」、と励まされた。

身辺に少し出来事があった。主治医だった長山聡ドクターが、「癌研」へ栄転されたことである。ガン研究の総本山、最先端の場でのドクターの御活躍振りを想うとき、何だか私もワクワクしてくる。一年間、アメリカで研鑽を積まれた川村純一郎ドクターが、主治医の後任を引き受けて下さった。二人のドクターは、四年半前、私の手術をして下さった。お二人の見事なメス捌きを辱うして、こうして書物が著せる。感謝の一言である。森由希子ドクター、化学療法部・西村貴文ドクターには、変わることなく陰に陽にバック・アップをいただいている。

そして私の優秀なセクレタリアートの多鹿宏毅君が、地元の三木市の中学に奉職した。パソコン指導者がいなくなり私は難渋と困惑の極にいる。勿論、同君の就職は彼にとっても私にとっても、大変喜ばしいことである。

さて、今回の出版にあたっても、萌書房の白石氏に万般のお世話になった。自分でいうのも妙だが、私のいささかマニアックな思索——本人は正統派のつもりなのだが——を、本にして下さる……。白石氏の精神の寛濶さに深甚の謝意を表したい。

一人の人間の仕事は、多くの人々の声援や支持があってなる。今回もそのことを実感した。あらためて、皆様、有難うございます。

梅雨入り前の瑞々しく麗しい京都にて

米澤有恒

■著者略歴

米澤 有恒（よねざわ　ありつね）
1943年　京都府生まれ
1975年　京都大学大学院文学研究科博士課程（美学美術史学）修了
京都大学助手を経て
1984年　兵庫教育大学へ奉職
2005年　同退職

大学以来，ハイデッガーを中心に，一貫して西欧の哲学的美学を専攻。この立場から芸術とアートを論じている。この分野の著作としては『芸術を哲学する』（世界思想社），『美・芸術・真理』（共編著，昭和堂），『感性論』（共著，晃洋書房），『アートと美学』（萌書房），『カントの函』（萌書房）ほか多数。

佇む思索

2010年8月31日　初版第1刷発行

著　者　米澤有恒
発行者　白石徳浩
発行所　有限会社 萌《きざす》 書 房
〒630-1242　奈良市大柳生町3619-1
TEL（0742）93-2234 / FAX 93-2235
［URL］http://www3.kcn.ne.jp/~kizasu-s
振替　00940-7-53629

印刷·製本　共同印刷工業・藤沢製本



ISBN 978-4-86065-056-8

米澤有恒　著

## アートと美学

A5判・並製・268ページ・定価：本体2200円＋税

■アートは芸術現象なのか，それとも経済現象なのか。そもそもやっているアーティスト本人でさえ，まさにラテン語の「イグノートゥム・ペル・イグノティウス」（説明すればするほど分からなくなる）の状態である。本書は，そんな疑問にスッキリとお答えする一冊です。

ISBN 978-4-86065-041-4　2008年9月刊

米澤有恒　著

## カントの凾

A5判・並製・316ページ・定価：本体2600円＋税

■中世のキリスト教神学が，カントの〈批判主義〉ないし〈批判哲学〉によって，どのように近代的的人間学へと換骨奪胎されていったのか。本書はその観点から，ギリシャ哲学，分けてもアリストテレスと往還しつつ，カントの美学思想の成立と影響を，哲学史的に跡付けた珠玉の論文集です。

ISBN 978-4-86065-050-6　2009年9月刊

岩城見一　著

## 〈誤謬〉論——カント『純粋理性批判』への感性論的アプローチ——

A5判・並製・326ページ・定価：本体2800円＋税

■人はなぜ過つのか？　本書は，広義の〈美学〉，すなわちこの語の語源である〈感性の学〉の視点からの，カント『純粋理性批判』の徹底的かつ精緻な読み込みと解きほぐしにより，その本来の主題でありながらこれまで等閑に付されてきた〈誤謬推理〉の構造を炙り出した論争的書。

ISBN 978-4-86065-020-9　2006年4月刊